立人天地

U0923070

家庭中
世代间的照顾：

关于过去和将来的老人

Familiale Generationensorge

【德】亚历山德拉·茹科夫斯基（Alexandra Retkowski）著
/ 董璐 译

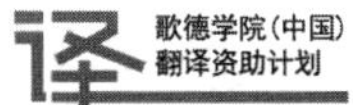

黑龙江教育出版社

The translation of this work was financed by the Goethe-institut China
本书获得歌德学院（中国）全额翻译资助

图书在版编目（CIP）数据

家庭中世代间的照顾：关于过去和将来的老人 /（德）茹科夫斯基著；董璐译. --哈尔滨：黑龙江教育出版社，2014.9
ISBN 978-7-5316-7846-5

Ⅰ.①家… Ⅱ.①茹… ②董… Ⅲ.①老年人–家庭关系–研究
Ⅳ.①C913.11

中国版本图书馆CIP数据核字（2014）第223065号

《家庭中世代间的照顾：关于过去和将来的老人》
JIATING ZHONG SHIDAI JIAN DE ZHAOGU：GUANYU GUOQU HE JIANGLAI DE LAOREN

作　　者　【德】亚历山德拉·茹科夫斯基（Alexandra Retkowski）著
选题策划　杨　静
责任编辑　宋舒白　杨　静
装帧设计　苏静宇
责任校对　徐领弟

出版发行　黑龙江教育出版社（哈尔滨市南岗区花园街158号）
印　　刷　山东临沂新华印刷物流集团有限公司
新浪微博　http://weibo.com/longjiaoshe
公众微信　heilongjiangjiaoyu
E-mail　heilongjiangjiaoyu@126.com

开　　本　700×1000　1/16
印　　张　24
字　　数　246千
版　　次　2015年1月第1版　2015年1月第1次印刷
书　　号　ISBN 978-7-5316-7846-5
定　　价　48.00元
版权登记　08-2014-028

Contents

目录

第一部分

导论

21世纪伊始，在西方社会中，除了老龄化这个问题之外，几乎没有其他话题与自我确认和他人确认之间的关系、自治性和依赖性之间的关系紧密地联系在一起。社会中关于老龄化的讨论，很大程度上是与人口结构的巨大变化预期相关的。一方面，这些讨论使人们预计到对于高龄人群的照顾需求将不断提高；另一方面，这些讨论将诸如自立性、责任心、活跃性等词语运用到了最高的年龄段（请参照：Van Dyk/Lessenich，2010年：第2页）。相应地，这也引起社会的各个层面都开始思考这样的问题：当人们到了生命后期的年龄段时，他们需要更多的帮助，也对他人产生了更大的依赖，那么他们如何通过社会机构、家庭和更为广泛的社会网络获得照顾；同时，又有哪些是老年人能够、愿意或者应该自己来承担的。当然，这些问题的另一面，即如何对所谓的特别护理进行社会管理，就又将有关高龄以及人们在人类学上先天的脆弱性这些话题放到被关注的中心位置；同时，如何处理不对称的关系这个问题也非常重要。因此“老年”和“童年”一样，都从根本上牵扯到了个体性边界这样的问题（请参照：Honig，1999年：第213页），并且也对人类作为自治性主体的形象提出了挑战。由此，又延伸到在社会发展的背景下，老年人与家庭中其他人相互关系的问题，这个问题主要涉及在直接的依赖关系结构中——尤其是在家庭里——的多元化和个性化的生活状况的变动（请参照：Andresen/Diehm，2006年：第14页）。那么，在一个以自主性为导向的、而且有社会性分化的社会中，如何感知、并且阐述老年人在家庭世代关系这个小的社会范围中可能的依赖？并且，老年人对于提供照顾的一方究竟产生了哪些依赖？

尽管有关家庭的帮助潜能的变化过程是非常有意思的题目，而且也有许多研究是关于人口结构变化所带来的后果这个方面的（例如，请参照Attias-Donfut，2000年；Terhart/Tippelt，2009年）；但是，那些经历过与一方或双方进入人生最后阶段的父母共同生活的人们，如何处理他们在这些方面的经验，他们从这样的家庭图景中得出了什么结论，他们又对当他们自身进入老年阶段时需要哪些帮助有什么推论以及因此需要建立哪些世代间的关系模式和亲密联系模式，有关这些方面的问题都只有少量的建立在实证研究基础上的认识。而这里所呈现的定性研究将填补这些方面的研究空白，并且将人们（在家庭视角下）对于照顾、世代关系和老年人等方面的经验与未来的老年人、对被照顾的预期结合起来。在这项研究中，也将以描述性访谈为基础，凭借有着广泛含义的“照顾”这个概念，探索被调查女性和男性曾经与他们进入垂暮之年的父母有过哪些相处的经历以及他们又是如何设想自己走向衰老这个过程的。照顾他人和被他人照顾，对于人们而言是在什么情况下成为一个需要思虑的问题的？人们对于与家庭中其他成员保持或亲密或疏远的关系有哪些设想？

接下来的研究报告中将要呈现的照顾护理故事中的男女们，都历史性地属于这样一个社会群体，即他们都面临着来自他们父母的照顾需求，这种需求第一次成为一个普遍的现象，而且还被贴上了诸如“世代间照顾”这样的标签（请参照《明镜杂志》（DER SPIEGEL），2005年第19期）。卡尔·曼海姆（Karl Mannheim）[①]的“世代间相互关系”这个术语表达

①卡尔·曼海姆（1893—1947年），社会学家，是经典社会学和知识社会学的创始人之一。主要著作有《知识社会学问题》《保守主义思想》《竞争在精神领域之中的意义》和《意识形态与乌托邦》等。——译者注

了，通过参与共同的、历史—社会的命运而产生的世代间的关联（请参照：Mannheim，1970年：第542页）。在这里将呈现对那些曾在不同程度上密切照顾过他们的，正处于人生最后阶段的一方或双方父母——他们属于最年老的世代中的成员——的成年子女的访谈，这些子女们将在或迟或早的未来也迈入人生的最后阶段，通过对于他们的有关身份地位的变化的访谈，人们能够从叙事的角度理解，个体是如何领会和对待老年这个问题的。访谈中的叙述者——无论男女——都体现了他们作为家庭中的照顾文化的个性化的设计者、相关语境和含义关联的塑造者的角色。而与此同时，这些陈述显然也是关于家庭的世代间关系和老年人特殊的主体化方式问题。因而，这样的研究主要回答了以下三个问题：1. 从家庭中的照顾文化的角度出发，人们如何理解和设计他们在过去照顾他人的经历和对未来被照顾的期望之间的关系？2. 家庭中有哪些世代间关系以及哪些亲属间关系的结构是能够重新建构的？3. 来自家庭的照顾和社会所提供的照顾之间表现出什么样的相互影响？

“世代间照顾”这个概念从理论的角度来看，主要聚焦于世代间的关系模式，而且要与时间框架和社会背景联系起来。在访谈中所讲述的照顾的故事，体现了在亲密和疏远、有力和无能，创新和传统这些维度下与生命历程密切联系在一起的结构。这项研究中的访谈展示了照顾护理方面的特征，它们可以被定义为布迪厄[①]的“惯习”概念（Habituskonzept）

①皮埃尔·布迪厄（Pierre Bourdieu）（1930年8月—2002年1月），法国社会学家、人类学家、哲学家。主要著作有《继承人：学生和文化》《区隔：品位判断的社会批判》《艺术的规则：文学场域的纲目和结构》和《语言和象征权力》等。——译者注

［Bourdieu，1987年（1979年）；Bourdieu/Wacquant，2006年］中所提出的“习惯性风格元素”（Bohnsack，2007a：第66页）。照顾的习惯性做法决定了在最后的生命阶段，对于家庭中的世代间照顾的过去和将来设计的认知模式、理解模式和关联模式，并且确定了由此产生的“亲密主体的特性”（Reckwitz，2007年：第102页），同时也确定了在家庭范围内由世代间的关系模式所形成的主体化模式。照顾的习惯性做法也给出了有关在家庭系统中对亲属关系的个性化组织这个方面的信息。从结构理论入手对家庭世代间照顾的分析，主要对“自我”和家庭中其他成员之间的关系以及家庭成员关系的状况、家庭成员与家庭之外的人的关系感兴趣。对老年人进行世代间的照顾，属于照顾关系中的生命历程连续谱系，并且在其中有着自身的含义。从父母—子女这对关系出发，在处理自身以及家庭中其他成员需求的过程中所学习到的，都将变成习惯性行为，它们反映了家庭中完整的关系史，并且也进一步整合到家庭之外的照顾体验当中。与在教育学领域中需要研究教育资本的世代间传承问题相类似（请参照Büchner/Brake，2006年；Ziegler，2000年），一项有关世代间照顾的研究，也被归入家庭中的社会资源分析这个领域当中。照顾的习惯性行为可以作为连接个体结构和社会结构的中间机构，它显然使得“世代间照顾”和在加速的现代化进程中的社会变化之间产生了密切的相互关系，因为无论是“老年人”还是“家庭”，都处在巨大的社会变革压力之下——社会变化从人口的结构性变化、到工作形式和家庭形式的变化，直至世代间的关系和两性间的关系的变化。在这里可以看到，人们如何应对社会结构性转型的进程、如何在不同的照顾习惯形式中引入社会的变革进程。透过访谈对象所描述的从家庭

的过去到家庭的未来的弧线，本项调查研究了在受访者历史的、家庭的和人生的历程中，自我的定位及他人对他们的定位。人们如何面对社会的转型过程以及他们如何将社会的变革过程与照顾的习惯性行为的不同形式联系在一起，都是能够被重新构造的。因而，本项研究一方面展示了三种照顾的习惯性方式，即互助型的照顾模式、导致矛盾心理的照顾模式和充满冲突的照顾模式，并且将它们与家庭的世代间关系理论中的相关概念联系起来。另一方面，这项研究也对相应的概念进行了区分和分类，由此也阐明了，每一种照顾的习惯性模式不仅与各不相同的家庭中的经验空间、与对家庭未来和家庭关系重要性的期望联系在一起，而且在世代间照顾的每种习惯类型中，个体关系、家庭关系和社会形态也都有着很大差异。

本项研究的理论参照首先是来自马克·崔得里克（Marc Szydlik）[①]有关世代间照顾的概念（请参照Szydlik，2000年、2002年；Szydlik/Schupp，1998年；Szydlik/Künemund，2009年）。与之相关的理论包括诸如女性主义的照顾理论等，这些理论都是对崔得里克世代间照顾概念的发展。因而，在这些理论中对“世代间照顾”的理解，不仅聚焦于家庭中具体的帮助关系，甚至也涉及了成年人的不同世代之间关系的思想层面。换言之，这些理论研究了到底有哪些照顾方式、如何被照顾。其次，本项研究也追溯了莱因哈特·科泽勒克（Reinhart Koselleck）[②]有关经验领域和期望范畴的概

①马克·崔得里克（1965年—　），德国社会学家、大学教授。主要著作有《一生的互相帮助：成年子女和父母之间的世代关系》《世代关系的稳定性和转变》《从社会学的角度看世代关系》等。——译者注

②莱因哈特·科泽勒克（1923—2006年），德国著名历史学家，被认为是20世纪最著名的历史学家之一。主要著作有《批判和危机》、《未来的过去》等。——译者注

念（请参照Koselleck，2003年），从而便于分析人们是如何理解自己过去照顾年迈父母的经历和对自己将来年老时将得到什么样照顾的期望。约恩·胡森（Jörn Rüsen）[①]借用了库尔特·图霍夫斯基（Kurt Tucholsky）[②]的那首著名诗歌的题目《今天在昔日和未来之间》(Heute zwischen Gestern und Morgen）——这恰好也被本项研究借用为副标题，并且他将这个标题与科泽勒克所提出的概念结合起来，从而强调，人们一定是持续不断地在记忆和期望之间复杂的相互作用中展开他们的生命历程（请参照Rüsen，2006年：第197页）。就本项研究而言，经验领域和期望范畴这两个维度被作为展开各项分析的视角，因而在这项研究中不仅将未来老人的规划设计与他们对家庭过往的解释联系在一起，而且借助于自发形成的结构，能够在对过去和未来的主观性的讨论中，更好地理解家庭的变化进程。世代间照顾的概念和对经验领域和期望范畴的分类，在本项研究的对照顾模式进行归纳总结的过程中，发挥了启发性的作用，通过它们，不仅能够从（家庭的）传记式角度对老年进行阐释，而且也能够从历史—社会的维度展开分析。当对在这项研究中和具体的案例中所讨论的老年问题进行进一步地分析时，我们会发现这些案例都显得非常有争议而且是极端的（请参照Göckenjan，2001年）。因为在这里首先要着重突出的是对世代关系的分类，同时也要将

---

①约恩·胡森（1938年—　），德国历史学家和文化研究者。主要著作有《时间与感知》《昨天会更好吗？》《文化进程中的历史》等。——译者注

②库尔特·图霍夫斯基（1890—1935年），德国著名的记者、作家，曾用笔名有碧玉房子(Kaspar Hauser)、彼得·潘特（Peter Panter)、提奥巴尔特·老虎（Theobald Tiger）和伊格纳斯·若贝尔（Ignaz Wrobel）。图霍夫斯基是魏玛共和国时期最重要的评论家。他致力于时政评论，其作品多为讽刺小品、小剧场剧本、歌词和诗。他的主要作品有《节省时间的人》《比利牛斯山之书》《蒙娜丽莎的微笑》等。——译者注

“世代间的公平合理”这个概念，或者甚至是“世代间的战争”这个概念表述出来。并且对这些案例的讨论可能都暗示了，尽管人们也在召唤家庭中的团结合作，但是在私人领域里所动员的团结互助并不足以代替从社会层面所考虑的应该给予老年人的帮助和照顾（请参照Amann，2008年：第37页）。在本项研究的讨论中，另一个重要的分类是人口统计学中的分类，因为出生率的下降和预期寿命的增长对人们的生活历程产生重要的影响（请参照联邦统计局2005年的调查数据（Statistisches Bundesamt, 2005））。成年人年龄结构的变化影响了“年龄”和“世代间关系”之间的相互关系，也就是说，尽管从趋势上来看一个家庭将会有超出两代的人共同生活在一起，但是每一代成员的数量却会不断减少——韦恩·本特森（Vern Bengtson）[①]用“豆荚家庭”这个非常形象的概念来描述这种发展变化（请参照Bengtson，1990年）。因此，父母和子女在生命历程中能够有50年、甚至更长的共同生活的时间；也正因为如此，父母和子女之间的关系也就顺理成章地变得越来越重要了。在过去的几十年里，已经有很多人拥有这样的体验，即他们与自己父母的关系一直延续到自己的中年、甚至是生命的后期，而在亲子关系的后期，所提供的照顾和支持的涉及面及延续的时间都大大地增加了。弗朗索瓦·霍泼林格（Francois Höpflinger）[②]将这种情形称之为父母与其子女的关系进入了一个历史性的新阶段（请参照Höpflinger，

① 韦恩·本特森，美国社会学家、大学教授，主要研究老年问题和宗教社会学。主要作品有《家庭理论与研究》《家庭和老龄化：多样化和异质性》《家庭与信仰：世代和宗教的传递》等。——译者注

② 弗朗索瓦·霍泼林格，瑞士著名的社会学家，参与多项瑞士有关老年学研究的国家项目，是苏黎世大学老年性研究中心的创办者。主要著作有《瑞士的老年人和老年问题研究》《社会福利国家的界限：公共社会福利的形式和功能比较》《西欧家庭构建的变迁》。——译者注

2005年：第28页）。与此同时，由于能够照顾更为年长一代的家庭成员自身所发生的人口统计学方面的变化，使得这样的家庭成员数量变少了——刚刚能够满足需要，因而有关“谁能够照顾谁”的“分配斗争”就会完完全全出现在家庭内部。在政策层面上，德国第一次对在20世纪80年代通过的所谓的“紧急状况护理”以及在1995年生效的提供单独的过渡性资金支持的护理保险上做出了反应，提出了“门诊优先于住院”的原则，并且为老年人的护理需求提供保障。最新的政策上的反应是从2012年1月1日开始生效的家庭护理时间法案——这是对执行之前所制定的政策的保驾护航，该法案允许有工作的家庭成员可以最长在两年时间内减少或停止工作，以便照顾需要护理的家人，之后再重返工作岗位。同样，继承权法也在2009年进行了修订，《修正案》规定，照顾遗赠者的每位家庭成员都将享受更高的免税优惠。由这个问题可以看到，无论这些法规是否会导致护理这个问题的社会经济和性别差异变得更加尖锐，但是与欧洲其他国家相比，德国体现了其完备的“护理制度”，尤其是将亲属护理与机构护理服务结合起来形成混合模式（请参照Keck，2008年：第155页）。这些法律的框架出自于《德国民法法典》的第1601款及其后几个条款，在那里规定了双向的抚养和赡养义务，将家庭中不同世代间的照顾和援助明文规定为应该享受和履行的照顾权利和照顾义务（请参照Zirfas，1996年：第261页）。一方面照顾和护理年迈的父母，是履行了较高的道德层面和社会层面的义务；另一方面，照顾者也往往在这个过程中重新审视了自己作为孤身奋战的人，在身体上和心理上所承受的负担——因为比起照顾年幼的孩子，照顾衰老的父母在社会上得到的承认，通常要更少。而且，在社会上，在年轻人当中，健康有活力和独立自主是尤其被看重的，而能力下降和失去能力这样的经历则是首先要避免的。尽管小说中或多或少都是以作者自己的经历作为基本素材，但是当讨论到走向衰老这个问题，却都会表现得有些片面甚至极端。①

本书是由五个部分组成的，总共分成九章。第一部分是导论。第二部分是对这项研究的理论框架和研究设计的阐述。在这个部分中，既讨论了家庭、世代间关系和老年这些方面的社会变化（第一章），也介绍了这项研究所使用的研究方法和研究设计（第二章），并且阐释了如何从独特的角度入手，展开对世代间照顾的问题的研究。在第三部分，将呈现本项研究的实证性研究结果，即照顾的三种模式（第四、五、六章）。这部分将讲述11个世代间照顾的个案。在这里，通过呈现类型各异的经验材料，达到展现不同照顾类型的主要状况和不同维度的目的。在所有的案例中，所使用的姓名、地点以及涉及个人的标记都被加以修改，也就是说，所有在研究中出现的名字都是虚构的名称。第四部分是这项研究的结论。这一部分分为：

① 在这里可以列举一些因为将私密的道德层面的问题，作为中心议题而成为畅销小说的作品，例如，小说《怎么对待父亲？一个怀疑护理体系的儿子》（Wohin mit Vater? Ein Sohn verzweifelt am Pflegesystem），它的匿名的作者面对进退两难的境地：一方面他要根据紧急状态护理法案，对成年子女提供照顾；另一方面，根据同样的法律，他也不能不管他的住在医院里的父亲（请参照Anonymus（无名氏），2007年）。在Margit Schreiner的小说《赤裸的父亲们》（Nackte Väter）中，探寻了在不同世代之间以及不同性别之间，年龄、身体和性别到底意味着什么（请参照Schreiner，1997年）。或者又如，Tilman Jens的小说《痴呆症：与我的父亲分别》（Demenz. Abschied von meinem Vater），作者在他的父亲的故事中将有关生平与痴呆症的问题、纳粹主义与年龄的问题以及忘记自我的存在的罪过、压抑和可能性作为主题（请参照Jens，2009年）。法律规范所标定的严格的基准点往往在文学作品中会被试探性地打破，并且抛出如何看待年龄的意义、从不同角度如何看待世代关系等问题。Arno Geiger的长篇小说《年迈的国王的流亡岁月》（Der alte König in seinem Exil）也探讨了相关主题（请参照Geiger，2011年）。

对不同的照顾模式的总结（第七章）；对有关世代间照顾问题的进一步思考（第八章）；社会层面上对家庭中的世代间照顾的期望（第九章）。第五部分是文献索引。

第二部分

本项研究的理论框架和研究方法

这项以成年人中的世代间照顾为研究主题的研究依托了哪些理论框架以及采用了什么样的研究方法和研究设计，这些问题正是这本书第二部分所要阐述的内容。

第一章

家庭、世代关系和老年问题的社会变化：

从核心家庭到多居住地、多世代家庭

“多居住地、多世代家庭”这个概念中的世代间的关系，反映了由家庭中主要是集中于父母—子女之间的关系，扩展到更广泛的世代间关系——诸如祖父母和孙辈之间的关系，甚至是曾祖父母与曾孙辈之间的关系。

一个家庭是由处在不同人生阶段的多位家庭成员所组成的，这些家庭成员年龄各异，并且处于不同的心理和生理的发育阶段，他们也有着各不相同的需求和期望。同时，家庭的生命周期也是随着社会的变化而发生着变化的。撰写这一章的目的，在于介绍与老年和世代关系有关的社会科学的研究状况，并且阐述与之相关的社会背景和家庭结构。家庭、世代关系和老年问题之间存在着在多个层面相互影响的关系。而且由于社会的根本性的变化进程——这其中主要是人口统计上的变化、家庭的结构与功能的变化以及社会的多元化进程与个体化进程相互交织在一起，使得家庭、世代关系和老年问题之间的复杂关系变得更具有动态性。而在家庭研究中，有关这种动态性的方向和对它的理解却有着各种各样的解读。其中，公开而集中地讨论的核心问题是，家庭的发展变化是否标志着家庭将面临危机，或者这种变化恰恰预示着家庭的重要性将不断增加。有关这个问题的讨论是围绕着几个基本观点展开的。例如，拉兹洛·瓦斯科维克斯（Laszlo A. Vascovics）指出，无论是对于可以感觉到的家庭的变迁、还是它可感知的延续性，都缺乏充分的阐释（请参照Vascovics，1998年：第23页及其后页）。格特鲁德·贝克斯（Gertrud M. Backes）认为，家庭结构的变化几乎往往是与家庭的功能变化同时发生的。而且仅仅是在个体一生的过程中，家庭的结构也是非常自然而然地发生着变迁，一个人出生的家庭通常与他去世时所在的家庭，在结构上完全不同（请参照Backes，1998年）。而学者们也在下面这个问题上有着一定的共识，即关系层面对于分析和描述家庭结构变得越来越意义重大了。卡尔·兰茨（Karl Lenz）[①]在这方面走得很远，以至于他打算完全放弃“家庭”这个概念，而建议用“人际关系的社会学”来替代前一个概念（请参照Lenz，2009年：第28页）。很多证据都表明，从20世纪80年代以来所被证实的家庭的变迁进程仍然在持续着，并且这些变化首先影响到了家庭成员之间的关系，因而，这样的过程被爱德华·肖特（Edward Shorter）称为家庭关系的“多愁善感化”的过程（请参照Shorter，1979年），而伊丽莎白·贝克-吉恩斯海姆（Elisabeth Beck-Gernsheim）[②]则将这样的变迁描述为“从应急组织到有选择的亲属关系”的变化（请参照Beck-Gernsheim，1994年：第115页）。

世代间关系在对家庭理解的变化中发挥了巨大作用。因而，近年来，那些将世代关系作为家庭的核心要素和特征的定义就变得越来越意义重大了（请参照Burkart，2008年；Ecarius，2008年；Huinink/Konietzka，2007年；Lange/Lüscher，2000年；Lenz/Böhnisch，1997年；Peuckert，2007年）。与之相应的是，在家庭研究领域中，汉斯·伯特伦（Hans Bertram）[③]所提出的术语“多居住地、多世代家庭”得到了越来越广泛的承认，这个概念是

①卡尔·兰茨（1955年—　），德国社会学家。主要著作有《年轻人的日常生活：德国年轻人行为类型的实证研究》《女人和男人：人际关系的性别差异》《家庭：跨学科导论》《人际关系的社会学》。——译者注

②伊丽莎白·贝克-吉恩斯海姆（1946年—　），德国社会学家、心理学家和哲学家，主要研究家庭机制的社会变迁。主要著作有《家庭之后是什么》、《个体化：机制化的个人主义及其社会和政治后果》和《我们需要什么样的健康：医疗技术的进步所带来的进退两难》。——译者注

③汉斯·伯特伦（1946年—　），德国社会学家。主要著作有《家庭、责任和关怀》、《谁属于未来的家庭》和《家庭生活：灵活安排人生、工作时间和家庭时间的新路径》。——译者注

对帕森斯[①]所提出的“核心家庭”这个术语的区分和发展（请参照Bertram，2009年a，2009年b）。核心家庭这种家庭模式是由塔尔科特·帕森斯主要针对20世纪五六十年代的美国社会的状况进行分析所总结得出的。帕森斯将核心家庭系统地描述为“孤立的、新建立的配偶家庭”，这一类家庭的特征是存在着婚姻机制、家庭中有一个或多个子女、家庭内部存在着以性别为基础的差异化的分工以及新的家庭建立，清晰地标志着从父母家中分离出来（请参照Parsons，1970年）。核心家庭模式的历史起源是工业化进程不断向前发展和市民家庭形式的广泛普及，经济方面的蓬勃发展，推动了夫妻之间以及亲子之间密切的情感上的联系（请参照Huinink/Konietzka，2007年）。[②]而且在联邦德国初创的战后社会中，随着纳粹主义制度的终结，导致了社会的分崩离析和重新构建，在这个过程中，市民家庭模式作为延续性和可靠性的重要特征，发挥着推动社会重建的重要作用（请参照Lettke/Lange，2007年：第16页）。伯特伦通过他的大量有关德国家庭的研究（请参照诸如Bien/Marbach，2008年；Kohli，2007年；Lüscher/Liegle，2003年；Peuckert，2007年），在人口统计、经济、社会结构方面的变化所导致的复杂的背景条件下，提出了帕森斯家庭模式新的发展形式，这种家庭模式在

---

①塔尔科特·帕森斯（Talcott Parsons，1902—1979年），美国著名的社会学者，是美国二次世界大战后统领社会学理论的重要思想家，也是二十世纪中期负有盛名的结构功能论的最重要的代表人物。主要著作有《社会行动的结构》《社会系统》《经济与社会》和《关于行动的一般理论》。——译者注

②在核心家庭模式之前是“大家庭”模式，后者反映了19世纪前后的农民的生活形式，即不同等级的家庭成员共同生活、共同劳作，此外一些没有亲缘关系的人也和大家庭的成员生活在一个屋檐下。在大家庭中，地位结构是与复杂的继承规则体系联系在一起的（请参照Lenz/Böhnisch，1997年：第13页）。

20世纪70年代末广泛地出现在西方社会。[①]所谓的变化也包括不断提高的预期寿命、不断降低的出生率、性别比例的变化、生活方式的多元化和个性化、工作领域的灵活性和对弹性要求改变以及整个生活领域的技术化。由于现象的复杂性，因此在这里对家庭变化过程的社会学观察描述，只能做到初步的、粗线条的。此外，往往家庭研究和老年研究之间也缺乏相应的关联，目前还只是刚刚开始将这两方面的研究系统地联系起来。（请参照例如Saake，2002年）。因而，在这里，对于“多居住地、多世代家庭”只是从三个中心层面进行进一步探究的，即：居住地原则、所涉及的世代的数量和现代化的关系结构。

居住地原则是一个很有意思的原则，在核心家庭模式中已经对这一点进行了讨论，它指出尽管原生家庭和新建家庭之间在空间上是“分裂的”和隔离的，但是这并不意味着年轻一代和年长一代的情感上的阻断（请参照König，1974年）。有两条经典的公式在今天仍然是有效的——“通过外部的距离产生内在的亲近”（请参照Tartler，1961年）或者“距离带来亲密”（请参照Rosenmeyr/Köckeis，1961年），它们都是对世代关系的描述（请参照Kohli/Künemund，2005年）并使得居住地原则变得更加清晰。因而，尽管出于福特式工业化社会的需要，不同世代的家庭成员生活在各自的家庭中，但是他们之间依然保持着密切的联系，尤其是对于许多家庭而言，与其说他们体现了家庭成员之间空间上的分离，不如说展现了不同世代之间

① 即便是在德意志民主共和国和德意志联邦共和国重新统一的20年之后，德意志民主共和国和德意志联邦共和国在家庭形式这个问题上还有着巨大的差异（请参照Schneider/Dorbritz，2011年）。这些差异在本项研究中将不做进一步的探讨。

情感上的亲近。在这里，统计数据中所反映的通常家庭的户构成往往与真实生活的实践并不一定相符这个事实，也促使人们在科学研究中放弃核心家庭模式（请参照Rosenbaum/Timm，2008年：第13页）。尽管如此，在“多居住地、多世代家庭”的概念中，居住地原则（请参照Vaskovics，2001年：第104页）仍然反映了家庭的户结构，在描述家庭构成不再是建立在以情感和空间为中心的基础之上，而是由其家庭成员所生活的不同居住地所构成的方面，这个原则具有重要的价值。因而，在概念的构建上不仅存在着一定的连续性（从“新居住地”到“多居住地”），而且“空间”这个概念在家庭研究中也完全体现了其用于描述世代关系的中心地位。

在最新完成的定量的家庭研究中，居住地问题主要是关注不同世代住处的距离和由此所产生的面对面的交流的可能性。这些研究指出，从总体上来看，不同世代之间是住得非常近的。在老年人调查（Alters-Survey）这个研究项目中，通过重复随机抽样发现，在2002年，有超过70%的人在他们的人生后半段至少是和他们的一个子女生活在同一地点的（请参照Hoff，2006年：第255页）。但是，没有和子女住在同一地点的老人比率在近年来是在不断上升的（请参照同上出处：第253页）。这项研究进一步指出，不同世代之间的每日交流的次数在不断下降，与之相应的是，每周有一次或数次互动的比例在上升（请参照同上出处：第267页）。尽管如此，世代之间交流的次数总和仍然保持在高水平之上，即在2002年，大约90%的老年人每周至少与他们的子女有一次互动（请参照同上出处：第267页）。居住地之间的距离和交流的频繁程度成为描述家庭中世代关系的核心指标。

为了进一步地确认空间上的邻近或者分离是如何体现在世代之间关系

上的，就必须要考虑，空间性对于世代关系有哪些影响。根据法比安·凯瑟尔（Fabian Kessel）和克里斯蒂安·罗伊特林格（Christian Reutlinger）的定义，空间“不是一个绝对的单位，而是社会实践活动不断生产或再生产的组织”（请参照Kessel/ Reutlinger，2007年：第19页）。在这两位作者进一步的阐释中，涉及到了相关关系的空间概念，这个概念不仅包括了现实存在的物质化空间安排与其所产生的符号化作用之间的相互关系，而且也包括当事人为了在一定程度上控制对空间的释义而做出的持久的斗争（请参照同上出处：第27页）。具体到家庭这个问题上，相应地就会涉及户和户之间的布局，它将构成或共同构成家庭的符号象征世界。因而多居住地、多世代家庭模式，尤其有可能遇到很多有关空间的问题，或者说在这样的家庭内部，特别可能产生这样的纷争，即哪些空间被确定为家庭的公共空间，换言之，在多居住地的家庭形式中，到底是否存在所谓的公共空间，或者是否可能根据当时的需要或不同的情况找到这样的空间。

家庭中的关系结构在20世纪后半叶主要因为联邦德国的社会文化和经济关系的变化，而展开了现代化的进程。通过分工的方式组织家庭的运行，曾经是核心家庭的关键构成部分，但是随着女性在20世纪六七十年代纷纷享受到了教育改革所带来的成果，这种关键特征就逐渐开始松动了。随之而来的是，女性开始满足劳动力市场对于有专业知识的雇员的需求。与此同时，核心家庭模式作为婚姻的支撑机制也变得风雨飘摇了，因为在这个时期不仅离婚的数量在不断增加，而且婚姻缔结行为也在根本性地不断减少了。[①]随着性别角色的改变，配偶之间的关系也趋于平等了。自从“婴儿潮”在20世纪60年代的中期结束以及“由于避孕药所带来生育率的骤然下降”（Pillenkick）以来，西德的年出生率出现了萎缩——下降到了每位女性平均生1.3个孩子，并且从20世纪70年代以来，一直低于这个水平（请参照Burkart，2008年：第16页）。反之，新的家庭形式却在不断增加，例如单亲家庭、未婚情侣和子女组成的家庭、不同形式的过继家庭、没有孩子的伙伴关系和独身家庭（请参照Burkart，2008年；Hoff，2006年）。随着一个家庭往往是由多个年长的和年轻的家庭成员共同组成的现象的出现，“拼凑”家庭这个概念也应运而生，在这样的家庭中，亲属关系是多元化的，而且因此而产生的不同关系模式也构成了家庭人际网络的新特征（请参照Kohli，1994年）。而在帕森斯的概念中所描绘的家庭模式，在今天只是众多家庭模式中的一种。并且，自从20世纪80年代以来，职场领域也发生了巨大的结构性变化，在这个过程中，不仅家庭关系要被迫重新组织，而且家庭结构中的多居住地特征，也由于弹性的工作时间的要求而成为常规状态。当然，随着机动性和技术重要性的增加，人们可以通过使用通讯工具和运输工具，来对家庭关系进行组织和实践，即便是穿越很大的空间距离。

“多居住地、多世代家庭”这个概念中的世代间的关系，反映了由家庭

---

① 在1950年，全德国每一千位居民中有10.8人结婚，而到了2008年，这个数据下降为4.6人。与之相应的是，每千人离婚数量从1950年的1.9人上升为2008年的2.3人（请参照Statistisches Bundesamt，2010年）。因而从制度化的关联和责任的不断地减弱这个层面上来看，上述的数据所显示的发展变化可以被看作为家庭去制度化的过程（请参照Nave-Herz，2007年：第13页）。家庭研究中关于婚姻制度意义的讨论可以参照2002年第4期《社会界》（总期第54期）（Soziale Welt，2002,54,4）中的总集纳（请参照Burkhart，2002年；Schneider，2002年）。

中主要是集中于父母—子女之间的关系，扩展到更广泛的世代间关系——诸如祖父母和孙辈之间的关系，或者甚至是曾祖父母与曾孙辈之间。在老年人调查研究项目中发现，在2002年，有1/5的被调查者生活在四代同堂的家庭中，另外1/5生活在有两代人的家庭中，而剩下的大部分人是生活在三代人共处的家庭中（请参照Hoff，2006年：第245页）。[①]家庭研究在不断增加的预期寿命这个背景下对家庭中的世代关系进行观察时，尚未辨析清楚，世代之间不断增加的年龄差距以及由此带来的做父母的年龄越来越晚、或者说人生中的老年阶段变得越来越重要，这些是否会对世代间的关系产生影响。在这项研究的各个案例中，在家庭生命期中，父母与子女有五十年、甚至更长的共同生活期并不是什么罕见的情况（请参照Bertram，1996年）。因而会出现一个一起衰老的阶段，也就是所谓的一个家庭不同世代的“共同老去”（co-aging）的过程（请参照Saraceno，2008年，第8页），这个过程不仅包括父母和子女，而且也包括多世代家庭的几代人。随着预期寿命的增长和每位女性生育数量的减少，就会出现韦恩·本特森用“豆荚家庭”这个概念所描述的趋势的出现，这个概念形象地展现了会越来越多地出现四世同堂或五世同堂的现象，但是每一个世代中只是有少量成员所构

---

①这里所指的老年人调查（Alters-Survey）是一项已经完成的调查统计，这个项目是通过德国联邦家庭事务、老年、妇女和青年部（Bundesministerium für Familie, Senioren, Frauen und Jugend（BMFSFJ））的资助，由老年和生命历程研究小组（Forschungsgruppe Altern und Lebenslauf（FALL））和内梅亨大学（Universität Nijmwegen）的老年精神医学研究小组（Forschungsgruppe Psychogerontologie）在波恩（Bonn）的市场与社会研究所（infas）的配合下，在1994年到1998年之间实施的（请参照Kohli/Künemund，2005年：第8页）。而Andreas Hoff的研究成果是以在2002年所展开的老年人调查的重复抽样数据为基础的（请参照Hoff，2006年）。2002年的老年人调查中有受到争议的地方在于，它的调查对象只包括了40岁到85岁的人；研究者没有收集更年长的人群（以及年轻人群）的想法，但是这项调查研究的结果还是考虑到了“更年长者”和“更年轻者”所提供的照顾和互助贡献。

成（请参照Bengtson，1990年）。伯特伦认为，在多居住地、多世代家庭这个框架的背景下，世代之间的关系的巨大变化首先体现在，从长远的角度来看，伴侣之间的关系在个体生命历程中无论从数量上、还是从质量上都变得越来越意义重大。与此同时，有着时间上相互重叠的共同生活时期的不同世代，会在生命的不同阶段实现着或是共同生活在一起、或是分开生活的生活方式，这些生活方式需要通过协商和确定。在这个过程中，不同世代之间的权力梯度的减小或者消除，是多世代家庭这种组织的特征。在协商或妥协的过程中，世代间关系会重新整合，并且可能产生多种多样的世代之间的关系格局。通过使用“多居住地、多世代家庭”这个概念，从而从根本上强调了处于家庭关系的中心的不是地点因素或情感因素，而是对应于社会的要求和个体的需求而不断生成和改变的世代之间的关系。

即便是实证研究，也已经证明了世代间的关系直到人生的晚期，也依然具有延续不断的特征（请参照Kohli/Künemund，2005年）：3/4的成年子女表明，他们与他们的父母之间有着非常密切或者密切的关系；而在询问父母他们与子女的关系时，这个比例甚至更高——达到90%（请参照Kohli/Künemund，2005年，第188页）。[①]但是，展开这项调查研究的学者在这里指出，“密切的”关系并不等同于“良好的”关系（请参照同上出处）。世代之间所能够提供的帮助这个层面，对于世代间关系的质量有着重要的意

①父母辈和子女辈之间的这种差异通常可以用“世代间增强”假说来解释，这个由本特森所提出的假说指出，父母们所描述的与子女的关系比子女们所描述的与父母的关系要更密切，因为父母们更倾向于强调世代之间的共同性（请参照Kohli/Künemund/Motel 等，2005年：第189页）。但是，由于这个假设还没有与历史数据进行比较，因而对它仍然保留开放的态度（请参照Kohli等，2005年，第189页）。

义。在老年人调查这个项目中，93.3%的40～85岁的被调查者对于“只要我的家人需要帮助，我都会提供援助”表示赞同。安雅·施泰因巴赫（Anja Steinbach）和约翰内斯·库伯（Johannes Kopp）在一系列实证研究的基础上得出结论，他们认为，人们通常更愿意将日常的帮助行为作为对世代间关系的保障，而不是将“最后的应急保险”作为获得帮助的可能（请参照Steinbach/Kopp，2008年，第99页）。

在老年人研究这个项目中，除了世代间的关系的密切程度之外，联络的频繁程度和金钱上的来往，或者说工具性的帮助，也被作为体现代际间互助的指标（请参照同上出处：第178页及其后页）。与关系的密切程度不同，世代间的经济往来的重要性要低很多。研究者指出，金钱资助在代际关系顺序上是从“上”向“下”流动的，而非金钱帮助则是与金钱流动的方向相反的（请参照同上出处：第193页及其后页）。近24%的70岁到85岁的父母会向他们的成年子女提供金钱或者物质帮助（还有15%的人给予他们的孙子孙女），与此同时，只有5%的40岁到54岁的子女会给予他们的父母或公公婆婆、岳父岳母物质上的支持（请参照同上出处）。[①]在工具性帮助方面也呈现出类似的分布。略超过1/4的40岁到54岁的子女为父母提供工具性的资助，而在70岁到80岁的父母中只有近7%的人为他们的后代提供工具性帮助（请参照同上出处）。这意味着，至少有70%的父母和子女完全不给予其他世代以经济方面的帮助，乌苏拉·达林格（Ursula Dallinger）提

①从整体社会的角度来看，家庭与个体之间存在着非常巨大的金钱来往上的不平等，成年子女不仅可能终生得到父母的资助，而且在他们的父母去世后，他们可能还会得到一大笔资助（请参照Szydlik，2004年：第21页）。

出了“圆周形的资源流动”假说，将上述现象放在社会性的世代间契约的框架下进行讨论，这个假设指出，很大一部分退休金福利是从家庭内部让渡给子女辈了（请参照Dallinger，2002年：第209页）。达林格等人因而将对世代间关系的研究集中在这些关系层面。

当对家庭内部的经济往来进行观察的时候，会发现成年子女处于被关注的中心位置，他们作为“中间的”世代，可能不仅要为年迈的父母提供工具性的帮助，而且也要对处于正在成长、正需要帮助的孩子给予支持。瓦尔特·毕恩（Walter Bien）用“三明治的一代”这个概念来描述上述状况（请参照Bien，1994年）。凭借这个概念，毕恩指出，在一些家庭中，中间的世代必须向两边世代的人既提供物质上和工具性的帮助，又要给予情感方面的关怀。特别是对于女性而言，这意味着双重性的家庭与职业方面的难以兼容的冲突（请参照Höpflinger，2005年：第28页）。但是这样的“投资”也可能，尤其对于女性而言，是从她们在生命历程的最后阶段所得到的子女的帮助中得到收益（请参照Schütze，1993年）。除了世代之间的关系之外，家庭内部的兄弟姐妹之间的关系也是很重要的，因为逐渐年迈的兄弟姐妹们作为一个家庭之内的“共同存活者”，对对方而言意义重大（请参照Kinast-Scheiner，2000年）。实证研究表明，相比于多子女家庭中的成年子女，独生子女与他们需要帮助的父母之间的关系不那么紧密，并且给予父母的照顾也要少一些（请参照Künemund/Rein，2002年）。但是，独身的人却比已婚的人与原生家庭有着更强有力的关系模式，这可能是因为已婚者与他们的孩子和（或）伴侣一起构建了家庭关系的新背景。

第一节　生命历程的最后阶段：衰老、临终、死亡

衰老的过程不仅是一个身体和心理的过程，也是一个社会过程。这个过程贯穿了一个人的整个生命历程，而且在很大程度上受到来自社会的影响。一个社会的年龄结构，首先是通过哪些因素被定义为衰老而决定的，这些因素在一个人出生后就开始发挥作用、并且确定进入老年的标准，通过这些因素，老年具有文化上的含义，并且赢得一定的社会意义（Amrhein，2004年；请参照Amrhein/Backes，2008年：第383页）。在20世纪后半叶，老年问题的重要性获得了广泛的社会承认。从人口统计的角度来看，老年问题不仅随着生育状况的变化而改变了生命的起点，而且也由于不断增加的预期寿命，而改变了生命的终点。由于不断完善的医疗护理和营养条件，经过整个20世纪，德国人的预期寿命增加了大约30年；而2008年的统计数据表明，德国女性的平均预期寿命是82.1岁，男性则为76.6岁（请参照Statistisches Bundesamt，2009年）。与之相伴的现象就是从20世纪80年代开始，在德国首次出现了有关“照顾危机”的公开讨论。高龄化的现象不仅是“年龄方面的结构性巨变”的一个要素，而且也与老年人离开职场、老年人中的女性问题（在85岁的老人中女性的比例超过了3/4）和老年人的独居问题相互关联（请参照Tews，1990年）。在对年龄结构的巨大变化的讨论中，老年的生命阶段不仅显示出对社会变迁的重要影响，而且人们也发现老年问题是社会现代化进程的决定性因素之一（请参照Backes/Clemens，1998年）。在社会学的讨论中，赫尔穆特·舍尔斯基（Helmut

Schelsky）[1]探讨了在工业社会中，在职场、家庭和业余生活领域“老年人的功能丧失”的问题（请参照Saake，2006年：第55页）并将它与从20世纪70年代开始出现的“老年在规范上和工具上的不确定性”的流行术语联系在一起，这些都体现了在根深蒂固的有关老年形象中所反映的、相对应于每个人生阶段所特定的安排的中断（请参照Backes，1997年）。在社会中占有主要地位的“消极的老年形象”引起了人们的诟病，相反，人们认为应该用目前已经能够感觉到的多元化的老年生存状态来代替“消极的老年形象”（请参照Carls，1996年、2007年；von Konratowitz，2001年）。约阿希姆·冯·康拉托维茨（Joachim von Konratowitz）从中进一步指出，社会中有关老年的印象是可以任意支配的，即根据不同的利益要求，既可以是积极的老年的标准，也可以是消极的、含有歧视的对老年的理解（请参照von Konratowitz，2001年）。当具体考虑到将老年特征归入特定的人生阶段时，就会产生所谓的“在规范上和工具上的不确定性”的问题（请参照Backes，1997年）。1982年在美国出版的一本书，强有力地引起了削平由年龄所带来的，固定的生活世界界限的讨论，这本书探讨了一个“年龄无关紧要的社会”（请参照Neugarten，1982年）。

有关老年的生命阶段有着越来越多的医学、社会和经济层面的问题值得思考。一方面，从现在的社会的价值体系和标准的层面上来看，人们可以自由地安排他们的老年生活。但是，正因为如此，对于代际关系的角度

---

① 赫尔穆特·舍尔斯基（1912—1984年），德国社会学家，对德国二战后直至20世纪70年的社会学界有着非常重要的影响。主要著作有《关于制度的稳定性》《当前德国家庭的变迁》《性社会学》和《工业社会的学校和教育》等。——译者注

而言，就会出现传统的生活方式和任务分配方式的断裂，因为这些都是与生命阶段和年龄界限密切地联系在一起的（请参照Krappmann/Lepenies，1997年：第10页）。此外，以时间顺序为依据的年龄对于个体的生活和代际间的关系究竟有什么影响，到目前也还是完全不清楚的。另一方面，克劳迪·阿提亚斯·道福特（Claudine Attias-Donfut）也在对老年形象的多元化的讨论中强调，随着时间顺序上的老年变得不再重要，会产生这样的趋势，即依赖结构成为对所有年龄特征进行描述的中心（请参照Attias-Donfut，1991年：第367页）。在老年阶段，完全有可能会到达一个需要照顾的时间点，几乎每个人都会从某个时点开始需要照顾。退休阶段可能已经不再是“老年”阶段，而是在那之后还有下一个阶段——更大或者最大的年龄阶段，老年人应该是指平均年龄超过85岁的那群人了（请参照Clemens，2004年：第45页）。在这组人群中最有可能产生护理的需求（请参照Haberkern/Szydlik，2008年：第89页），而且，他们属于自20世纪50年代以来增长最强劲的年龄组（请参照BMFSFJ，2002年，第55页）。与此同时，柏林的老年人研究项目（BAS）进一步指出，80岁以上的人所呈现的形象是，随着身体状况的每况愈下和被护理的需求的不断增加，由于日益升高的老年痴呆症的患病率，许多老人也发生了很大的变化，以至于其他人觉得他们完全变了一个人（请参照Mayer/Baltes/Baltes等，2010年：第651页）。这些简短的综述就已经表明，实现对在老年阶段的社会保险的保障，应该成为现代福利国家的社会政策毋庸置疑的目标。

在德国，与之相关的最重要的政治性措施，是从1995年开始实施的所谓的护理保险。它被认为是与社会保险、退休保险、医疗保险和意外事故保险并列的第五大支柱。在护理保险得以实施之前，从20世纪后半叶开始，对护理的需求就在强劲地增加，这些为医疗保险公司和社会救济组织带来了极大的负担，并且也从政治层面越来越有力地证明了，护理需求应该被作为一项风险来估量，并且对此应该具有与应对疾病、意外事故和失业一样的预防能力。但是，正如马蒂亚斯·达梅特（Matthias Dammert）所指出的，由于需要护理的人数仍将不断增加，因而出现了对“新的帮助文化”在政治上的推动，这样的政策充分地利用了能够提供非正式护理的家庭成员和金融资源，这不仅是对以私人帮助作为辅助手段的传统的更新，而且也体现着新的重点（请参照Dammert，2009年：第263页）。但是，随之而来的是在老年人的生活中出现社会差异的可能性的增加，这是因为每个人的人生经历各有不同，尤其是因为，个体的家庭生活历史和家庭关系状况是因人而异的（请参照同上出处：第268页）。不仅是对于照顾者，而且对于这个家庭而言，“照顾”对一个家庭在社会结构中的位置有着不断增强的影响，对此弗朗茨·克萨韦尔·考夫曼（Franz-Xaver Kaufmann）[①]认为，“一个家庭要照顾多少个需要帮助的人”这个问题是决定社会不平等的中心要素（请参照Kaufmann，1993年：第96页）。崔得里克由此得出结论，他认为在受教育状况、收入、职业和阶层之外，一个家庭中的人口状况也是应该被纳入到社会结构分析之中的（请参照Szydlik，2007年：第78页）。

那么护理保险到底是什么呢？根据联邦统计局的数据，在2007年，列

①弗朗茨·克萨韦尔·考夫曼（1932年—　），德国著名的社会学家、社会政治学家。主要著作有《萎缩的社会》《社会政治的思考》《福利国家和社会增长》和《福利国家的变种》。——译者注

入护理保险中需要护理的人数比2005年增加了6%（从213万人增加到225万人）；而比起1999年增加了11%（请参照Statistisches Bundesamt，2009年）。[①]护理保险中的基本原则是“门诊优先于住院”，以此力争使有护理需求的人能够尽可能长地在他所习惯的环境中，保持自主和融合性（BMG，2007年：第2页）。与此前相比，在2007年也并没有显现出更明显的“专业护理”的趋势：在1999年，72%有护理需求的人在家中得到照顾，而在2007年，这个数据没有发生太大的变化——保持在68%。这68%在家中接受照顾的人当中，有22%的人得到来自门诊的护理服务，有46%的人收到的是护理金，也就是说，25%的人通常完全是由家庭成员照顾的（请参照Statistisches Bundesamt，2009年）。[②]32%的老年人住在疗养院。[③]提供护理的家庭成员往往是女性，因而女人们一如既往地承担着大部分的护理和照顾任务——不仅是对后代，而且也包括前辈（请参照同上出处）。出于这个原因，可以说老年是双重女性化的，因为不仅大部分的老年人是女人，而且他们也往往都由女人来照顾——无论是作为亲属还是来自专业的服务机构的工作人员。

有关私人的护理服务和公共的护理服务之间的关系，一直是在“挤入”

①针对这些数据一定要考虑到，并不是所有有护理需求的老年人都包含在其中了。在2007年，68%的有护理需求的人是75岁或75岁以上。护理保险根据护理的需要分为三个等级，截至2008年6月30日，根据所属的护理等级的不同需要缴纳不同额度的费用：一级护理是205欧元（从2010年1月开始为225欧元）；二级护理为410欧元（从2010年1月开始为440欧元）；三级护理是665欧元（从2010年1月开始为685欧元）。

②在这里也包括私人经营的护理服务机构，例如由东欧的护理人员所提供的照顾服务。

③在德国不同的联邦州之间对于专业的护理服务的需求的程度有很大差异。例如，在石勒苏益格·荷尔斯泰因州（Schleswig-Holstein）接受专业护理的比例是最大的，有40%的接受护理的人住在疗养院，而在勃兰登堡州（Brandenburg）这个比例则最低——25%。在黑森州（Hessen）接受家庭成员照顾的人的比例最高——54%（请参照Statistisches Bundesamt，2009年）。

（crowding-in）以及“排挤”（crowding-out）的论题下进行讨论的（请参照Ostner，2004年）。“排挤”论点的假设是，由于福利社会不断地承担着家庭的服务功能，而使得家庭内部的互助潜力降低了。与之相反，“挤入”假说则认为福利社会的服务恰恰加强和刺激了家庭中的互助性。玛蒂娜·勃兰特（Martina Brandt）通过对健康、老龄化和退休调查（Survey of Health, Ageing and Retirement（SHARE））项目中的欧洲部分的数据进行比较发现，目前已有的数据既没有表明无限制的“挤入”现象，也不能证明“排挤”假设（请参照Brandt，2009年：第147页）。但是，随着福利国家的不断扩建，的确一部分义务照顾被替换了（请参照同上出处）。

在人一生的最后阶段以及与之相关的世代间照顾也包括面对临终和死亡这两种情况。而临终和死亡的面貌在过去的十多年里也发生了巨大的变化，因为曾经在这个阶段非常显著的宗教仪式和象征现在变得比较罕见了（请参照Ariès，1987年）。从20世纪中期以来，越来越多的人在医院或者养老院、疗养院中去世。例如，在2005年去世的人中，有47.5%的人年龄为80岁或以上，在他们之中有47.3%的人在医院辞世（请参照Göckenjan，2008年：第9页）。在医院中的临终阶段往往充满着矛盾的情感。从医生和护理者的角度来说，他们往往会建议使用医疗技术手段，从医疗技术的角度来看患者仍然是可以继续治疗的（请参照Feldmann，2004年：第166页）。但是，这些通常只是延长了临终的过程，这只是一个意识模糊或失去意识的阶段，也就是莎朗·考夫曼（Sharon R. Kaufman）[①]所说的在活着和死去之

①莎朗·考夫曼，美国医学人类学家。主要著作有《死亡时间：美国医院是如何安排临终阶段的》《永恒的自我：生命晚期的意义之源》《医疗者的传说：医学和文化的改变》。——译者注

间的“灰色地带”，在这个阶段家庭成员很难区分临终者是活着、死去还是痛苦（请参照Kaufman，2005年：第62页）。由于不能确定临终者的状态，对于临终者、亲属和照顾者来说，都需要较长的停顿时间或者说是思考时间，这会对临终者、亲属和照顾者产生“当下变得支离破碎”的影响（请参照Saake，2008年：第6页）。在医疗环境中的死亡也是一个非常复杂的、充满矛盾的社会过程。

在现代社会中，临终环境的巨大变化，是否带来了临终和死亡的被排斥或者变为忌讳，有关这个问题引起了激烈的讨论：一方面菲利普·阿里耶斯（Philippe Ariès）[①]在他的《死亡的历史》（Geschichte des Todes）中描述了死亡从中世纪的“在家中去世”变成了具有宗教精神含义的、仪式性的、集体性的终结形式，之后又通过医疗化和医院化的过程转变为“在医院中的去世”（请参照Ariès，1987年：第728页）。这种从公共空间中“取消公民资格”使得死亡成为一件世俗的、心理方面的任务（请参照同上出处：第741页）。因此，意味着失去社会角色和参与社会事务机会的“社会性死亡”的过程，可能在真正死亡之前的好几年就已经开始了，正如诺博特·伊里亚思（Norbert Elias）[②]在《我们社会的临终者的孤寂》（Die Einsamkeit der Sterbenden in unseren Welten）中所描绘的那样（请参照

---

①菲利普·阿里耶斯（1914—1984年），法国文化史学家、社会学家，主要研究儿童与家庭问题。主要著作有《儿童的世纪：家庭生活的社会史》《西方的人性》《死亡的历史》等。——译者注

②诺博特·伊里亚思（1897—1990年），德国著名社会学家。主要著作有《文明的进程》《个体的社会》《临终者的孤寂》和《论时间》等。——译者注

Elias，1982年）。另一方面，休伯特·诺布洛克（Hubert Knoblauch）[①]和阿诺德·辛格勒（Arnold Zingerle）[②]将有关死亡的排斥特性的讨论归入“对现代的自我描述中的基本术语”（请参照Knoblauch/ Zingerle，2005年：第12页）。这两位作者赞同“死亡的制度化”的论点，并且认为，这个论点的依据，不仅包括医疗化和医院化的存在构成了临终和死亡的机构性基础，而且也包括业已存在的社会上有关如何对待自身死亡和他人死亡的知识（请参照同上出处：第23页）。因此，“制度化”这个概念就涉及在与之相关的特定机制中人们的行为模式和所扮演的角色以及在医疗方面和其他方面的死亡专家和当事的非专业人士之间相互接触的位置（请参照同上出处）。在其他围绕着制度化的大量公开讨论中，包括用“流行宗教”为死亡贴上一个标签，从而使之作为次级传统的一种形式，这至少能帮助人们积极地对待有关死亡的主观体验（请参照同上出处：第24页）。阿明·纳瑟黑（Armin Nassehi）[③]和伊姆希尔德·萨克（Irmhild Saake）在《闲话我们这个时代的死亡》（Geschwatzigkeit des Todes in unsere Zeit）中也指示了这个方向（请参照Nassehi，2004年；Nassehi/Saake，2005年）。他们以托马斯·卢克曼

① 休伯特·诺布洛克（1959年—　），德国社会学家。主要著作有《知识社会》《流行宗教》《有关宗教的定性研究》和《生死社会学：死亡、临终关怀医院和死亡的制度化》（合著）。——译者注

② 阿诺德·辛格勒（1942年—　），德国社会学家。主要著作有《马克斯·韦伯和中国》《马克斯·韦伯的历史社会学》《在自我中朝圣》和《生死社会学：死亡、临终关怀医院和死亡的制度化》（合著）。——译者注

③ 阿明·纳瑟黑（1960年—　），德国社会学家，是社会学杂志《社会世界》的共同出版人。主要著作有《卢曼社会系统理论导引》（与George Weber 合著）《社会学导论十讲》《理解社会：社会学考察》和《闲话我们这个时代的死亡》等。——译者注

（Thomas Luckmann）[①]的一条理论作为对于死亡的讨论的基础，即死亡并不是可以直接经验的，而是通过解释和沟通被展示出来的（请参照Nassehi/Saake，2005年）。由此可见，从系统理论的角度来看，死亡和所有的其他生活状态一样，在现代社会需要包含在多种功能系统之中，并且与各种功能系统合作，而且它是一个值得热烈讨论的题目。有关主动的和被动的安乐死、临终关怀行动、脑死亡、克隆技术以及其他话题都是与死亡有关的（请参照Nassehi，2004年：第130页）。根据纳瑟黑的观点，对死亡进行管理的、受到专家支持的功能系统是与传统的社会形态中的惯常行为和不言而喻的惯例完全相同的（请参照同上出处：第131页）。最后，格尔德·郭肯剑（Gerd Göckenjan）也转向反对在（后）现代社会对死亡的排斥和禁忌化的观点（请参照Göckenjan，2008年：第7页）。尽管现在的医院往往在病人和他们的亲属如何对待临终这方面变得越来越灵活了，但是仍然不能够将医院看作是确定“死亡的角色”，也就是说医院还不能将死亡的过程制度化（请参照Göckenjan，2008年：第10页）。随着预期寿命的增长，所改变的不仅是死亡的年龄，而且也是临终和死亡的状态和环境。社会上出现了非常强烈的反对临终关怀、医疗化和死亡的技术化的运动。病人的决定和预防措施的授权，代表的是法律上的手段，藉此来保证在生命最后阶段，对自身的可控。伊姆希尔德·萨克（Irmhild Saake）从主体的（或主体间的）临终和死亡的管理的角度出发，指出现代社会的临终问题尤其值得关注（请参照Saake，2008年）。因而，“优雅地逝去”只能是在临终者的经历与他的

①托马斯·卢克曼（1927年—　），美国社会学家，主要研究知识社会学、宗教社会学和科学哲学。主要著作为《看不见的宗教》、《语言社会学》和《生命世界和社会现实》。——译者注

理解过程协调一致时，才能看到的结果，也就是说，它更多地与“逝者的一生中自然而然产生的图景”有关（请参照Saake，2008年：第6页）。

第二节　有关家庭和社会中的世代的理论层面

根据历史学家约瑟夫·艾默尔（Josef Ehmer）[①]从卡尔·曼海姆（Karl Mannheim）[②]的研究中所总结出来的理论，可以发现主要的趋势，即“家庭中的世代往往可以被看作为再生产和保证延续的要素，而社会中的世代则是变化的推动者”（请参照Ehmer，2009年：第59页）。这种二分法能够、而且也必须通过既整合了社会的和家庭的发展变化、又将视野放置在时间跨度构架中才能得以实现（请参照同上出处：第76页）。因而，在接下来的章节中，我将尝试地开发出在家庭和社会中，不同世代与老年人相处方式的变化进程的基本框架。

家庭中的代际顺序

家庭中世代的概念涉及了一个家庭中世代的顺序，也就是家族体系意

① 约瑟夫·艾默尔（1948年—　），奥地利历史学家。主要著作有《“劳动”：历史、现在和未来》《家庭的历史研究：成果与争鸣》《欧洲的流动性：19世纪到20世纪初期的国内、跨国和跨洲的迁移》等。——译者注

② 卡尔·曼海姆（1893—1947年），匈牙利犹太裔社会学家，对20世纪上半叶的社会学领域有巨大的影响，是经典社会学和知识社会学的创始人之一。主要著作有《对认识论的结构分析》《知识社会学问题》《保守主义思想》《竞争在精神领域之中的意义》和《意识形态与乌托邦》等。——译者注

义下的谱系结构（请参照Liebau，1997年：第25页）。拉丁词“generare”具有“生产出来”的含义，因而“繁殖”（Generativität）这个术语，根据其拉丁词根的意思，就既表示了创造后代的生物学方面的事实（即家系血统学方面），也意味着文化资本的传承和延续在家庭的世代概念中同样占有中心位置（请参照Jureit，2006年：第28页）。繁殖关系的首要衡量标准是亲子原则，即在相互联系的两代或者多个世代之间，必须是存在父母—子女关系的（请参照Lenz/Böhnisch，1997年：第29页）。因而在家庭中就会产生从曾祖父母、祖父母、父母、孩子和孙子的家谱顺序，在这当中，“相互间的父母—子女关系”是一个家庭中的世代关系的核心（请参照Honig，1999年）。

如何更准确地理解家庭中的关系结构以及在家庭的关系结构中有哪些动态性的因素，有关这些都可以在两个理论框架的帮助下得以探明：一个是在乌尔里希·欧文曼（Ulrich Oevermann）①的研究中提出的“恋母情节三元体系”理论（请参照Oevermann，2001年；Oevermann/Allert/Gripp等，1976年）；另一个是库尔特·吕舍尔（Kurt Lüscher）②的“矛盾情感”的理论（请参照Lüscher，2000年；Lüscher，2005年、2007年；Lüscher/Liegle，2003年）。这两个理论尽管重点不同，但是它们不仅从结构的角度展开论述，而且也与心理学的和心理分析的理论联系在一起——对这些方面的假设给予社会

①乌尔里希·欧文曼（1940年—　），德国社会学家、客观阐释学的创建者。主要著作有《说话方式的特点层面和它对认知过程的影响》、《语言和社会出身》和《统治的艺术和艺术的统治力》。——译者注

②库尔特·吕舍尔（1935年—　），德国社会学家，主要研究领域为家庭社会学。主要著作有《代际间的矛盾情感》、《媒体对社会经济阶层的作用》和《今天的家庭意味着什么》等。——译者注

学角度新的理解，因而这两条理论相互补充。“恋母情节三元体系”理论解释了——至少在西方的市民家庭模式中是成立的——在对父母—子女这对关系进行理解时，必须要考虑到丈夫—妻子这对关系，而在父母—子女之间的关系中，一方面是母亲—子女之间的关系，另一方面是父亲—子女之间的相对关系（请参照Oevermann，2001年）。总体来说，家庭中的这两种关系会涉及蔓延型的社会关系的原型，因而在这两种家庭关系形式里，每个人都是作为“完整的人”、而不是某个角色的承担者出现的。[①]欧文曼为蔓延型的社会关系总结了四项特征：首先是这种关系的不可废止性。尽管无论是配偶或伴侣关系，还是父母—子女关系，在生活实践中都可能会失败，并且可能解体，但是这些关系对于牵连在其中的人来说，仍然会产生一生的影响，因为这些关系是与之有关的人的个人历史中不可分割的一部分，而且它们作为“被内化的”客体而成为个人心理结构的“无法分解的”部分（请参照同上出处：第87页及其后页）。欧文曼指出的第二个特征是，身体基础对于蔓延型社会关系和家庭内部的关系具有决定性的作用。所谓的身体基础在世代关系中是指在家谱体系中的关系或者繁衍关系，在伴侣关系中则是指性关系。第三个特征是关系双方之间相互的无条件和无前提

①借助于帕森斯的“模式变量”，欧文曼提出了两个不同的概念“蔓延型的”社会关系和“特定的”社会关系。（请参照Oevermann，2001年：第84页及其后页）。家庭中的一对对相对应的关系特别强调了，人们在家庭中是以“完整的人”的形象出现的，并且因此家庭被当作为初级群体；而“特定的”社会关系却相反，它体现为，人们在其间是相互作为角色扮演者、契约的另一方以及通过市场进行交换的另一方而出现的，在这样的关系中，社会关系的结构保持不变，即便其中的具体的人已经发生了替换（请参照Oevermann，2001年：第87页）。人的主体性决定了在家庭中大部分时候是蔓延型社会关系，而当人们表现出作为角色的承担者特性的时候，就产生次级关系了。在家庭内部能够观察到在蔓延型关系下和在特定关系下不同的亲密度。因而典型的结论就是在真实的家庭中总是存在着混合的社会关系。值得关注的是，这些关系是如何共存的。

的信任，在这种关系内，双方都能够完全展现各自的人格特征。第四个特征是相互的情感关系，这种情感非常强烈，以至于可以经受得起较长时间的分离。但是，在蔓延型家庭关系——也就是一边是世代关系，另一边是伴侣关系——之中，存在着张力，因为在恋母情节三元体系的内部，每个角色都会与另外的两个角色产生相互作用和竞争关系。因而，在丈夫—妻子关系中伴侣相互之间的独有性的要求，就必须与在父母—子女关系中的独有性要求能够实现相互协调、共享。在欧文曼看来，一个家庭内部结构性的相互关系和这些关系相互之间的啮合，是分析家庭关系的动态性的出发点。

借助于欧文曼所阐明的在家庭内部的蔓延型关系格局下的关系强度和亲密度，能够发现家庭中世代关系的中心问题所在，即库尔特·吕舍尔所提出的“矛盾情感”的理论（请参照Lüscher，2000年、2005年、2007年；Lüscher/Liegle，2003年）。这个概念指出了家庭中世代关系在情感方面的动态性。根据吕舍尔的观点，矛盾情感出现在“某个特定的时间点或者在某个特定的或开放的时间段中，感觉、思想、行为的极端化，甚至社会关系、社会结构和社会进程中的极端化在根本上被理解为是无法解决的时候”（请参照Lüscher，2000年：第144页）。因此，矛盾情感可能提供的对抗性的感觉将得以确认，这种感觉与矛盾情感被同时体验到，而对这些感觉和情感的处理，会对当事者的自我身份认同有非常重要的意义（请参照Lüscher/Liegle，2003年：第288页）。通过这个定义，吕舍尔强调，矛盾情感既可能出现在行为之前，成为行为的前提条件，也可能出现在行为之后，作为行为所带来的结果（请参照Lüscher，2000年：第144页）。换而言之，在家庭的世代关系之中并不存在不被矛盾情感所涉足的时刻，但是这种情感发挥的是或大或小的决定作用。矛盾情感的强度以及它具体的表现形式和形态，是由具体的家庭中的世代关系所决定的，并且在整个的生命历程中，这种矛盾情感被不断地重新构造。与矛盾情感尤其密切相关的是“家庭的主体性”和“制度化的社会性”之间的对抗结构（请参照Lüscher，2010年：第1页）。当欧文曼将首要的社会化过程转移到处于父母—子女之间关系中的代际关联性以及与性关系有关的伴侣关系中亲密性之间的压力场域中的时候，吕舍尔则是在形成个性和融入社会这两个背景下观察社会化的过程的（请参照同上出处：第34页）。在对家庭之外的社会化经历进行分析时，可以看到这种社会化的过程或者带来家庭关系的动态化，或者保留了旧有的家庭模式。而在这两种发展趋势中，都会在情感层面带来或是亲近或是疏远的结果。吕舍尔看来，在对社会层面的变化要求的讨论中，在家庭中不同世代之间所存在的矛盾情感，最终可能会形成或是团结一致、或是平等、或是各自为营、或是一方顺从一方等关系类型（请参照Lüscher，2010年：第2页及其后页）。综合来看，吕舍尔的观点是，家庭成员既不断地在生疏和熟悉之间，也不断在延续和更新换代之间平衡着他们之间的关系，并且通过这样的过程，家庭成员共同协商着用于安排和规范他们的共同生活的内涵、目标和价值观（请参照Lüscher，2007年：第45页）。正是凭借这种基本的动态性，家庭成为一个延续传统和安排及确定变迁的场所（请参照Ecarius，2001年），而且通过家庭也将继续将惯常性的活动和不言而喻的指导日常行为的知识传递下去。如果将吕舍尔和欧文曼的观点结合起来，就会发现家庭中的世代关系体现了三个基本特征。首先是在家庭中存在着配偶或者夫妻之间的张力关系，这种关系可以被描述为（包括生产后代和传递文化资本的）繁衍关系和性关系。第二个基本特征是，家庭中的情感层面的关系表现为亲密和疏远，或者生疏和熟悉的关系。从欧文曼的研究中可以得出这样的假设，即在世代关系中，随着以角色为依据的关系形式的增强，当事人以完全人格出现的程度就会降低，因而产生更大的距离。最后，家庭中的世代关系的第三个基本特征可以通过延续性和更新性之间的压力场域加以描述。根据吕舍尔的观点，更新这个层面主要是由在家庭之外的社会化过程所带来的，并且会通过对个体的社会化插入到家庭生活中来。

“世代”既可以作为在社会范围内的自我描述的概念、也可以作为外在描述的概念

库尔特·吕舍尔所提出的在家庭层面中革新和守旧之间的张力关系，也是卡尔·曼海姆在他1928年所撰写的纲领性的论文《有关世代关系》（Das Problem der Generationen）所讨论的问题，曼海姆将世代关系的问题看作是与积淀的文化物的流传相关的问题（请参照Mannheim，1970年［1928年］：530页）。[①]本项研究所感兴趣的是，社会层面的社会化经历有什么特性，它对发生在家庭中的主体化过程会有什么根本性的影响。曼海姆在他的有关世代的论文中，强调了通过不断的代际转化而产生的“新的文化传承者的

①有关曼海姆所涉及到的性别和阶层的世代关系的概念以及对这个概念的历史变迁的批判性反思可以参照Bude，2005年；Fietze，2009年；Parnes/Vedder/Willer，2008年；Schulz/Grebner，2003年；Zinnecker，2003年。

加入”。曼海姆从社会生物学的基础出发，关注于世代作为历史性的大型群体的形成过程，以便在世代的层次结构、世代间的相互关系和世代整体的阶梯模式中，勾勒出社会的层级模型和发展模型（请参照同上出处：第524页及其后页）。在曼海姆的论文中并没有将社会世代的概念量化，但是尽管如此，曼海姆还是提出了社会性变化的可测量的节奏（请参照Jureit，2006年：第20页）。借助于曼海姆对于社会的或者说历史的世代概念的研究，有两条假设被提出。尽管这两条假设出自于曼海姆，但是它们放弃了将世代概念作为一个社会文化的和宏观社会的总体框架来运用的要求。这两条假设更多地是将世代作为一个身份认同的概念来使用的。其中一个有关世代化的假设来自于荣格·罗伊莱克（Jürgen Reulecke）[①]（请参照Reulecke，2000年、2003年）。通过世代的概念，罗伊莱克探讨了20世纪与代际相关的身份认同的可能方式，这种身份认同与人们的年龄有特定的关系，也就是卡尔·曼海姆所提出的世代中的层理关系（请参照Reulecke，2003年：第8页）。[②]罗伊莱克认为，“世代化”是从三个层面作为身份认同的标志的：首先是与一系列的观念和看待问题的视角相关，它们尽管由个体的经历定下色调，但也是由外在于个体的集体所决定的（请参照Reulecke，2003年：第27页）。其次，人们的身份认同既有自发形成的部分，也有来自外界因

①荣格·罗伊莱克（1940年—　），德国历史学家。主要著作有《德国城市化的历史》、《失去父亲的儿子》和《20世纪的知识》等。——译者注

②在罗伊莱克看来，世代关系是一个现代社会的现象，这是因为自19世纪以来，所出现的政治层面、经济层面、社会层面和精神层面的断裂以及与之相连的主导性的释义模式的急剧变革，导致了“老人”和“年轻人”不再像在传统社会中那样生活在一起、并就为确定未来的战略而竞争，产生了大量的相互竞争的年龄群组，他们根据自身的价值观和规范标准，就在社会中的释义权利展开斗争（请参照Reulecke，2000年：第28页）。

素的影响。最后，人们的身份认同和与大致同龄的群体相处的经历有关，这些群体尽管拥有不同的背景，但是都生活在相同的年龄阶段。因而，与曼海姆的世代概念不同，罗伊莱克的“世代化”概念较少地涉及一组人群中大致可以“客观”把握的世代结构的典型构造，也就是较少地建立在以时间段划分的生物学方面数据的基础上，而更多地是以“人们在自己所生活时代主观地确定自己和他人的位置，并且提供与之有关的释义”的路径（请参照Reulecke，2003年：第8页）。“世代化”这个概念提供了在社会性的集合或者说经验空间中，人们主观的自我定位的可能，并且因此能够从根本上理解与之有关的释义模式，在这里所提到的社会集体是按照不同的年龄组合在一起的。

因而，在这里就不得不提到第二个假设，它将世代化的协商过程视为集体身份认同的过程。贝恩德·魏斯布罗德（Bernd Weisbrod）[①]将“世代化过程”这个概念与每个世代的身份确定的过程联系在一起，他指出，“对于一生的情感状况和在人生某些时间段中所结成的集群的释义过程总是多变性的”，因而世代化过程可以作为理解上述问题的“关键”（请参照Weisbrod，2005年：第8页）。世代化过程具有交互性和修辞性的特征，在“世代化过程”这个概念中涉及了对世代化的解释以及与之相关的世代既可以由自身决定、也可以由外在决定的问题（请参照同上出处）。因而，有关世代的描述应该被作为“论点”来使用，以便用自我描述或者外在描述的方式战略性地决定个人或集合所处的世代，并且清楚地表达哪些人或哪

①贝恩德·魏斯布罗德（1946年—　），德国社会学家。主要著作有《从货币改革到经济奇迹》、《公共领域的政策》和《世代研究的历史文献》等。——译者注

些集合被纳入到或排除出某个世代（请参照Bohnenkamp/Manning/Silies，2009年：第2页）。

我们在之前所分析的家庭和世代关系的结构框架中，将罗伊莱克的“世代化”的概念和魏斯布罗德的“世代化过程”的概念结合在一起，下面的相互关系就是显而易见的，即人们不仅拥有个人的和家庭的，而且也拥有社会的或者代际的身份认同。人们将他们在家庭中的和社会性集合中的社会化过程，以自我描述或者外在描述的方式形成自我主体。但是，这也意味着，在家庭中，根据世代的数量会产生与世代相关的多种身份认同。因而，与世代相关的身份认同就表现为一种媒介，吕舍尔认为在那当中会存在着由革新和守旧，或者说由接近性和差异性而产生的张力关系。这种张力关系会朝着什么方向发展，它是会促进家庭的稳定或者产生一致性，还是会形成更亲密或更疏远的关系，这些都是不确定的，而且也与历史、经济、文化和社会的环境相关。

在经验领域和期望范畴之间的压力场中的世代关系

到目前为止，我们已经清楚地看到，无论是既有的环境结构，还是社会的发展状况，都是分析家庭和世代关系的重要因素。进而言之，与之前的阐述紧密相连的是时间的视角。总体来看，家庭中的时间维度使得家庭成员在不同的历史中形成了以时间为顺序的单元，这里所提到的历史，既包括个体层面的生命历程，也包括家庭层面的家族史，还包括社会层面的代际的划分（请参照Lettke/Lange，2007年：24页）。在历史和社会的背景下，所产生的家庭成员之间的不同单元以及与之相应的差异化的经验体系，所导致的结果是，一个家庭中不同世代的生活展现了在不同的经验领域，或者说在过去、现在和未来之间不同的交汇点上的“延时性的人生历程”（请参照Ecarius，2008年：第162页）（请参照Pitrou，1993年：第75页）。本项研究尤其关注的是，人们在他们与前面一代和后面一代的关系中所确定自己的位置，即他们在与自己的父母和自己的子女关系中确定自己位置的过程，是如何影响他们对于自己在时间进程中社会位置的理解的。这个问题涉及到莱因哈特·科泽勒克所提出的人类学范畴中的经验和期望的概念（请参照Koselleck，1985年，2003年）。“经验领域”和“期望范畴”的概念首先涉及到一个人类学方面的假设：时间是人类生活中的一个基本的、而且普遍的现象，它是通过过去、现在和未来而确定的，所谓的过去和未来对人类而言是由在当下的经验和期望所确定的（请参照Koselleck，2003年：第331页）。除了在生命时间范畴下的时间概念之外，“经验领域”和“期望范畴”这对类别概念也从历史的角度影响着人类的意义构建。“经验”和“期望”不能被看作是两个各自独立的类别，而是相互组合在一起的。因而，科泽勒克从特定的历史角度提出了时间的意义构成（请参照Koselleck，2003年：第333页）。[1]约恩·胡森进一步发展了这个思想（请参照Müller/Rüsen，1997年；Rüsen，2004年、2006年）。作为关注于文化学的历史学家，胡森非常感兴趣于这样的问题：社会性的时间是如何和个体的主体性结合

①尽管经验和期望之间在概念上相互关联，但是科泽勒克强调，它们拥有不同的存在形式，并且在这一点上与空间概念完全不同（请参照Koselleck，1985年：第355页）。空间是组合为一个“整体”的，在那里很多以前出现的层面现在仍然同时出现，而没有之前和之后的区分，而时间却是“线性的，在将来会开启新的经验领域，只是现在还看不到”（请参照同上出处：第356页）。科泽勒克在他的具有历史性影响的研究中得出结论，对于人类而言，从近代开始，经验领域和期望范畴之间的关系就越来越趋于分离、各自向自己的方向延伸。

在一起的，因而他首先将日常生活时间作为观察的重点，并且指出“历史性的意义建构是所有深思熟虑的结果，在这些思考中，出于不同的目的，过去被回忆，并且备份为长久保存的经验，成为对人类生活、世界变迁的解释。”（请参照Müller/ Rüsen，1997年：第10页）。

在本项研究中所关注的是与父母的老年相关的家庭的经验领域，这部分将通过主题—描述式访谈加以分析，从而对在世代关系中具有重要影响力的不同的关系维度进行解释。受访者的期望范畴涉及他们自己的老年阶段中世代关系的重要性，他们的期望范畴可以放在他们所描述的家庭的经验领域和当下的社会背景下加以理解。这个计划就是在本项研究中着手分析世代关系的重要性的路径。

第三节　引入“世代间照顾”的概念

为什么在家庭中某代人会照顾另一代人？是通过什么样的形式？照顾对于每个家庭成员和对于整个家庭意味着什么？对于这些问题，可以从不同的理论层面进行讨论。这一章的目的，就是整理出引导本项研究的具有启发性的思路，它由以下问题构成：照顾发生在人们的感知、理解和行为的哪个层面？与其他的照顾关系相比，世代间的照顾有什么特征？照顾与哪种特别形式的关系以及哪种特别形式的主体联系在一起？

“世代间照顾”这个概念是由马克·崔得里克所提出的（请参照Szydlik，2002年）。在我看来，他所提出的这个概念包含着两个层面的含义：

首先，世代间照顾是一个家庭中代际之间联系纽带的组成部分；其次，世代间照顾是一种情感—反射性过程（请参照Szydlik，2002年：第148页及其后页）。这意味着，世代间照顾是代际关系的主观性的表现形式，并且它反映了与之相关的关系历史。这个观点植根于有关“担忧”（worrying）的心理学理论，展现了在“不安的状态”这个概念中的情感性的和反射性的要素（请参照Borkovec，1994年）。因而，家庭中世代间的照顾既与家庭中的他者有关，也涉及家庭中的总体关系。但是，正如崔得里克所强调的，世代间的照顾并不一定是与“良好的”家庭关系联系在一起的，而同时包括人们照顾他们不喜欢的家庭成员。同样，这种照顾也会涉及到家庭中曾经发生的冲突。“糟糕的”代际关系也有可能带来完全符合常规的“世代间的照顾”；而在“良好的”关系下，对其他家庭成员的照顾也可能被当作是一种负担，或者完全不会对家庭成员的关系产生反射性的作用。崔得里克反复强调，“世代间照顾”并不一定是一种积极的感觉。相反，代际关系可能会导致极大的痛苦情绪，从而使得家庭成员之间产生内心上的分离，一方不再想照顾另一方，因为他们不愿意再为对方操心。因此，尽管“世代间照顾”是以世代间的关系为基础的，但这却是“人们宁愿放弃的关系”（请参照Szydlik，2002年：第149页）。“世代间照顾”的实现是以以下前提为基础的，即对代际关系中难以解决的问题的认知、分析，并且积极地寻找解决途径（请参照同上出处：第149页）。总体来看，崔得里克所提出的“世代间照顾”的概念，不仅是局限在护理层面上的具体的照顾行为，并且指出代际关系的情感基础是分析世代间照顾的中心所在。

世代间照顾和互惠原则

代际关系不仅包含情感和对它的反射性处理。在世代间关系中重要的元素还包括在家庭中形成的规范、期望和要求。世代之间的义务关系是会考虑到互惠性原则的。与之相关的理论层面涉及到将符合道德的经济从广义上理解为相互性的观念，这被看作为结成共同体的基础（请参照Thompson，1980年［1971年］）。马瑟·牟斯（Marcel Mauss）[①]提出在前现代社会中的“互赠交换”的人类学的概念，从这种行为开始，互惠性关系既出现在社会层面，也出现在人际交往的活动中（请参照Adloff/Mau，2005年；Martens/Scheuregger，2007年）。对于“世代间的合同”这个概念可以从不同的层面加以理解，例如包括从家庭收入状况，到任务分配情况，直至公共的划拨款项等层面，同样也可以从象征性的秩序的角度。世代间的合同在社会层面可以理解为不同年龄群体之间的关系，而在家庭层面则可以看作是在生命历程的相应阶段中，不同世代之间的给予和接受的关系（请参照Kohli，1989年：第532页）。在有关互惠性的理论中强调了，不仅给予是重要的，而且具有相互性的结为一个整体的效应也是非常重要的；互惠性原则因而可以被定义为“有关相互性的义务关系的规范”，并且可以理解为对社会关系的稳固（请参照Martens/Scheureger，2007年：第2页）。然而，互惠性也提出了对双方相互间信任的要求，因为参与者“（必须）相信，他所给予的会得到回报，尽管是在不确定的时间和以不确定的程度”

① 马瑟·牟斯（1872—1950年），法国社会学家、人类学家，曾研究了世界各地不同文化中有关魔术、牺牲和礼物交换的现象。主要作品有《礼物：古代社会交换的形式和原因》、《魔法的基本理论》和《牺牲：特征和功能》。——译者注

（请参照同上出处：第12页）。

互惠性的概念可以在多种理论框架下加以讨论。从不同的理论角度出发，就会在对于给予和回馈之间的关系的理解、对于中介交换的通货的理解、对于给予、接收和回馈之间的关系的时间框架和紧密程度的理解当中产生巨大的差异（请参照Martens/Scheureger，2007年：第11页中所引用的Mau的观点）。但是，所有互利性的行为都具有一个共同的特征，即“这些行为背后的动机既不是纯粹自利性的，也不是完全利他性的，而是在由利益和道德两个端点所组成的闭联集中，不断移动的针对相应社会行为的独立原则”（请参照同上出处：第10页）。互惠性规范因而体现了在共同体和社会中的行动协调的要素。贝蒂娜·霍尔施泰因（Bettina Hollstein）详尽地在家庭中世代关系的背景下以及需求帮助的情况下讨论了互惠性的问题（请参照Hollstein/Bria，1998年；Hollstein，2005年）。霍尔施泰因强调了这样的观点，即尽管随着时间的流逝，支持的潜力会被销蚀，但是之前已经预先得到资助的世代间的承上启下的一代，比只是支持互惠性规范的上有老下有小的一代要更可靠和更稳定（请参照Hollstein，2005年）。如果在一个家庭中是以互利性原则为导向的，那么尤其令人关注的就是，这种义务关系是以什么方式形成的，并且是如何清偿的。在这里，对商定的善行的文化上的评判是至关重要的，同样起决定性作用的是这种给予的等价物是什么。在这当中还需要协商的是，在给予和回馈之间需要等待多长时间是可以接受的（请参照同上出处：第189页）。霍尔施泰因的研究显示，在给予父母照顾这种情况下，子女显然根据他们的父母预先付出的具体情况，而不是根据通常的，与具体行为无关的规范来解释他们对父母的照顾行为

（请参照同上出处）。通过对父母的照顾，应该是将之前得到的对自身生活的帮助返还给父母。但是，霍尔施泰因在这里指出，随着时间的流逝，在家庭的世代关系中，给予的价值远不如因给予而联结在一起的关系更重要，而且情感和关系本身又可以被理解为是交换的物品。父母—子女关系的情感化在霍尔施泰因的解释中，可以看作是与标明传统的世代关系的重要特征权力等价的。霍尔施泰因还进一步分析了对实现家庭内部交换的限制因素，即互惠性原则会与诸如身份义务、角色义务等其他规范产生冲突。因而，尽管在一个家庭中是以互利性原则为导向的，但是可能在对父母的照顾当中不能加以执行（请参照同上出处：第193页）。在这里，互惠性原则的理论框架展示了家庭中的规范机制，它使得世代间的照顾与公平的分配原则联系起来。

世代间照顾是再生产活动的一个要素

正如目前所解释的那样，世代间照顾是指在家庭中转向其他世代和与之相关的世代间关系求得帮助。这种求助会以多种形式出现。如果将世代间照顾看作是构建个人自身的生活和家庭生活的资源，那么世代间照顾就明确地表现为人们在人类学范畴中的再生产活动的一个要素了。再生产行为涉及人们社会的、经济的、教育的和生物性的状况。因而，接下来我将会对处于家庭—社会的再生产活动与经济性的再生产活动之间的交叉地带进行分析。在西方社会，再生产活动一直有严格的性别区分。出于这个原因，在社会学中很长时间以来，一直主要是从女性的双重负担的角度讨论“职场和家庭”这个话题的，因为作为母亲的女性在不对称的性别关系下，在她的职场上的工作之外，还要完成家务劳动（请参照Born/Krüger，2001年；Lorenz-Meyer，2001年）。而且随着职场世界和生活世界的深刻变迁，近年来在“打破工作和家庭之间的界限”这个关键词下的有关协调一致的问题得到了广泛地讨论，这种变迁中，私人领域和公共领域之间的关系发生了根本性的变化（请参照Jurczyk/Oechsle，2007年；Jurczyk/Schier/Szymenderski等，2009年；Rössler，2001年）。这种变迁因而也使得越来越多的机构化护理应运而生，以便完成家庭护理的任务。尽管社会服务和护理服务的专业化应该能够填补照顾需求的空缺，但是由于这些机构是以经济运作为导向的，因此存在着结构性的缺陷（请参照Brückner，2009年）。有关在公共领域和私人空间之间传统界限的逐渐消失的去边界化，主要是从两个方向展开的：一方面是公共领域的更私人化，另一方面是私人领域变得更公众化。由此所带来的结果是，人们必须事先为这两个方面“划清界限”，从而能够继续使职场工作和家庭生活协调一致（请参照Jurczyk等，2009年：第21页）。但是，职场和家庭之间的界限被模糊之后，随之而来的是价值谱系的模糊不清，家庭曾经既可能是经济世界中的情绪上的逃逸之处，也可能是放下心理负担的庇护之地，因为“回家”是与职场世界相对的，而现在这种对立关系也被模糊了。（请参照Hochschild，2003年［1983年］）。因而，克斯廷·尤尔根（Kerstin Jürgens）认为，“划分界限”的过程是再生产活动的核心要素；她将“再生产活动”定义为个人的财产和获得个人工作力量和生活力量的活动（请参照Jürgens，2008年：第195页）。对于再生产活动的分析展示了“在社会的职场领域和生活领域之间产生了哪些复杂的相互影响以及它们对与之相关的主体提出了哪些要求”（请参照同上出处：第272页）。一方面，作为划清界限的再生产活动展现了社会结构的特征；另一方面，再生产活动也一直具有个人性特征，并且是与主体积极主动的设计计划相关的。主体所付出的劳动不会在日常的配合性和协调性努力中被削减，而是成为用来应对来自工作领域和私人生活领域要求的努力，从而使得个人的身份认同、身体健康或者社会联系不会受到危害（请参照同上出处）。将世代间照顾的概念与再生产活动的概念结合起来，就能够将家庭生活领域和职业生活领域整合在一起。对世代间照顾的研究如果没有同时考虑到对职场生活的关注，是无法有任何进展的，因为世代间照顾是与再生产活动互为前提条件的。因而，在本项研究中，将特别在性别和世代这两个范畴下分析有关划分界限的问题。即在划分家庭和职场的界限的过程中，男性和女性之间有什么区别，年长者和年轻人之间又有什么不同？因为本项研究的立足点在于，有关界限的划分已经部分根植于人们在后天习得的关于家庭和职场的思维模式和感知模式的特征中了。

照顾：世代间照顾和人类的基本的依赖性

如果没有对建立在一定关系基础上照顾的独特特征的解释，是无法对“世代间照顾”加以理解的。因此，这就要追溯到女性主义的关怀理论（Care-Theorie）[①]，这个理论研究了在照顾者和被照顾者之间关系中的不对称

①关怀理论是女性主义思想体系对正义社会进行理论认知的新发展，区别于传统正义理论对个体独立性的诉求。关怀理论关注人与人之间的关系，在肯定“依赖”作为人类社会发展和完善的基本事实的基础上，将关怀置于道德和政治生活的中心。——译者注

性的特征。在将关怀理论运用到世代间照顾的概念之前，先应该对它的理论视角进行简短的介绍：关怀理论的构想最初是在20世纪80年代出现在英国和美国研究领域并成为社会学和政治学以及哲学的坚实组成部分。尤其是，引入“照顾”这个主题并将它作为讨论女性在经济、社会、法律和政治方面的依赖性的中心层面，这构成了女性主义理论构建过程中的重要一步。关怀理论包含着两个核心认识：第一个核心思想体现在，将照顾劳动与女性天然形成的特性分解开来，所谓女性的天性，包括与女性的生物性特质或者基础性的人格特征相关的、其在生物学方面的再生产的事实（请参照Cancian/Oliker，2000年）。自此，女性主义的观点揭穿了“照顾是女人的天性”的谎言并将“照顾”看作为一种通过经验习得的、可以由文化价值观以及经济计算而确定形式的能力。“照顾”显然既是性别结构和刻板印象的性别特征中的核心元素，也是社会上的压迫和歧视的媒介。第二个核心思想与这样的经验事实，即女性不仅在历史上，而且在全球的范围内，都承担着大部分的照顾工作，可能是付薪的、也可能是免费的，因而在对女性价值的低估中也包含着对照顾活动价值的低估。有关这个问题，琼·特伦托（Joan Tronto）提出了以下的二分法：关心和照顾是强有力者的责任；具体的给予照顾和接受照顾的活动则留给不那么强大的人。（请参照Tronto，1993年：第114页）。也就是说，关心照顾往往是一个普遍问题，并且涉及公共领域，具体的照顾行为则是直接的、地方性的事务了。[①]对照顾活动的社会性分类因而将性别类别与阶层划分、种族类别联系起来了。特伦托建议，为了将“照顾”从私人的和受到轻视的生活领域引入到公共生活领域中，就要将“照顾”确立为“公民身份的合格证明”（请参照Tronto，2005年）。这样的变化就要求关怀理论从有关“女性的道德”的讨论，发展为全面的关于“照顾的伦理”的探讨了。[②]

关怀理论的价值在于，它将“照顾”作为人类行为和人类共同生活的重要层面，既从认知理论的角度，也从社会学理论的角度思考这个问题。关怀理论的出发点是卡罗尔·吉利根（Carol Gilligan）[③]有关“两种道德观”理论中女性主义的关怀观点，这个观点是吉利根在她的1982年出版的著作《不同的声音：心理学理论与妇女发展》（In a different Voice. Psychological Theory and Women’s Development）中提出来的（请参照Gilligan，1996年［1982年］）。在这本书中，吉利根对她的老师劳伦斯·柯尔伯格（Lawrence Kohlberg）[④]所提出来的道德理论进行了探讨，即柯尔伯格认为人类道德的

---

①特伦托还强调了这个观点：“在这里形成了恶性循环：照顾活动的价值被低估和提供照顾的人的价值被低估。不仅是这些职位的薪水很可怜，并且不受尊重，而且这些群体的人本身也看低自己的价值。在人们想到这些被看作是社会中的‘他人’的人时，往往只是想到他们的肉体方面的特征：在对他们进行描述时只涉及他们的身体状况、他们被认为是‘肮脏的’、他们更多地被认为是‘天生如此的’。”（请参照Tronto，1993年：第114页）特伦托引用医生和护士之间的差别作为这种不平等性的典型例子。

②但是，离开了女性主义理论的背景，照顾理论几乎无法成立。特伦托将这个问题看作是社会层面上的总体问题的一部分，因此她说：“有关照顾的各种零散的观点之间的联系和有关权力的分配，可以通过一系列关于个人主义、自主权和‘靠自己力量成功的人’的概念得以更好的解释。”（请参照Tronto，1993年：第3页）

③卡罗尔·吉利根（1936年—　），美国女性主义者、伦理学家和心理学家。主要著作有《不同的声音》、《描绘道德的图景：女性思维对心理学理论和教育的贡献》等。——译者注

④劳伦斯·柯尔伯格（1927—1987年），美国心理学家，专门研究道德教育、道德推理与道德发展，以道德发展阶段理论著称。主要著作有《道德发展心理学》等。——译者注

发展是与他们对于公平性的判断的发展等同的。柯尔伯格是从对他的完全由男性组成的被试群体的实证研究中，得出这个观点的，而吉利根从中所思考的是，女性的道德经验会对道德哲学的思考产生什么样的影响。根据她自己对女性的实证研究，吉利根提出这样的理论，即存在着两种道德观：公平性的道德观和给予关怀的道德观，因而无论是在对有关照顾的权衡中，还是在对有关公平性的权衡中都会产生道德问题（请参照Gilligan，1991年：第81页）。这两种不同的道德体系的源头是不同性别所特有的与性别相关的经验世界，而并不是性别本身。在“男性的”公平性观念中，自我会被提升为与社会关系的环境相对的道德权威。在遵守公平性的规范的要求和遵守同等重要的康德[①]的绝对命令[②]（Kategorischen Imperativ）的要求之间就会产生内在的冲突（请参照同上出处：第84页）。因此，就可能出现这样的错误，即“将自己的观点和客观的立场或者事实相互混淆，并且站在自己的立场上，将他人纳入自己的标准当中”（请参照Gilligan，1991年：第97页）。而在“女性的”给予关怀的观念中却有着相反的理解，它是指自我的构造中，道德的抉择不是作用于自我的内化——这是实现将自我和他人

①伊曼努尔·康德（Immanuel Kant）（1724—1804年），德国哲学家、天文学家，德国古典哲学、古典美学和星云说的创立者。康德被认为是对现代欧洲最具影响力的思想家之一，也是启蒙运动最后一位主要哲学家。康德哲学理论的一个基本出发点是，认为将经验转化为知识的理性是人与生俱来的，如果没有先天的范畴，我们就无法理解世界。他的代表作品有《纯粹理性批判》、《判断力批判》和《实践理性批判》等。——译者注

②康德认为人的道德是纯粹的义务，义务是出自对法则敬重的一个行为的必然性，它先行于一切经验，存在于通过先天的依据来规定一致的理性的理念之中，善的意志是唯一的善，义务是出自善的意志的行为，它仅仅为了善而做善行，与出于非理性的、情感性的偏好有本质的不同。因此，作为义务的道德的基本原则的形式是绝对命令（或称“定言命令”）式的，无附加条件的，以祈使句形式表达；而假言命令需要前提条件，是以条件句形式表达的。康德认为，假言命令式的“道德”不是真道德，它们出于对利益、愉悦感等的追求，是对道德的工具化。——译者注

区分开来的基础，而是通过转向一个与自己的观念并不相符的他人，从而形成在不同情境下的定位，并且采取在其中所找到的可能的解决方案（请参照同上出处：第87页）。从批判的角度来看，在给予关怀的观念中，存在着这样的倾向，即“忘记自己特有的标准，并且尽可能地采纳他人的观念，也就是将自己变成‘无我’的，然后按照他人的标准重新定义自我”（请参照Gilligan，1991年：第97页）。在后来的学术讨论中，吉利根的“两种道德观”的二元模式不断地被质疑，因为它不仅将多元化的道德观进行了简化，而且在形成道德观念的过程中发挥作用的各种要素在这个模式中也被加以简化（请参照Nunner-Winkler，1991年）。[①]尽管如此，吉利根的研究仍然是值得赞赏的，尤其是她在“义务”和“关系”这些概念中提出了道德的关系，并且发展了不是以“公平性”、而是以“好的生活”为导向的道德哲学。由于“关怀”伦理对社会过程的分析不仅仅局限于理性层面，而且也描述了新的认知方式，在这当中情感作为重要的元素被纳入进来，因此伊丽莎白·康拉迪（Elisabeth Conradi）称吉利根的理论是“对紧密团结的全面透视”，在此基础上使得“关怀理论”得以进一步的发展（请参照Conradi，2001年：第25页）。关怀理论尽管是以对紧密团结的观察中所获得的认知理论为基础的，但是在发展的过程中有了很大的变异。在关怀理论的进一步发展中，产生了一些毋庸置疑的和一些备受争议的观点，但是在有关关怀的理论中达成共识的是，“照顾”的形式是随着文化、历史和社

① 吉利根理论的另一个缺陷是在于过分强调本位主义（请参照Nagl-Docekal，1993年）。Carol Thomas从整体上怀疑关怀理论中所分析出的特征，并将它归为生活常识层面上的经验性的描述范畴。

会背景的不同而不同的，并且重视程度也不一样（请参照Cancian/Oliker，2000年；Tronto，1993年）。同样没有争议的是，“照顾”当然不一定是正面积极的。例如，可以想象一下，一个具有良好意愿的照顾行为，却引起了被照顾者的负面的感情，并且也许不符合他的需要（请参照Fineman，2003年）。而负面的反应也可以由第三方带来，也就是，如果不是因为那个被照顾的人，他有可能得到照顾（请参照Tronto，2005年）。但是，所有关怀理论的衍生理论，其中心思想都强调主体性是不言自明的，也就是说这是以笛卡尔[①]所指出的独立自治的主体为基础的。因此，关怀理论可以被看作是以独立自主的主体为探讨对象、从而用于分析在主体和由此形成的主体间关系的社会哲学理论的变体（请参照Conradi，2001年：第136页）。在吉利根那里已经提出了这种观点，她认为在给予照顾的观念下，依赖性不只是对独立自主性的妨碍，而且与依赖性首先联系在一起的是相互依存的状态（请参照Gilligan，1991年：第98页及其后页）。关怀理论将人作为关系的基础，由于人们往往有着差异化的个性，因而也会带来复杂的局面（请参照Andresen，2005年：第123页）。正因为如此，关怀理论并没有将不对称的关系只是理解为权力关系，因为在这种关系中会很快地实现相互独

①勒内·笛卡尔（René Descartes）（1596—1650年），法国著名的哲学家、数学家、物理学家。他对现代数学的发展做出了重要的贡献，因将几何坐标体系公式化而被认为是解析几何之父。他是二元论唯心主义者的代表，提出“我思故我在”（即“思考是唯一确定的存在”）的观点和“普遍怀疑”的主张，是西方现代哲学思想的奠基人，开拓了“欧陆理性主义”哲学。重要著作有《方法论》、《哲学原理》和《形而上学的沉思》等。——译者注

立的状态。南希·弗雷泽（Nancy Fraser）[①]在这种上下文的背景下，指出依赖性在社会、道德和心理方面的决定性意义："形成理想的、独立人格的前提，往往或是含蓄地或是直接地与对依赖性的恐惧相关，这种恐惧性与那些赞同依赖性的观念构成鲜明的对比"（请参照Fraser，2001年：第219页）。南希·弗雷泽批评了处在独立自主性和依赖性范畴中的关怀理论，在面对具体的他人时，存在的认识论上的盲区，并且由此提出应该转向关联性、依赖性和易受伤害性的范畴中去。关联性、依赖性和易受伤害性的范畴应该被作为人际关系概念的主要部分，并且用来解释与之有关的经历。易受伤害性如同由此可能产生的被他人所支配的状态一样，都是日常经历，而且也因此是人类生存条件的核心要素。因而，不对称的关系就相应地成为理论构建的出发点了："虽然在政治学和道德哲学的著作中，对于公平的互动给予了理论上的高度重视，但是事实上，不公平的关系在我们的社会生活中占主导地位。"（请参照Feder/Kittay，2002年：第2页）。这个观点认为，独立性和自主性是稀有物品，几乎不与人们的日常体验相匹配，反而，照顾实践的多种不同的形式反映了人类的生存状况。奈尔·诺丁斯（Nel Noddings）[②]从儿童时代的被照顾的经历分析人们之间的指涉性的理论：因为母亲—孩子关系和孩子对父母的（与性别无关的）照顾经验一样，都是

---

①南希·弗雷泽（1947年—　），美国著名的批判理论学家、政治哲学家，她是继哈贝马斯和霍耐特之后，主导了西方批判理论学派的主要学术组织"哲学与社会科学"的年会，是该会议七人领导小组的核心人物。主要著作有《不守规则的实践：当代的社会理论中的权力、讨论和性别》、《正义的尺度：在全球化社会中重新形成的政治空间》和《女性主义的命运：从国家管理的资本主义到新自由主义的危机》等。——译者注

②奈尔·诺丁斯（1929年—　），美国女性主义学家、教育学家、哲学家。主要著作有《教育的哲学》《正义与关怀》《培养有道德的人》《批判性课程：我们的学校应该教什么》等。——译者注

完全决定社会生活的基本现象，因而这样的照顾可以作为解释在日常生活中起导向作用的道德伦理。诺丁斯认为照顾他人的经历和被照顾的经验之间具有以下关系：

给予他人照顾的观念是受到我们最早的有关照顾他人和被照顾的记忆决定的，而且随着我们越来越珍视照顾他人和被照顾的回忆，照顾他人的观念也会变得强烈，这种观念是可以随时形成的（请参照Noddings，1993年：第141页）。

因而，值得强调的是，个体的经历——无论是作为照顾者的角色、还是接受照顾的角色的体验，都是形成对于照顾的态度的起点。因而，照顾有深刻的主体性的特征，并且紧紧地锚定在一生的经历中。由于有关照顾的态度是建立在对过去反思的基础之上的，因此它的形成对前提条件有很强的依赖性。它可以被看作是人生历程中的一个项目，也就是它的出发点是对家庭中世代关系的映射，并且进一步延伸为对所有其他照顾经历的“回忆”的“重视”。由此，应该对关怀理论的其他重要元素进行探讨，即感觉、思想和行为之间的复杂关系：

在理性主义道德理论下被特别反思和拒绝的情感是自私自利的感情，它是对普遍的道德规范的破坏，因为通用的道德规范偏爱公正的互动并对攻击性的和报复性的冲动加以限制。相反，有关照顾的伦理往往欣赏情感性的和关联性的能力，因为它们能够使重视道德的人在具体的人际环境下知道，怎么样做是最好的（请参照Held，2006年：第10页及其后页）。

不仅与诸如同情、亲情和爱等积极的感情有关的情感会带来照顾他人的想法，而且自私自利的，或者消极的感情，也可以看作是形成照顾他人观念的源头，其目的是在人际关系的框架中，做出对自己和对方都是最好的决定。在这种上下文关系下，关怀理论的进一步开发者鲁斯·格荣豪特（Ruth E. Groenhout）关注了关怀理论的实体化的有形层面：

> 如果我们认为道德只是被应用在空洞的意识层面，我们就会错误地理解道德伦理。道德伦理产生于我们生活世界中的具体经历，由物理的自我所支撑，并且与其他具体有形的自我和物质现实的其他部分发生联系（请参照Groenhout，2006年：第30页）。

格荣豪特强调了道德伦理与世界的具体有形联系，即“实体化”作为社会化的物质层面，是人类的道德方向和伦理定位的基础。对道德的认知因而也只能作为隐含的知识。

关怀理论可以总结为是对人类关系中的不对称性的讨论。其主导思想是人与人之间的根本性的相互依赖，这在提供帮助的照顾活动中尤其明显。在教育学理论领域，凯特·迈耶·卓尔（Käte Meyer-Drawe）[①]在她的著作《有关独立自主的想像》（Illusionen von Autonomie）中首先提出“根本的”

---

①凯特·迈耶·卓尔（1949年—　），德国教育学家。主要著作有《有关学习的讨论》、《有关独立自主的想像》和《教育与伦理》等。——译者注

主体间性理论的视角，她通过对社会学理论的分析指出，现代社会人类他治的决定已经越来越少见了（请参照Meyer-Drawe，2000年）。将这样的启发与世代照顾的概念联系起来，可以确定照顾的方式是与人们基本的依赖状况相互决定的。有关依赖性有很多种形式值得去分析，但是对于人类的实践活动除了依赖理论的角度之外，还可以作为社会性的策略来解读，即人们能够对与生俱来的以及潜在可能的依赖性进行管理、应对或者与之共处。而自主性则是一个相对性的概念，它首先要求一个主体在其间活动的背景。

从人生历程的角度来看，世代间的照顾表现为释义和行动的复合体，它是由个体依赖于他人的往事以及他人对其的依赖经历所决定的，因而，首先应该从他治的复杂关系的角度来观察世代间的关系。

世代间的照顾和自我照顾

将“照顾”作为一个相对性的概念去理解，简言之就是，如果不将相互关系的因素纳入考虑，那么“照顾”就无法指涉他人，而只是与自己有关，或者说，这样的话，就难以在“照顾”和“自我照顾”之间进行区分了。对于“自我照顾”这个概念，福柯[1]从主体性文化的历史发展的角度，来分析对待自我的形式和具体的技术。大量的著作都将“存在美学”放在“主体性的谱系”这个主题之下（请参照Sarasin，2005年：第

[1] 米歇尔·福柯（Michel Foucault）（1926—1984年），法国哲学家和“思想系统的历史学家”。他对文学评论及其理论、哲学、批评理论、历史学、科学史、批评教育学和知识社会学有很大的影响。重要著作有《古代时期疯狂史》《性史》《规训与惩罚》和《知识考古学》等。——译者注

189页），也就是归在“主体性的历史”这个类别中（请参照Saar，2007年：第324页）。福柯在他后期的著作中，将存在美学称之为“对主体的诠释学”，他将存在美学与生活艺术的哲学放在一起讨论，并且将它们与古罗马伦理以及基督教精神联系起来（请参照Foucault，2009年）。他的研究结论是，现代社会的“正确认识你自己”的座右铭将“照顾你自己”的座右铭推到了后台（请参照Foucault，2007年：第292页）。因而，在对“以特殊技术为基础的‘高度专业的’真实游戏”（请参照Foucault，2007年：第289页）进行分析之后，福柯讨论了与自我有关的具体的技术。在分析了生产技术、符号系统技术和统治技术之后，自我技术是他所分析的第四项技术。尽管很难将这四种技术彼此分离开来，但是从掌握能力和形成观念的角度来看，这四种技术的确是有不同的控制、培养和转化方式。（请参照Foucault，2007年：第289页）所谓的自我技术就是以下的一系列技术，“使得个体能够凭借自身的力量或者在借助他人的帮助下，完成一系列作用于他的身体、精神或思想、行为和存在方式的活动，从而实现对自我的改变，而达到幸福、纯洁、智慧、圆满或者永恒的状态”（请参照Foucault，2007年：第289页）。这些作用于自身的活动就是福柯所认为的自我照顾行为，这些活动可以被分成三个层次（请参照Foucault，2007年：第26页及其后页）：

第一个层面的照顾是与对待自己、他人和世界的总体态度有关。因此，在这个层面，自我照顾与“控制的艺术”这个概念密切相关，因为这里的自我照顾，与个体在生活共同体中与其他个体的关系中被放置在什么位置以及自己将自己放在什么位置有关（请参照Becker，1985年：第15

页）。在自我照顾的过程中，控制者使用各种物品（人和物）、并且也运用各种各样的手段（请参照Rieger-Ladich，2004年：第210页及其后页）。在第二个层面，照顾涉及到了某种关注的形式，特别是“用某种方式去注意人们想什么以及他们的想法反映了什么”（请参照Foucault，2007年：第27页）。在这里，福柯将自我照顾描述为递归的实践活动和对“自我指涉”的强调（请参照Balzer，2004年：第24页）。在第三个层面，照顾是指一系列具体的方法，这些技巧在西方文化的历史中有着很长的传统，例如冥想技术、对过去的回忆技巧、良知检省活动、对观念进行反思的技术等（请参照Foucault，2007年：第27页）。

在这三个层面中，第三个层面，即与自我的实际关系层面是尤其被强调的（请参照Saar，2007年：第324页）。正如威廉·施密德（Wilhelm Schmid）[①]所指出的，福柯所谈到的“主体”是指“通过自我技术所构建的、并且属于自反性的最重要的形式的主体”（请参照Schmid，2000年：第2页）。因而，在福柯有关主体的思想中，规范问题变成了形式问题，即从主体应该遵守哪些规范变成了主体的生活应该以什么方式展开；这也反映了从道德技术转向自我技术，而自我技术是通过对个体自身存在的关注而得以推进的，在这种个体的自身存在中标志着统治关系，并且统治关系的图景也被写入主体之中（请参照Schmid，2000年：第377页）

福柯的思想为照顾打开了新视角。主体不仅是通过统治技术与他人形

①威廉·施密德（1953年—　），德国哲学家，主要研究生活艺术的哲学。主要著作有《信任：当我们年老时我们所赢得的》、《幸福：所有你应该知道的以及为什么它不是最重要的》和《爱情：为什么它那么难以获得以及如何得到它》。——译者注

成某种关系，而且也借助某些技术，与自己形成一定的关系，并且塑造自我。因而，自我技术的概念是转变的关键要素，也就是说，是用于对个体自我的修正。自我技术关系到主体“如何或打算如何实现在自身结构上的作用”（请参照Rckwitz，2008年：第102页）。在这个背景下所关注的各种技术，不仅与个体有关，而且在关系层面上也发挥着作用，并且带来了世代间照顾的变化。在第三章中，将在这些思考的基础上和在与第二章有关研究方法的讨论的基础上，开发出对作为本项研究基础的世代间照顾的理解。

第二章

研究方法和研究设计

“目的动机”产生于多层次的和相互映衬的意义结构中，因而拥有不同的范畴和概念化层次。

接下来将要介绍这项研究的方法论和具体的文献记录的研究方法。这项研究应该归于重建性社会研究的范畴，也就是对真实的结构进行重建以及当事人在其中的活动，这两者都将在生活世界和社会结构的背景下加以分析，从而找到相互作用的结构（请参照Meuser，2006年a：第140页）。对于所使用的研究方式的展示，是与对所收集到的数据的描述紧密相关的。

第一节　文献记录的方法

在本项研究所使用的文献记录的方法主要是由拉尔夫·波恩萨克（Ralf Bohnsack）所开发的（请参照Bohnsack，2006年b、2007年a、2007年b、2007年c、2007年d）。波恩萨克通过将一方面是阿尔弗雷德·舒茨（Alfred Schütz）[①]的现象社会学，另一方面是卡尔·曼海姆的知识社会学与文化社会学系统地联系在一起，并且纳入其他的理论参照，从而发展出与之相应的认知，将它们作为他所建立的文献记录的方法的基础。（请参照Bohnsack，2007年d）。[②]通过将这两种范式整合起来，就能够形成既包括感知结构又包括外在特征结构的整体性的分析框架，也就是在理论构建的过程中，既能够观察到所谓常识性的现象，也能够将矛盾性的部分纳入考虑，

---

①阿尔弗雷德·舒茨（1899—1959年），奥地利裔美国哲学家、社会学家、现象学家。主要著作有《社会世界的意义建构》《社会理论研究》《社会实在问题》和《社会世界的现象学》。——译者注

②这种文献记录的方法的其他理论参照还包括Harold Garfinkel的民俗学方法论、芝加哥学派的符号互动论以及皮埃尔·布迪厄的惯习理论下的社会结构分析等。

并且将它们结合起来。通过这种方式，能够进行类别的构建，它将超越所谓常识性的东西，并且能够阐明重构形成的，有代表性的形象的社会环境背景（请参照Bohnsack，2007年c；Nohl，2005年）。尽管这种文献记录的方法将对结构或者实践过程的重构置于认知范畴的重构之上，但是这种方法的魅力在于对社会化的两个层面结合起来进行分析。

由于在构建分类的定性研究过程中，区分不同类别构建的，不同的分析步骤和抽象层次是非常重要的（请参照Kluge，1999年），因而接下来将对这个记录文献的方法分析过程和抽象过程进行一步一步的分解。在这里会将具体的分析步骤与这种研究方法的基本特性结合起来。因而本项研究也会对这种研究方法依照项目的独特性进行修正。而且正如已经提到过的，在对类别划分所做的一些改变涉及了对惯习概念的使用，在这个研究项目中惯习概念被用作定位模式概念。

在这项研究中，个案情况这个层面是指在访谈活动中受访者的个人陈述。这些个案会被称作诸如“伊莎贝尔·萨格（Isabell Sager）的故事”。分析对象是受访者陈述的书面记录，即访谈文本，在其中以围绕着所给定的访谈话题的经历、期望和想象为基础，形成了结构或清晰或模糊的有意义的关联性（请参照Fulda，2004年：第251页）。这些叙述在第一个解释步骤中会根据话题顺序进行形式上的解释，在这个步骤中，每一段都会被做上标记，用来特别标注与所提问题有哪些密切联系和高度的互动关系，或者是应该用同等方式对待的不同情况（请参照Nohl，2006年：第46页）。在接下来的细致的解释环节中，会确定所叙述的故事中的上层主题和下层主题、当事者、具体情节和“寓意”（请参照同上出处）。在这个步骤中，还要对其中所蕴含的主张、修辞方面和场景描述方面的内容进行研究。在解释的过程中，重要的是要随时想到曼海姆的一个观点，指即便仅是在陈述中，所表现的客观意思已经是使文本内容的含义发生了变化的主体间的含义了，但这并不是指主观的看法，而是指文本内容中可能包含了“有意要表达的含义”（请参照同上出处：第9页）。在分析中虽然无法分析受访者的主观动机和意图，但是能够在普通常识的层面上指出它们语义学上的含义，也就是可以在文献记录的框架下，将它们理解为定位模式（请参照Bohnsack，2007年c：第225页）。“定位模式”这个概念与语义学方面的知识量有关，而所谓知识量的情况是指，在现实的社会—文化的结构中所得到的常识性知识。也就是说，所谓的定位模式是叙述者所使用的一种模式，凭借这种模式，叙事者能够将可以言谈的经验领域变成主体间性的，并且在这个过程中，将现实分成不同的层次，使得自己在具体的活动中实践这样的模式。在援引阿尔弗雷德·舒茨的观点所开发出来的“目的动机”概念与意义的关联性相关，也就是目标或动机要表现在个体的行为中并能对这些行为进行解释（请参照Bohnsack，1998年；Schütz，1974年）。“目的动机”产生于多层次的和相互映衬的意义结构中，因而拥有不同的范畴和概念化层次（请参照Bohnsack，1998年：第106页）。但是，在文献记录的方法这个框架内，对个案情况不仅可以从它的话题结构进行理解，而且也会从访谈文本的结构构成的角度加以分析（请参照Nohl，2006年：第8页）。在这里涉及到在其中对研究的主题加以详尽的讨论框架结构的“重构和解释”（请参照Bohnsack，2007年a）。这些就是所谓的叙述者惯习的基本行为，并且被称作“定位框架”。

定位模式是与可以言谈（kommunicativ）的经验领域联系在一起的，而定位框架则是从所谓的“关联性（konjunktiv）经验领域”中概括得到的（请参照Bohnsack，2007年a：第56页）。在波恩萨克看来，“关联性经验领域”这个概念是卡尔·曼海姆和皮埃尔·布迪厄的作品的联系纽带，因为通过它能够将文献记录的研究方法建构为人类行为学的研究方法。因而在关联性经验领域中，既强调了曼海姆的将思考者的状态及其所在地点结合起来的思想，也强调了被布迪厄定义为“产生实践活动客观分类形式的原理和这种分类形式的区分体系（principium divisionis）[请参照Bourdieu，1987年（1979年）：第277页]”的惯习行为在社会化过程和行为实践中的重大意义。不仅布迪厄在惯习行为分析中探讨了生活方式领域的问题，而且曼海姆在其关联性经验领域的概念中，也讨论了隐含的知识结构的获得及其作用，也就是说在经验领域的背景下做了什么并不非常重要，更重要的是行事的方式，是在什么背景下做的以及涉及到哪些关系（请参照Bohnsack，2006年a；Reckwitz，2008年）。波恩萨克将“关联性经验领域”的概念与曼海姆的尝试结合起来——曼海姆试图对知识的最基本的形式进行描述，从而以“存在的关系”为基础获得直接的理解，也就是所谓的“关联性的认识”（请参照Mannheim，1980年：第205页及其后页）。这种知识形式不仅优于“概念式的表述方式”，而且在一旦发生“直接接触的事件”就出现“传染”现象中，表现出了人们之间的即刻理解，他们能够在没有意识到的情况下，追溯到在他们之间所共享的知识（请参照同上出处：第201页）。这样的联言性知识是建立在相关经验的基础上的，并且在社会化中是自成一体的，也就是它总是先于个体存在的（请参照Wagner，1999年：第63页）。[①]

现在从文献记录方法的框架中可以推出，关联性经验领域可以追溯到具体的在集体中的实践活动，例如在村庄社区、青少年群体或家庭的社会关系中，还可以回溯到在没有互动性合作的人群中如何互动；集体性的经历背景更确切地体现了社会状况，这里所说的“社会状况”类似于曼海姆在世代概念中所提出的“社会的层理结构”（请参照Bohnsack，2007年a；Meuser，2003年）。从这里开始就与布迪厄的惯习概念联系起来了：当事人使用一个有生产力的结构系统，它不断产生新的表现，这些表现应该既适应情境、又与人们的行为风格相匹配（请参照Krais/Gebauer，2008年：第32页）。在《社会的意义》（Sozialer Sinn）中，布迪厄写道，惯习的行为“与直接当下的外部的确定性相对独立”，因为惯习是“合并性的行为、成为了一种天性，并且因此成为不能控制的历史”，是“所有的过去的有效存在，这些过去创造了惯习”（请参照Bourdieu，1993年：第105页）。而且从这个意思上来看，历史也在被同化了的意义划分和知识分类当中得以再现。相互关联的意义层面能够通过在这里运用的文献记录的方法被不完全地联

① 当考虑到文献记录的方法最开始是为小组讨论所设计的时候，就会更清楚地理解联言式的经验空间这个概念的启发作用了：当一些拥有在一定程度相同的经历背景的人，聚到一起参加访谈活动时，他们对在被激活的意义关联下所共同进行的互动和他们的讨论形式之间的关系有什么直接的（关联性的）理解，就会成为被研究的对象（请参照Bohnsack，2007年a）。在这里也要指出，Harold Garfinkel有关民俗学方法论的著作也对文献记录的方法有着重要的影响，或者说波恩萨克采用了Garfinkel对曼海姆的理论的理解。因此，为了能够从总体上把握具体的行动背景与概括多种情境的模式——例如，某条社会规律——之间的联系，Garfinkel追溯到了曼海姆所提出的“理解过程中的文献记录方法”，并且具体行为和模式之间具有索引性的关系（请参照Meuser，2006年b：第54页）。当在现象和它的社会背景之间重新构建了关系的时候，这种索引性就确立了，而且能够将现象归纳成可以记录下来的特征（请参照Lamnek，2005年：第43页）。

系起来；同时，总会有一部分隐含的内容是无法对其进行意义分析的。这也意味着，通过详细的再现叙述的过程，读者可能跳出这里的重构，进一步将各个意义层面连接起来。

在文献记录方法的框架中，也可以看到陈述性访谈能够根据经历产生的过程的结构，从外部掌握特殊的关联性经验领域（请参照Bohnsack，2007年c：第231页）。[①]作为惯习概念下的生产性原则的体现，当事人从集体性社会化历史的讲述中，也就是在与关联性经验领域、产生这些经历的背景的相互联系的过程中，能够发展出明确的认知、释义和行为的特征。在对关联性经验领域的分析过程中，主要是围绕着惯习性的知识储备进行的，这不仅体现在内心的活动中，也表现在身体性和语言性的活动上（请参照Bohnsack，2006年b：第132页）。习以为常的认知也体现在叙事方式上，如果一个人总是以某个特定的方式或角度面对和处理问题、打比方、（再）生成图像的话，这种特定的方式能够通过对陈述结构的分析重构出来（请参照Nohl，2005年：第2页及其后页）。

对陈述的惯习框架的分析，将会得出所谓的反射性的解释。在这里，有关形式上的理解的问题，首先要对弗里茨·舒策（Fritz Schütze）[②]所提出的叙事结构中文本类型的区分进行回顾（请参照Schütze，1984年）。[③]与之

①这种操作方法的关键也是在与访谈者的互动中的自我表现。Harald Welzer有关精确的背景控制的论述具有一定的代表性："访谈只是对当时的背景有效的，不同的谈话情境产生不同的访谈。访谈是一次性的，共同完成文本的情境、双方参与的谈话过程都是不可复制的。"（请参照Welzer，1999年：第53页）。

②弗里茨·舒策（1944年—　），德国社会学家。主要作品有《互动式田野调查中的陈述式访谈》、《谈话分析》和《生平研究和陈述式访谈》等。——译者注

③对于陈述优先于评论和描述的观点的批判请参照Nassehi/Saake，2002年和Reh，2001年。

相伴的是对所划分的文本段进行对比分析。这里的理论背景是，仅从隐含在经历当中的常规方式就能够把握定位框架，而这些经历是将不同的陈述片段依序组合成一个连贯的整体，并且用前文已经提到的文献记录的操作方式记录下来（请参照Nohl，2005年：第51页）。因此，陈述的生成过程，即将访谈文本中可记录下来的意思以合成式的知识形式表现在叙事性结构中的过程，可以被重新构造为："某个群体或者个体的定位框架（或者也包括惯习）……是文献记录式解释的中心所在。"（请参照Bohnsack，2006年b：第43页）

在对不同的访谈文本段的对比分析的范围内，将要观察是否存在对之前段落的延续，也就是在其他的访谈文本中是否发现了相同的定位框架以及在其他的情形下，是否在对问题处理中存在同样的过程结构（请参照同上出处）。在任何情况下都存在的第三个比较点，是在研究的总体论题方面的比较，具体到本项研究，就是在叙事的过程中，比较不同世代在对待老年问题上的差异。比较分析法在方法论方面的优点是，研究者对于常规状态的设想——这是分析最初案例的背景，将通过实证的比较过程而得到系统性的验证。通过最初的案例比较，研究者的与具体背景相关的阐释将被系统地发掘出来（请参照Bohnsack，2005年）。借助于最小化和最大化的对比，研究者将能够试图确定一些个案之中的常规状态和它们的结构模式，并且能够将它们推广到不同的情形中。也就是在具体的研究实践中，从一篇访谈文本最初的陈述片段中的（可言谈的）意思出发，进而在其他的访谈文本的陈述段落中，寻找相同的部分或者不同的部分（请参照Nohl，2005年：第52页）。通过这样的对比，就能够在对相似性和差异性以及它们总体结构的发现过程中，对各种情况进行总体性的概括（请参照Kelle/Kluge，1999年：第76页）。访谈文本的对比分析已经被看作是形成有意义的类别划分的过程。

有意义的类别划分的目标，是对所研究的问题的抽象化（请参照Nohl，2006年：第56页）。它要通过进一步的比较性分析得以实现，在这个过程中，将通过查尔斯·桑德斯·皮尔士（Charles Sanders Peirce）[①]所提出的外展性过程——既包括在论题领域的普遍化，也包括类别划分的规范化——得以实现（请参照Reichertz，2006年）。在普遍化的过程中，在对（从特定论题中的同质化的定位框架中产生的）最初的类型重构之后，这个类型本身就将成为比较点，通过将其他的访谈文本与之进行比较，能够进一步区分不同的类型，最终通过对差异和层级的分析，而形成类型的量纲（请参照Bohnsack，2007年d；Nentwig-Gesemann，2001年：第284页）。[②]这个方法可以用来重新构建决定了受访者表述的中心定位模式，即通过这个方法展示出"研究对象是在什么样的定位框架下，处理研究所集中关注的不同的话题和问题"（请参照Nohl，2005年：第57页）。曼海姆已经在这样背景下

①查尔斯·桑德斯·皮尔士（1839—1914年），美国的通才，他是数学、研究方法论、科学哲学、知识论和形而上学领域中的改革者，他自认为首先是逻辑学家，他的"逻辑"涵盖的很多内容现在被称作科学哲学和知识论。他发现并创建了作为符号学分支的逻辑学，他发现逻辑运算可以用电子开关电路完成，因此预见了电子计算机。他的很多巨著一直没有出版。——译者注

②这里有关"量纲化"的概念请参照扎根理论（Grounded Theory）（扎根理论是一种定性研究的方式，其主要宗旨是从经验资料的基础上建立理论（Strauss，1987：5）。研究者在研究开始之前一般没有理论假设，直接从实际观察入手，从原始资料中归纳出经验概括，然后上升到系统的理论。这是一种从下往上建立实质理论的方法，即在系统性收集资料的基础上寻找反映事物现象本质的核心概念，然后通过这些概念之间的联系建构相关的社会理论——译者注），量纲化将涉及一个类别中的不同特征的表现；量纲化是在闭联体中"将特征用不同的维度体现出来的过程"（请参照Strauss/Corbin，1996年：第165页）。

指出，不同情况下的意义的形成过程，沿着实际经历路径的不同而呈现不同的状态（请参照Mannheim，1980年：第86页）。通过对定位模式重构这种方式而形成的“基本类型”（请参照Bohnsack，2007年d），体现了社会现象之间的相互关联、前提条件和所产生的结果。与所研究的问题相关的类别的构建，再现了“对已有的经历背景的重新构造、曼海姆所指出的‘关联性经验领域’（请参照Mannheim，1980年：第271页及其后页）以及从关联性经验领域中开发出的习惯性的和谐和指导行为的、非理论化的知识储备”（请参照Nentwig-Gesemann，2001年：第276页）。正如前文所暗示的，在这项实证研究的类别构建过程中，惯习这个概念将应该用定位模式来取代。其原因如下：由于定位模式这个概念的起源在于小组讨论，因而它与集体性的知识储备状况有特别的关联，而惯习这个概念则是强调了在共同参与的活动中“主体和它从结构中所产生的结果，这一切既会随着主体的不同而发生变化，也必须要考虑到它与主体的相互依赖关系”（请参照Krais/Gebauer，2008年：第33页）。接下来将要详细解释的是，为什么照顾模式这个概念是通过以类别为结构确定比较范畴，从而能够对这个项目的论题进行全面地阐明。

文献记录的方法在类别构建方面的独特之处体现在，它能够产生多维度的类别构建（请参照Bohnsack，2007年c）。反映社会演变的类别构建体现了“在历史—社会的存在情境之中文化客体的功能性意义”（请参照Jung对Mannheim的引述，2007年：第243页）。通过对与类别相关的社会背景和社会局面的探寻，能够将分析的视野进一步扩大（请参照Nohl，2006年：第57页）。分析视野的扩大也可以通过分别化而得以实现，也就是通过对各种情况重新进行系统化的总体比较，在这个过程中再一次在各种基本条件——也就是说经历背景——所构成的相互关联中，对从中产生的目的动机进行研究，从而将它作为“原因动机”加以理解（请参照Bohnsack，2007年a：第146页）。通过将与研究主题有关关联性经验领域与其他的——也应该是发挥着重要影响的、包含着数据资料的——关联性经验领域结合起来，就能够从中形成多维度的类别构建（请参照同上出处）。因而，文献记录的方法所提出的开发类别的要求，是指所构建的类别“不仅要与个案情况的结构有关，而且更要涉及到关联性经验领域的结构”（请参照Nentwig-Gesemann，2001年：第297页）。对于波恩萨克所提出的，反映社会演变的类别构建的研究范式，可以作如下的理解，“类别和它的要素之间是部分与整体的关系：单独的要素，或者说单独的行为，是在一定的背景下形成它的特殊的含义，并且也是首先通过情境化，才能将要素的不同部分展现出来，从而使之获得含义。”（请参照Bohnsack，2007年d）[①]换言之，反映社会演变的类别构建就是对背景的类别构建的过程。在情境化这个框架内，既能够看到类别之间的交叉，也能够发现类型的范围和边界（请参照Nohl，2006年：第117页）。在波恩萨克看来，文献记录方法的类别构建作用恰恰是从“类别发挥效用领域的边界上得以确定的，由此能够将从个案中所得到的观察结构划分为不同的类型”（请参照Bohnsack，2005年：第74页）。

---

①在对个别的案例观察的基础上，在其他的关联性经验领域和同样具有有效性的类别中以及在什么样的条件下能够展示它们（指“基本类别”——作者注），也就是说在其他的哪些类别中间，它们不具备有效性。

对研究中的“世代间照顾”的类型的展示，将是以具体的案例——例如“萨宾娜·波瓦克（Sabine Bowack）的故事”——的意义生成层面为依据的。也就是说，分析对象是个体性的、语言—动作性的，并且与特定的谈论对象有着或多或少的关联的解释是以叙事的形式出现的（请参照Fulda，2004年：第251页）。[①]分析对象应该体现出“叙事的能力”（请参照Straub，2000年：第140页）。样本的哪些故事可以作为类别的再现，从而在研究中被呈现出来，哪些文本段落会被详细地展现，有关这些方面的选择是以拉尔夫·波恩萨克所提出的定位框架的分类为标准的：它们应该是对研究主题特别重要的、能够体现同一类别下的结构性特征的不同表现、也能够对类别的结构性特征进行详细阐述，并且能够展现一定强度的互动性和寓意性（请参照Bohnsack，2007年a：第135页）。在对文本段落进行解读的过程中，为了便于阅读，所陈述出来的理解和所反射出来的理解被混合在了一起，并且话题的深入和分析的深入也是同时进行的。

第二节　事件陈述访谈法

以访谈的方式所进行的定性研究，都是对受访者在访谈互动中所打开的经验领域的研究。因此，在所有促成讲述的访谈技巧中，讲述都是进入经历世界的通道，因为讲述既是日常生活的交流活动的根本基石并因此成

①“萨宾娜·波瓦克的故事”这个标题就暗示了，访谈文本既是从所唤起的大量的回忆中的一个片段（请参照Wierling，2008年：第32页），也是受访者的生平的一个段落。

为了对现实进行社会建构过程的基础，同时它也使这些经历的产生条件变得生动了（请参照Alheit，2000年）。讲述或者叙事是非常复杂的。它是在充满情感的再度体验对意义解释性的构建之间的互动中产生的，在这个过程中，叙事的表现方式和手段，即其展现出的形态，都体现了相应的含义。

与弗里茨·舒策通过请受访者讲述所有的人生故事而开发的，颇具影响的自传—叙事式访谈方法（请参照Schütze，1981年；Schütze，1983年）不同，主题—叙事式访谈方法会事先设置陈述的中心话题（请参照Frieberschäuer，1997年；Marotzki，2006年）。在主题—叙事式访谈方法中，关注于问题的访谈和事件陈述访谈相互结合在了一起，它对主题的集中程度是根据标准化程度的不同而不同。在这项研究中所使用的“事件陈述方法”是根据乌韦·弗里克（Uwe Flick）的定义所设计的（请参照Flick，1996年、1999年）。弗里克强调，这个方法的关键是“在讲述中与背景相关的表现”（请参照Flick，1999年：第125页）。它将聚焦于人们生活中的一个核心事件，并且与之相关的所有对受访者而言意义重大的其他陈述也都作为分析的对象，从而尽可能全面地弄清与主题相关的背景（请参照同上出处）。事件陈述访谈法要求根据对受访者的重要性，对主题相关的意义单元尽可能全盘地理解。因此根据坦诚原则，在这里，访问者就要表现出很大的互动性克制（请参照Hoffmann-Riem，1994年）。

本项研究的问题是老年，既包括父母的老年，也包括自己未来的老年。老年是一个特定的人生阶段，也是子女辈生命历程中的一个阶段，这个阶段在世代间的关系中的位置是关注的重点。对此，在这个项目的事件陈述访谈中，开发了下列展开访谈的问题：

我想请您尽可能详细地讲述您父母人生中的最后几年。如果您愿意回忆这些的话，或许您可以从某个时间点开始，从那时起您开始注意到他们需要您的帮助，或者他们衰老的痕迹，并且也请您跟我讲一讲，这一切的发展过程，您是如何对待的以及你们的关系是如何发展的?

通过这样的进入式问题，目的是要在对父母或者父母中一方的人生阶段的感知的关注，与有关在这个时间中自己的感觉以及父母与子女关系的问题之间形成张力。在这里通过解释，首先将对父母个人和他们人生最后几年的关注，限定在从他们需要更多帮助的时间点开始。父母什么时候要求帮助或者子女什么时候认为父母需要帮助，这是一个非常主观化的或者说家庭与家庭之间有很大差异的领域。正是因为如此，是由叙述者自己确定从什么时间点他们开始为父母，或者父母中的一方操心的。第二步才是将注意力转向叙述者本身。受访者将被询问有关世代关系的问题。在这里受访者所面对的挑战是，在对他人生活的感知与理解和对自己生活的感觉与解释中进行分类，并且因此开启个体与集体之间的张力关系，或者是找到在个人生活和家庭中其他成员的生活所构成的关系中自身的位置。

在事件陈述式访谈的过程中要进行相应的常规式叙事性访谈。在常规式的叙事性访谈中，要努力在访谈双方之间建立尽可能广泛的情感共鸣空间，从而使访谈双方能走入不同的感情世界（请参照Rosenthal，2003年：第135页）。在主体陈述之后，要在内在固有的需求部分的框架下，针对尚未回答的问题、没有被理解或者矛盾的部分进行探讨。作为补充，在这里会引入圆周式问题，这种类型的问题来源于系统的家庭心理治疗，是对父母与子女关系的追踪（请参照Simon/Rech-Simon，2009年）。在这些问题中，受访者不仅要描述自己与子女的关系，而且还要通过这种方式完成视角的转换，从而从他人——也就是子女辈——的眼睛来看自己。在与之相关的外部需求部分中，受访者将考虑到自己的衰老问题，从而谈论自己对未来的想法。在很多案例中，受访者已经在主要的陈述部分谈到了这方面的设想。如果是这种情况，受访者会被请求再次谈及这个方面。叙事时间框架的设定目的在于，使得受访者在经验领域和期望范畴中进行自我定位，有关这两个范畴，将在下文中详细地阐述。受访者必须对所叙述的过去进行总结，找到未来的路径和意义。为此，首先需要完全开放地询问受访者对自己老年时期的愿望、幻想和梦想，并且必须将他们的子女在未来的图景中可能扮演的角色明确地说出来。

于尔根斯·特劳布（Jürgen Straub）将对生平或人生历史的讲述看作是主体回顾性的和反射性的自我构造的（情境化和由背景所决定的）产物，主体在他的社会化过程中知道，他们的自我可以被理解为过去式的和随着时间被不断构造的（请参照Straub，2000年：第138页）。在对自己的生平或者其中的一部分进行陈述时，主体会通过对一定时间中的内在的连续性构建，完成身份构建的过程。本项研究的问题设置在一定程度上，是偏离这个视角的。通过对刺激讲述的问题的选择，在这里不仅要询问在父母—子女关系中特定阶段的主观体验，而且也将关注点放在对家庭中他人的理解方面。在展现自我和展现他人之间会产生紧张关系，这是受访者必须在叙事中消除的。尽管在定性的社会学研究框架中一直要求，超越个体生活史的层面，由此对集体层面或社会层面的发展史进行探讨，例如，在家庭史或者社会史的背景下分析个人的生平（请参照Alheit，2005年；Rosenthal，2005年），但是同样也有明确的要求，要求在社会化的领域中，展现不同的、主观理解的意义和家庭关系中习惯性的表现方式。这个要求将通过对世代之间的关系历史的询问做出努力，而在方法上得以实现。访谈的内容不仅是对父母人生最后几年经历的回忆性陈述，而且也会要求受访者考虑到自己老年时，对未来的设计。这样做的目的是，从中开发出能够对个体所应对的家庭的和社会的变化进行分析的工具，在这里叙事化应该被理解为对意义和时间的自我管理（请参照Meuter，2004年：第140页）。

第三节　操作过程和样本

寻找被访者的方式是多种多样的。因而，有的被访者是通过朋友和熟人介绍找到的，也有通过所谓的滚雪球的方式，即由受访者介绍其他与访问题目有关的人接受访谈。

但是，大部分的受访者是收到了对这个研究项目加以解释、请他们共同参与的宣传册子并对此做出了反馈。在宣传单上强调，这个研究项目所关注的是，“在你们或是在近旁或是在远方，经历了父母人生最后几年的过程中，你们与父母之间建立了什么样的关系，是良好的关系还是陷入了困境。重要的是，你们自己在这段时间的经历。”因而，在研究中要努力不让受访者产生叙事要从有关照顾的角度出发的印象。在对受访者进行选择的时候，会注意他们在世代关系结构中的人际圈，他们自己是否有子女。

而对最年轻的访谈对象加以选择的时候，要求他们是处于子女辈的位置的，还有很多人生阶段尚未经历。另外同样重要的是，父母中某一方的去世，应该至少是发生在一年以前的，这样能够保证在情感上与这个事件保持一定的距离。访谈是从针对一些基本情况（受访者及其父母的年龄、兄弟姐妹的数量、受教育程度、职业等）的问卷开始的。因此，进行事件陈述式访谈的样本是由以下受访者所组成的：①

表1：研究项目的样本［括号里为出生年份］

	家庭中的“子女—位置”	家庭中的“父母—位置”	家庭中的“祖父母—位置”
女性	科妮莉亚·高斯（Cornelia Gauß）（1975） 安妮特·科勒（Annette Köhler）（1973）	卡琳·迪特里希（Karin Dietrich）（1956） 安吉拉·维特（Angela Witte）（1956） 维拉·巴斯曼（Vera Bussemann）（1950） 萨宾娜·波瓦克（1944） 马海可·斯达克（Mareike Stark）（1944） 海德·施密特（Heide Schmidt）（1941）	伊莎贝尔·萨格（1941） 伊娜-玛丽·派措德（Ina-Marie Paetzold）（1933） 露易丝·多姆（Luise Dohm）（1932）

①在这里还要重申一下，所有的名字都是化名。

续表

	家庭中的“子女—位置”	家庭中的“父母—位置”	家庭中的“祖父母—位置”
男性	海因茨-彼得·李比希（Heinz-Peter Liebig）（1961）	亚历山大·沃格尔（Alexander Vogel）（1969） 托斯滕·黑塞（Thorsten Hesse）（1956） 迪特尔·坤泽（Dieter Kunze）（1953） 克劳斯·奈提希（Klaus Nettig）（1948） 鲁道夫·哈特曼（Rudolf Hartmann）（1936）	康拉德·舒斯特尔（Konrad Schuster）（1940） 路德维希·霍尔泽（Ludwig Holzer）（1940） 海因里希·黎曼（Heinrich Riemann）（1941） 卡尔·君特·舒曼（Karl-Günther Schumann）（1933） 贝恩德·福尔曼（Bernd Fuhrmann）（1931）

根据在家庭中的世代关系，样本体现了在家庭中的三个世代位置：子女辈、父母辈和祖父母辈。因为考虑到年龄的多样化，在样本中包含了11位在家庭中处于父母位置的受访者。子女辈的受访者代表的是那些（还）没有孩子的人。父母辈中的受访者，代表了那些其父母双方或者父母中的一方已经去世了的人。那些父母的一方仍然在世的受访者，在访谈的时点是所谓的“三明治世代”（请参照Bien，1994年），也就是说，是指那些既有自己的孩子，又有年迈的、可能已经需要照顾的父母的人。在这项研究的样本中，安吉拉·维特、马海可·斯达克和亚历山大·沃格尔就属于这种情况。他们在研究文献中被归为负担尤其重的一群人。样本也很好地体现了祖父母辈的情况。因而可以从中发现，在对“照顾”的未来的设想中，需要在多大程度上将其作为跨代际的概念来思考。

这个表格展示了本项研究对不同年龄的22位女性和男性进行的访谈。

最年轻的受访者是科妮莉亚·高斯，在访谈时她32岁；最年长的是贝恩德·福尔曼，当时77岁。这样的年龄分配是根据以下规则决定的，即要包括父母已经去世很久、而在访谈的情境下更多地谈到自己的老年阶段的人，例如露易丝·多姆；也要包括自己的父母刚刚去世不久、相应的经历比受访者的将来老年阶段要更迫近的人，例如科妮莉亚·高斯。[①]

女性受访者的平均年龄为57岁，男性为60岁。之所以平均年龄比较大是因为，在德国人们往往在50岁之后面临父母去世的事件（请参照Kohli，1991年：第290页）。样本中的受访者的平均年龄，还反映了研究者希望受访者在接受访问时，与其父母最后的人生阶段已经有一定的时间距离。年龄分配中的多样性，即在受访样本中，年龄差达到了40岁，这意味着，与研究主题相关的照顾经历延伸到了更广阔的家庭的、历史的经验领域。最年长的被访者往往是在战争、纳粹主义的影响下以及在独裁的和刻板的性别角色的家庭环境下长大的；而年轻一些的受访者则是在经济奇迹、自由主义的政治—道德观、1968年运动、教育扩张的环境下成长的。时代更替所带来的变化自然也会反映在当下的时间中，因而年长的受访者也参与到了物质条件的改善中。在最年长的受访者中，有九位成员——三位女性和六位男性，已经退休了，或者是到了领取养老金的年龄，也就是说他们自

---

①对于在世代关系中的“照顾”的意义的研究问题是否会产生一幅失真的图景，关于这个问题Ulrike Jureit的观点是，“记忆的可靠性与所陈述的事件发生时间的远近关系并不大，而是由该事件发生时点上的个人的感知能力以及它对个体的体验所产生的影响所决定的”（请参照Jureit，1998年：第6页）。在事件转变为经历的过程中，存在着持续的解释和意义构建过程，因而人们在讲述中所遇到的是年复一年不断变化的“经历组合”，是“在个体的意义和重要性构建过程中的一幅幅快照”（请参照同上出处）。因而，父母人生最后几年的经历，与其他因素有更强的相关性，而与事件发生的时间远近无关。

已将进入人生最老的年龄阶段。从这个表格中还可以看到，研究样本是由十一位女性和十一位男性所组成的。男性受访者比女性受访者要难以找到，这点意味着，“照顾”这个问题一如既往地仍然被看作是女性的领域。在这项研究中最终所找的男性被访者当中，引人注意的是他们往往与父母中仍然在世的一方——通常是母亲——一起生活了相当长的时间。从那些在战争中失去了父亲的家庭中，例如克劳斯·奈提希、路德维希·霍尔泽和海因里希·黎曼，可以看到，他们的母亲守了30多年的寡。所有被访的女性和男性都是德国公民，他们没有移民背景，而且都居住在西德。样本中的大多数成员都属于社会的中上阶层。受访者的受教育程度要高于社会成员的平均受教育程度。受访者中有两位是教授（克劳斯·奈提希和康拉德·舒斯特尔），多位是公务员（伊莎贝尔·萨格、托斯滕·黑塞和作为教师的迪特尔·坤泽）。尽管如此，也有少数受访者没有工作或者将要失去工作。尽管在样本中，对父母一方的人生最后阶段（长期需要照顾的阶段）的标准保持一致，但是父母另一方最后阶段的情况却是多种多样的。样本中共有五位受访者（科妮莉亚·高斯、海因茨-彼得·李比希、亚历山大·沃格尔、安吉拉·维特和马海可·斯达克）的父母一方仍然在世，有四位受访者（萨宾娜·波瓦克、贝恩德·福尔曼、伊莎贝尔·萨格）的父亲早在战争年代和纳粹主义时期就已经去世，他们几乎没有见过他们的父亲。有三位受访者的父母相继在五年内去世（维拉·巴斯曼、安妮特·科勒和卡琳·迪特里希）。往往都是父亲先辞世，这也是所谓老年女性化的一个指标。在样本中有六个案例是母亲先去世的（海因茨-彼得·李比希、安妮特·科勒、卡琳·迪特里希、维拉·巴斯曼、安吉拉·维特和托斯滕·黑塞）。这个样本中的母亲们平均预期寿命为82岁，这与2008年的女性预期寿命相符（请参照Statistisches Bundesamt，2009年）。样本中父亲们的预期寿命是67岁，远远低于2008年的男性平均预期寿命——77岁。这是因为样本中有很大一部分受访者在纳粹主义时期失去了父亲。

第三章

从“照顾模式”入手分析家庭中的世代间照顾

有关照顾模式的知识，不仅包含对照顾的理解，而且也含有对于其他活动领域——例如职场生活——的相应关系和交叉，世代间照顾是与社会进程联系在一起的。

这一章，将在之前对家庭、世代关系和照顾的阐述以及有关研究方法的思考的基础上，开发“照顾模式”这个概念。首先是以皮埃尔·布迪厄的惯习概念为基础的，布迪厄对做出实际行动的当事人活动于其中的社会阶层领域和生活方式领域相互叠加，形成理论上的结构。在这里将不进一步深入阐释这些领域的结构（请参照Bourdieu，1987年、1993年）。在此重要的是这两个领域之间的相互依赖性——它产生了模式构建的线路以及与之相关的要素——惯习。客观的社会结构是通过经济、文化和社会的资本进行划分的，它展现了被不断地重新“翻译”到实践行为中的可能性，也就是说，能够从各异的生活方式中找到社会结构的体现。这种“翻译”导向了惯习行为。所谓惯习，既是内化了的社会结构，即对定位系统的内化，也是对结构原则的内化；从内化的社会结构中，就会产生为了更好的生活方式而努力的“奋斗”，这体现在行动中的当事人为了在未来能有更好的社会位置，而在他们的（预先设定的）社会位置中投入全部的努力。由于社会位置之间是相互关联的，因此即便是很小的改善，也可能对整体位置产生影响。当然，这个模式所包含的社会学理论的推论并不是此项研究的重点。在这里通过选用“照顾模式”这个概念，一方面是将关注点集中在作为关系模式的照顾的主要意义是什么，另一方面也是要对照顾的结构进行探寻，也就是试图理解被内化了的结构的逻辑是什么以及由此产生了哪些可能的行动。借用拉尔夫·波恩萨克的概念，“照顾”也可以被看作是一种“习惯性的风格元素”（请参照Bohnsack，2007年a：第66页）。因而，作为这项研究的基础的访谈，既关注了可能导致未来某些实践活动产生的要素，也对从过去的经历中所引起的思考进行分析。但是，在惯习概念的上下文中，如何将“世代间的照顾”的概念具体化呢？从过去的有关“照顾”这个概念的讨论中可以看到，它是由人们身体上或情感上的弱势所引起的，与之相伴的，是在一生中都依赖于他人给予的照顾，所需要的照顾是多种多样的，并且涉及生活中的所有领域。相应地，照顾的模式化首先可以被理解为“给予照顾”的不同形式。也就是说，“照顾”以不同的形式和模式出现。“照顾”既会在个体的社会化历史中留下长长的足迹，也会根植到人们的思考、感觉和行为的习惯模式中。在这中间，所处的时间和地点环境以及所支配的物质资源，也是照顾的重要结构性条件。此外，在不同的社会类型和家庭类型中，或深或浅隐含着的义务关系和互惠关系，也是必须要加以关注的。

当然，照顾模式首先从社会关系中产生。强调了人们之间的相互依赖性的关怀理论，在这种情况下，会敏锐地辨析出主体并不“拥有”某种关系，而是“处在”某种关系中，而这种关系很大程度上是以他治性，而不是自主性为特征的。由此，一方面是由于人类生活的脆弱性而导致的人类先天特有的结盟/联合行为，另一方面是将依赖性和独立性作为形成分类体系的（强有力的）工具——从而对与照顾有关的资格和要求进行规范，这两者之间就产生了值得关注的矛盾。因而，对照顾关系的分析，一直是与对权力关系的分析联系在一起的。在这项定性研究中，将在家庭关系的框架下，研究照顾的习惯性特征在主体化过程中的重构。因此，从理论上而言，不仅是与家庭中他人的关系要被纳入研究，而且对于自我关系也要在福柯所说的“自我照顾”框架下加以探讨。[①]也就是说这项研究要在家庭经验领域的背景下，对于自我关系的产生形式和变化进行研究。自我照顾这个问题，只是作为世代间照顾的相对概念被关注的，但是由于对他人的照顾与对自己的照顾之间有着密切的关系，因而可以看到，有关照顾的习惯性特征，是从对他人照顾的经验、他人对自己照顾的经验以及自我照顾的经验中发展出来的。用安德烈·瑞克维茨（Andrea Reckwitz）[②]的话来总结就是：将家庭作为“现代的主体化的首要领域……亲密主体的特征”来研究，在那里形成了与家庭有关的经验领域的“人际关系的实践”（请参照Reckwitz，2007年：第102页）。

由于童年阶段会对整个人生有着不同程度的影响，因此，首要关联人与家庭有关的经验领域，是形成个体照顾模式的重要的社会化领域。除了原生家庭的经验领域之外，同龄人群的、职业生活当中的以及自己所建立的家庭中的经验领域也对照顾模式产生影响。这些领域或者部分代替了原生家庭的经验领域，或者对其加以补充。因此，在一生中会出现不同形式的照顾，或者进一步地说，不同形式的再生产活动被汇集、合并或交换。在每种情况下，来自不同经验领域的照顾经历，都被有形或者无形地记录下来了，并且构成了社会人的“记忆”（请参照Przyborski，2004年：第25

①布迪厄和福柯的理论越来越多地被组合在了一起。例如，Laura Kajitzke通过研究指出，福柯是通过对统治关系的分析得出主体结构的概念，而布迪厄则是通过当事者来分析社会中的权力关系的（请参照Kajitzke，2008年：第76页）。他们的理论的关键在于，无论是福柯，还是布迪厄都发现，结构在行动中得以实现，行动使结构具体化（请参照同上出处：第77页）。

②安德烈·瑞克维茨（1970年—），德国社会学家、文化学家。主要著作有《理解、构建、文化：社会学中的范式转变》、《文化理论的变革》和《模糊的边界：文化社会学的视角》。——译者注

页）。因而有关照顾模式的知识，不仅包含对照顾的理解，而且也含有对于其他活动领域——例如职场生活——的相应关系和交叉，世代间照顾是与社会进程联系在一起的。对老年人来说，不仅机构的支持性服务扮演着重要的角色，而且社会的结构也在成年的后期阶段发挥着同样巨大的影响，它决定了人们如何看待“作为母亲”、“作为父亲”和“作为子女”（请参照Fiebershäuser/Matzner/Rohtmüller，2007年；Honig，1999年；Kramer/Helsper/Busse，2001年）。因此，对于照顾的模式，家庭的经验领域和社会的结构都发挥着重要的影响。在模式中，凝结着通过对经验的吸收，而产生的，作为“边界和视野系统”的行为方式和释义方式（请参照Gröning，2006年：第61页）。

这个边界和视野系统也具有时间的维度，因为在照顾模式中，不仅包含着过去的照顾经历，而且也在这个基础上生成了对在未来的情境中得到照顾的期望。模式的特征因而也包含期望层面。在这项研究中，将把家庭的过去与未来的组合，根据瑞克维茨的观点理解为“私人领域的自我建构”（Reckwitz，2007年：第102页）。总体来看，可以将照顾模式这个概念分解为两个分析角度，它们之间相互构建并且互为依赖：

一是，将家庭中有关照顾的经验领域作为陈述的、外在的，或隐含的结构。这个经验领域不仅组织着有关老年、世代关系和家庭这些领域的知识来源，而且也决定了关系模式，也就是对自我与家庭中的其他成员之间的家庭关系进行组织。

二是，从受访者在家庭的经验领域框架中的位置入手。通过对（自我）定位的分析，能够理解个体对家庭特征的阐述的维度。在涉及之前和之后的世代时，受访者的位置也表明了人们在未来如何传承或者改变家庭中的照顾文化。在这里必须考虑到，内化了的社会结构总是包含着一些最初通过父母体验到的，并且一直是不可见的社会元素，它们会产生不解，甚至可能被认为是难以理喻的。

第三部分

实地研究的结果

第四章

“互助型照顾模式”：

家庭成员同舟共济，遵守共同的规范

在照顾的互助型模式中，体现了不同形式的家庭关系，或者说在受照顾的父母和提供照顾的子女之间的关系，是以不同的方式组织起来的。

在这一章里，将对在老年阶段家庭中团结互助的习惯做法的特征进行描述。描述的起点是对有关家庭凝聚力的价值的陈述。家庭中的团结互助和凝聚起来的做法，可以作为保持现状和未来继续发展的榜样。在互助型照顾模式的照顾故事中，父母的老年——与此同时往往也是照顾者自己的老年，是作为家庭周期中（和其他很多可以想到的阶段一样）的一个阶段被构造的，在这个阶段中“团结互助”对于日常的、本地的、相互协作的以及身体方面的照顾是非常重要的。也就是说，在对父亲和母亲进行照顾时，他们并没有太多地被当作是“年老的”一代来对待，而是更多地把他们看作是处在某种困难情境下需要帮助的家庭成员。老年人在一定程度上，对于整个家庭而言，被理解为一种挑战，它需要全家共同的努力。[①]与之相关的一方面是经验领域与资源的结合，例如就像处在村落中的、宗教方面的和经济上的困难环境下所表现出来的那样。另一方面，作为道德制度的团结互助导向，用特定的方式和方法对有关家庭、老年和世代关系的知识体系进行管理。因而有关照顾类型的故事首先是从聚集在一起的当事人的角度讲述的。对于在人生最后阶段的父母的“照顾”，表现为集体性的家庭项目，在其中包含着共同分担的活动。其次，在对父母世代最后的人生阶段进行总体回顾中，可以看到对父母的照顾又可以分为几个阶段。与机构化的、预防性的医疗领域的照顾系统的关键定位相反，在这里是与对于父母的生活状况——或者说也包括与之联系在一起的对照顾的需求——的详

---

①团结互助是与困境的背景联系在一起的，其历史根源是“团结互助”这个概念最早出自于工人运动（请参照Wildt，1998年：第201页及其后页）。在“老年”的社会困境下，必须需要给予相应的帮助；这种帮助往往并不是与具体的人和关系联系在一起的。

细认识联系在一起的。因此，与之密切相关的第三点是，陈述者通过利用访谈机会，对自己的行为——也包括在护理集合中的自己的行为，进行批判性的反思，并且生成有关老年的新的认识，这些知识将进一步服务于家庭中照顾文化的形成。第四，在互助型照顾模式下的讲述者，往往确定在家庭的未来也将继续贯彻团结互助。也就是说，在他们的老年，他们也将经历同样的家庭照顾。

在照顾的互助型模式中，体现了不同形式的家庭关系，或者说在受照顾的父母和提供照顾的子女之间的关系，是以不同的方式组织起来的。这些关系决定了类型的量纲化。例如，在安吉拉·维特的故事中，对于年老母亲的需求表现出了显著的同情态度，而在海因里希·黎曼的照顾故事中，他对待母亲的照顾需求，则体现了有限满足的特征，在安妮特·科勒的故事中，则是被照顾的母亲自己因其对“照顾”的需求，而使子女陷入到“棘手的生活状况”中。

在互助型照顾模式下所展现的三个故事，都体现了与每种情况相对应的恶性循环，它是与被照顾的父母和提供照顾的子女之间的关系联系在一起的：在同情型互助模式中，愤怒不断地加强，并且也对尽管其帕金森综合症（Parkonson-Erkrankung）越来越严重，但仍然努力融入家庭生活的母亲的生活状况越来越怀疑（安吉拉·维特）。在限制型的互助模式中，母亲对个人身份认同的感知，连同她在家庭生活中的融入程度，都在不断地降低（海因里希·黎曼）。在棘手型的互助模式中则体现出，给予父母更多的照顾，是如何威胁到照顾者自己的生活的（安妮特·科勒）。

第一节　同情型的互助关系：安吉拉·维特（Angela Witte）的故事

在接受访谈时，安吉拉·维特50岁（出生年份：1956年），已婚，有一个刚刚开始读大学的女儿。她曾接受过关于公司职员培训的职业教育，除了作为家庭主妇之外，她还兼职为一个儿童演奏组工作，并且为她在家办公的丈夫提供支持性的工作。这一家人生活在乡村中的一个独栋住宅中，安吉拉·维特就是在那个地区出生的。安吉拉·维特的父亲以农业为生，母亲是家庭主妇和裁缝。在访谈前的一年，安吉拉·维特的母亲在历经长期重病和三年的特别护理之后去世了。大部分的照顾工作是和母亲住在一起的父亲来承担的。安吉拉·维特和自己的家庭生活在与父母家临近的村落，她为照顾母亲提供了更多的帮助，但是年长她三岁的哥哥，也为照顾母亲伸出了援手。当母亲被诊断为帕金森综合症之后，就需要更多的医院式的照顾。因此，家中请了一位护理人员。家庭成员经历了母亲在身体上和精神上的持续衰退。在她人生的最后几个月，她几乎不能活动了。她的母亲（1927年出生）在78岁的时候因气管炎在医院去世。

一、"照顾"作为集体项目

以凝聚力为导向的照顾模式的显著特征，是陈述要从集体的视角出发。在安吉拉·维特的故事中，这个中心特征在最初的陈述段落中，就已经被记录下来了。访谈是从有关录制仪器的聊天开始的：

访谈者：好的，一切看上去都正常。

讲述者：是的，没有问题。

访谈者：只要那个红点亮着，就是在运转着的。

讲述者：好的，那我开始详细地讲述了。它实际上是不知不觉地开始的，我们在一开始实际上都没有注意到，我们都以为我妈妈最终实际上会死于房颤，她有心脏病，也有过心房纤维性颤动，我不知道，您是不是可能从电视上，或其他地方了解到这些？她的房颤很严重，非常严重的房颤，而且有很严重的静脉曲张，这是问题的关键，因为静脉曲张，她的心房纤维性颤动没有得到有效的治疗。这经历了很长的过程，非常长的过程。

在这里可以看到并没有导入式的问题被提出，而是讲述者在录制仪器被开启后，就开始了她的陈述。因而值得注意的是，安吉拉·维特在访谈者谈到录制仪器运转正常之后，就立即表示了共同负责的意愿，并且愿意在录制仪器亮灯的时候进行讲述。这表示她承担了访谈者应该操心的部分，即记录仪器是否运转正常，并且将访谈作为共同的项目。在这里就已经显示出了合作式的帮助态度。在最开始的陈述段落中，是从时间的维度，展开对有关母亲人生最后阶段的陈述的。安吉拉·维特说，“它”是“不知不觉地开始的”。她的讲述的中心内容是用一个客观中性的代词“它”来指代的。母亲人生的最后阶段因此具有了普遍化的、无法解释的和非个人性的状态，它降临到这个家庭，潜入到家庭生活中。这些在过去开始的现象，从此表现为一个缓慢的过程。将之看作是一个缓慢过程的归类，在这个陈述段落的最后，由讲述者提供相应的结果而再次加以强调：“这经历了很长的过程，非常长的过程”。这个重述无疑也是以语言的形式捕捉了母亲衰老的慢动作。与此同时，对于母亲的人生最后阶段的开端的描述也意味着，在潜滋暗长的开始之后紧跟着其他阶段。除了时间维度以外，社会维度也是非常引人注目的；在这里并没有进行进一步的描述，而是理所当然地引入了“我们”，将之作为站在所描述的过程对面的当事人。“我们”作为中心的事件承担者，对神秘的“它”做出反抗。故事是从集体式的陈述视角开始的，并且在接下来的部分将继续这个视角。但是，这个集体性也具有批评性的含义，因为母亲的疾病发展在最开始并没有被注意到。因而，“是”和“应该是”的差异被作为对母亲的人生最后阶段的讲述的中心框架，这会体现在所有的参与人身上。在这里也显示了，她母亲人生最后阶段的延迟的显现，在安吉拉·维特来看，也是对照顾集体迟缓的感知的解释，因为对“实际上”这个词的连续三次的使用，传递了讲述人的困窘或遗憾，在所感知的和事实上的目前状况之间，因此在“是”和“应该是”之间形成了张力关系。

对于背景的澄清，是通过对这种张力关系的医学上的解释和因此所引起的不知所措而展开的。安吉拉·维特指出，她母亲有心脏病，并且她指出相应的症状（“心房纤维性颤动”/“房颤”）和对其他疾病（“静脉瘤”）的影响应该最终导致她母亲的死亡。出于在交谈中再次确认描述具有可信性的目的，安吉拉·维特向访谈者提到了电视中会将这种疾病作为专题。这意味着，安吉拉·维特认为，她所陈述的并不属于人们日常生活的知识储备和直接经验范畴，在很多时候是通过专业机构告知的。正如在后面的访谈段落中同样显示出来的，安吉拉·维特强烈地以听众为导向；这位讲述人愿意提供信息、表明可信性、详细阐述、进行解释（请参照Lucius-Hoene/Deppermann，2004年：第43页）。

前面提到的在安吉拉·维特的故事开始段落中集体性的陈述视角，也会在整个故事中出现几次例外。正如接下来这段有关母亲的卧床阶段的陈述，就是从家庭的有关照顾和护理的日常生活中的经验领域的角度出发的。从中可以清楚地看到，对于安吉拉·维特而言，有关母亲人生最后阶段的连续叙述应该一直延伸到当下，在这中间，对这个人生阶段的分段是非常重要的：

这实际上是最开始的阶段，确实是非常美好的时段，因为她的确还能振作起来，并且她总是因为早上能够喝到一杯卡布奇诺咖啡而高兴。我们总会有这样的对话：我总是会说“妈妈，我可以为你做杯卡布奇诺吗？”“哦，好的”，她回答说，然后她也总是会说“对此我是不会说‘不’的”。那是非常美好的，即便是护理人员现在也会这么说，她在现在时常会提到“那是段美好的时光，尽管很困难”。她会说“当看到一个人承受那么大的痛苦时”——正如我的父亲有时也会想到的——如何让这样的状况结束，我们也说过，到底这种情况会持续多久。……但是，尽管那是非常糟糕的病痛，但是，是的，那个阶段还是在事后被经常地回想起来，我们也会经常地谈论这段时光。

在这个段落的开始部分，安吉拉·维特讲述了每天早上一起喝卡布奇诺咖啡的仪式。这对母亲和女儿而言都是“美好的”，因为妈妈不仅在努力

“振作起来”，而且在由一直是相同的问题和回答所构成的序曲中，感受愉快和感激。因而，在回忆中，母亲的这种行为被珍视为照顾活动中的积极活跃的部分。在这里，世代间的关系形成主要通过仪式化的行为得以实现。而仪式化的世代间关系的成功与否取决于，所有参与者在多大程度上拥有知道自己如何去做、他们相互间如何联系在一起和如何表现的实践性知识（请参照Wulf，2001年：第256页）。世代间的不对称性，在这里通过仪式化的媒介得以解除，这个过程不仅为母亲打开了行动机会和参与机会，而且对于讲述者而言，也是亲身经历，因而她在讲述中能将这个经历形象化地再现。

在这个段落的第二部分，加入了在照顾过程中非常有帮助的护理人员的看法。她在今天也会时常提起照顾讲述者母亲的时光，并且同样也将它归为“美好的”。但是，这些说法都是针对最后人生阶段当中的“最初时光”。这是指，当人们还有活动余地能够改善照顾行为，并改善护理者之间关系的时间段。这也被认为是尤其令人回忆的一段时光。安吉拉·维特清楚地指出，她在这段时间里一直努力与她母亲保持有效的互动，但是正如事情的发展所呈现出来的，这样的互动越来越难以为继了。她引述护理人员的话可能也是为了引出之前只是隐约提到的问题。这个问题不仅是母亲忍受着她的病痛，而且也是父亲因为照顾的负担而感到难以支撑。对一个人的“照顾”可能引出一连串有关照顾的问题。在这个段落中显示出，在家庭成员之外，护理人员也被纳入“我们”这个集体了。这个集体共同面对母亲的死亡，并且表现为回忆的共同体。在共同的晨间仪式还可能继续进行的这个阶段，也提供了“在事后”“回想起来”并且“经常地谈论”的诱因。母亲生命的最后阶段因而也成了直到现在还会引起回忆并且一直产生集体影响的经历了。因而，以安吉拉·维特的故事为例，“同情型的互助关系”这个概念可以表述为，就是在母亲生命的最后阶段的所有时间中，除了母亲被照顾的需求之外，所有参与照顾者的需要也被纳入考虑。

二、确定位置和划分阶段

在最开始的陈述片段中，已经显露了讲述者对于医疗界人士的怀疑甚至是批判性的态度：“她的心房纤维性颤动没有得到有效的治疗”。陈述者用“它”来不加区分地指代与老年有关的疾病，并且对那些可能与没有为她母亲提供帮助相关的医生，也用集合性代词“他们”来指代。在这里用词的含糊性暗示了医疗界的无知、愚蠢和不礼貌，并且也表达出了与之保持距离的态度——有关这一点下文还将详细阐述。在接下来的住院治疗期间，除了母亲的进一步严重的心脏病之外，还有帕金森综合症也被确诊了。安吉拉·维特一家人得知，母亲必须被全天候照顾：

好吧，我们马上安排一切，包括购买护理床和其他的所有。然后，我们要求，是不是她能在医院再住几天，是的，我们必须先将一切安排好。是的，我们马上应该能照顾这个现在突然中风了、什么都做不了的人，但是我们首先必须安排好一切，不是吗？我们现在不能把她带回家，而且我们紧接着也要在福利中心定一个位置，这样这个机构就能在早上和晚上帮助我的父亲照顾我的母亲，因为我现在不能天天都在母亲那里，是的，我也有自己的家庭，是的，没错，当我们把一切都安排好之后，就能把她接回家了。是的，之后我首先会一直去做饭，这样母亲就有饭吃了，会一直为他们做饭，除此之外也不会再有什么了。

与之前所描述的迟缓地感觉到母亲的健康恶化相反，这次母亲的无助如同突如其来的“打击”。在这个时候，安吉拉·维特一家在将医院排除在外之后，商量对母亲的下一步的照顾。在这种情形下，所商讨的内容是关于为母亲提供门诊式流动照顾的机构。和医院要商量的是能让母亲过几天再回家。这家人所形成的这些想法是由安吉拉·维特以间接的方式转述的，并且在这当中包含着愤怒的情绪，因为这个家庭完全被抛给了护理机构，并且通过不断使用“是的”这个语助词，来表示他们自己没有及时地准备好这一切是完全有理由的。在这段回顾性的陈述中，机构照顾系统的代表也被纳入进来，讨论了应该从他们那里得到什么样的“帮助”。从上下文看，被多次使用的动词“安排”是有特别含义的。它涉及了购买护理床和向福利中心提出申请，以请求他们一天为母亲提供两次护理，从而减轻作为主要照顾人的父亲的负担。正如在这里所记录的，在家护理一个人，意味着整个家庭体系的重新安排或者陷入无序。安吉拉·维特认为自己有义务说明为什么自己不能在其中表现得更积极。她解释道，她不能天天都在父母那里，是因为她有自己的家庭。对于原生家庭的照顾是排在对于核心家庭的照顾后面的，这一点也通过“是的，没错”得以强调，并且安吉拉·维特也通过在讲到为父母做饭的时候，所提到的两个家庭的空间距离——她不是每天都在母亲“那里”的，而是她在“这里”有自己的家庭——而再次将其强化。因为这两个家庭住得相当近，因此有必要积极地划分边界，从而将两个家庭的领域彼此分割开来。尽管为父母做饭已经是习以为常的和日常性的活动了，但是在这里经常使用的“一直”一词显示，除了这种形式的帮助外，不可能再有其他进一步的行动了，同时也标志着开始了帮助过程的另一个阶段。对于母亲生命中最后时光的划分阶段以及确立与机构的照顾系统的代表相对的位置，是结构模式的中心，而且这个模式贯穿了母亲的人生最后阶段的整个历史：

是的，接下来就是，我们说到，哦，我们必须买轮椅了，这样当我们真的想走一走的时候，当我们想去哪里的时候，就能用得上。我对妈妈说“哦，这样你至少能和我们一起出去，我们能推着你”，是的。然后，在某个时候，她同意了我们可以帮她坐到轮椅里，而且她也能到外面走一走，她也可以从轮椅里出来。是的，这就是轮椅伴随的阶段了。

这里从集体性的家庭视角陈述了有关为母亲买轮椅的决定是如何做出的。购置轮椅的目的是，能够让母亲一起参加家庭活动。可以清楚地看到，购买轮椅使得母亲的生活世界和家庭的其他部分之间的界限模糊了，而且“轮椅阶段”也是整个家庭的一个阶段。这个护理集体不仅陪伴在忍受病痛折磨的年迈母亲身边，而且积极努力着让母亲融入到家庭活动中，这些意味着额外的困难。在场景式的讲述中，安吉拉·维特展示了，她如何说服母亲通过轮椅能够和家里人一起外出。但是，所谓的“轮椅阶段”是经过讨论后，母亲“在某个时候”同意了，并“允许”家庭成员帮她坐到轮椅里的时候才开始。在这个讲述段落中，记录了落实对父母的照顾以及实现自己构造共同生活愿望的困难。在这里，“照顾”代表着说服的交流过程，它需要对被照顾者的谈话技巧和耐心，但是在这个过程中，往往不仅没有违背照顾者的视角，而更多的时候是从这个角度出发的。家庭的前台和后台是同样重要的。在那里有与母亲的交谈和关于她的商量。

对医院组织的批评

在谈到对母亲生命的最后时光的划分阶段和与之相关的、关于母亲的确切病情的上下文中，也包含着对医疗系统的批评态度。安吉拉·维特谈到她那因为房颤而进了医院的母亲需要新的住院治疗：

因为房颤，她被送进了医院……之后我们知道，当她住进医院后，医生们对她进行了不同的尝试，很显然，有一位医生给她开了太多的治疗房颤的药物，另一位医生确信，她实际上不需要吃这么大剂量的药物，就给她减少用药。而一个星期后，下一位医生发现药量太小了，就重新确定剂量，然后她就要服用更多的治疗房颤的药物，医生之间可能根本不进行商量。

在由医院的医生对母亲进行护理的过程中，这个家庭遇到了有关对母亲的药物治疗问题，安吉拉·维特将这个问题看作是负面的经历，它引起了这个家庭的护理集体切实的担忧。尽管她并不怀疑医生的专业能力，但是医生之间的缺乏交流还是证明了，对母亲并没有一个统一的照顾思路，这和之前她住在家里时的情况不一样。每位医生都按自己的线路行进，有人增加了母亲的用药量，又有人降低它。作为患者的母亲只能来来去去地跟着变化。与在家中进行护理的经历不一样，医院并不是一个有组织的整体。对于医护人员的做法、知识和能力的批评态度不仅牵扯到护理的业务层面，而且也与感情层面有关。在安吉拉·维特的故事中记录了对于专业护理系统的批评态度，这里面既有对组织和专业能力的批评，也有对他们的社会和情感方面的批评：

在这家医院里的确太糟糕了，我要说的是，特别是在私密领域，是的，在这方面有时甚至是侮辱人格的，确实是如此。我有的时候甚至想大喊出来，我想说，此时此刻，你想一想，她曾经也是个年轻女人，她可能也喜欢打扮得漂漂亮亮的，并且也会有害羞的感觉，但是现在却被这样对待，她被翻过来滚过去，给她擦身的时候很粗暴，对她来说很残酷无情，对家属来说也是，她应该得到尊重。我不愿意去想，当她躺在那儿，头脑完全是清楚的，会有什么感受，在她的用药量被调来调去的时候，她也是清楚的，她在脑子里完全明白，她都失去了什么。

对于安吉拉·维特来说，医院里对待病人的隐私领域的做法，即对待她的母亲的方式，是很值得诟病的。在对待她的母亲时，“有时甚至是侮辱人格的”做法和护理人员的缺乏同情心，引起了安吉拉·维特的强烈的心理反应，她一时都不知如何排遣出来。但是，在回忆这段经历的时候，她以教育性的方式做出反馈，通过这种方式她对医护人员缺乏同情心做出建设性的引导。因而，她请求护理人员，将这个老人像年轻女性那样去看待，她的母亲曾经确实也是年轻女性，并且现在也和医护人员一样，有着同样的需求，即“打扮得漂漂亮亮的”。对讲述者来说，她通过提出人生历程的共同性，而努力创造对“害羞的感觉”的敏锐感受。尽管人们不能以他人的需求为导向，但是能够通过指出生命不同阶段的共性而实现同情。这里的核心思想就是，年轻女人的需求在老年人那里也是同样存在的，而且这同样与身体层面有关。而且，考虑到医生的重要性，应该和家庭中的照顾集体是可以相提并论的，或是相互关联的，因而在这里也记录着这样的倾向，即在家庭中对待老年人的经验和标准应该被普及，而不只是存在于世代关系和家庭关系中。

安吉拉·维特对医院护理进行了总结，她认为这个缺乏情感的对待方式对于病人家属来说已经是“残酷无情”的了，而对于被这样对待的人来说则是更糟糕。在形象的陈述中（“她被翻过来滚过去”），讲述者清晰地表明了护理者对被护理者的物化，尽管母亲完全有意识地“明白”着这一切。因此，在安吉拉·维特看来，同情的态度显然应该是护理的质量标准，在护理的过程中应该一直有这样的态度。

三、对自己的反思和有关老年的思考

合作型照顾模式在具体故事中体现出强烈的反思的特性。这一点在安吉拉·维特的故事中，已经通过将人生的最后时光区分为不同的阶段得以体现了。这意味着，即便在事后也努力对父母的人生最后阶段加以理解，而且从中为将来开发出家庭中与老年人相处的感知模式和行为模式。在下面的有关母亲的健康状况不断恶化和讲述者批判性反思的陈述片段中，也反映了这个特征。在这里突出地显示了，家人并没有感觉和/或意识到已经到了需要照顾母亲的时间了，而是通过反思性的回忆，安吉拉·维特才对当时的情况有了完全清楚的认识。因此，在这个过程中，产生了在所做到的团结互助，与所希望的团结互助之间的张力关系，而且这也构成了陈述的动态性。在安吉拉·维特的故事中，患者病症的出现与有关老年和老年人的知识的获得并不是同步的，疾病早就开始了（“我们在一开始实际上都没有注意到”），并且一直在发展：

她可能已经变得迟缓很多了，但是我们没有意识到这是因为帕金森综合症。当人们跟她说一些新鲜事的时候，她听不明白，后来，我们后来有时也会感到不解，但是我们都说，是呀，这可能是因为上年纪了，人们总是会将这种现象归于某种原因，但就是没有注意到，现在是有什么东西妨碍着她。比如说，当人们买了一个新的电磁炉，她会突然不认识这是什么东西了，这让我们注意到一定是发生了什么。我的父亲也说，现在总有些不对劲儿的地方，在那个时刻，是的，在那个时间点上我们意识到应该是发生了什么，但是正如我说到的，我们对帕金森综合症完全没有了解，是的，正如我所说的，我们是直到很晚才知道帕金森综合症的。

这段叙述的内容，是护理集体对母亲变化的不解的讨论。妈妈的举止——比如她不再认识电磁炉了——所带来的诧异，在之前的情境下被理解为是因为她上了年纪了，因而对此做出了错误的应对，在访谈中，这个家庭对于母亲所患的帕金森综合症的知识匮乏，成为陈述的中心。如果有人意识到了这种症状，那么可能会用另一种方式与她相处。在回忆中，对于这个家庭没有注意到母亲是被“什么东西妨碍着”的这一点，做出了负面的评价，因为这导致了人们无法做出建设性的反应，从而改善这种状况。在这里也记录了对日常经验知识和专业的诊断之间的差距的感觉，它也附带产生了世代间的差异。通过三次使用“人们”这个代名词，在这段陈述中强调了这是集体性的经历。这有双重含义：一方面，这里所叙述的情形不是个案，而是属于家庭中的日常经历。安吉拉·维特在开始时并没有讲到特别的事件，而是总结了反复出现的、母亲让人感到奇怪的事件，并且用“当……的时候”这样的条件句结构进行陈述。另一方面，从个人化角度到普遍化角度的转化，也使得其他人——概化的他者——的经验也被包含进来。将“年纪”作为理解模式来解释母亲令人不解的行为，也反映了普遍的社会—文化的释义框架锚定在人们的推理体系中。安吉拉·维特因此不仅表达了对其他的照顾者的批评，而且也从更广泛的角度批判了约定俗成的释义模式。

在这个案例中，陈述者勾勒了家庭中的认知缺陷。老年和疾病不应该被看作是个人性的事务，而应该将它们看作是一种挑战，它涉及对所有可供使用的知识源以及进一步发展的价值体系做出反应。因而，在这里可以得出一个阶段性结论，即安吉拉·维特的讲述，是在最广泛的意义上对母亲老年的照顾做出了评价。

对能力丧失的反思

评估性的反思也体现在陈述者试图通过采用她母亲的视角去看待人生

的最后阶段，从而能够更好地理解与这个时期相关的困难。在安吉拉·维特的故事里，重新构建着不同维度的视角。这其中包括努力弄清楚母亲衰老和疾病状态的尝试：

她也说过“爸爸今天还问过我，我是怎么做牛奶甜饭的”。因为我的父亲根本不会做饭……嗯，然后她说：“你看，我完全不知道了，我完全不知道怎么做的了”，她被父亲问到，却不知道怎么回答他，这的确让她自己也非常震惊，而且她过去曾是一个非常出色的厨师……而现在这在她看来却成了困难的事情了，现在到底是怎么了？情况已经很糟糕了。“在我身上到底发生了什么，现在我完全不再能说出我是如何做牛奶甜饭的了，或者我是怎么做其他什么饭的了”，这对她来说很糟糕。而且我有时还想知道，她在内心深处又究竟是怎么想的。

在这段陈述中，安吉拉·维特说明了，她是如何与母亲一起经历了母亲一步步被疾病破坏智力的过程。也就是母亲对于父亲所提出来的怎么做牛奶甜饭的问题，不再能回答上来了。母亲将女儿选为值得信赖的人来处理这个“震惊”。在这里可以看到母亲的心理负担是双重的：一方面，是智力方面的变化，这被体验为一个外在的、奇怪的过程（“现在到底是怎么了”）。另一方面，母亲意识到，现在她不再能够完成以前她的工作了，并且她将能力的丧失看作是一个大问题。尽管母亲私下与女儿讲到她的经历，但是安吉拉·维特作为女儿，还是想知道，并且希望一如既往地知道，母亲“内心深处”还有什么没有说出来的想法。对于他人心理层面的“认识”

在这里对于讲述者来说，是对于老人的认识的重要方面。而引人注意的是，在安吉拉・维特的故事的这个部分，并没有讲到，母亲与女儿的对话接着是如何继续的，或者母亲是否是通过她或者家里的其他成员才注意到这些变化的。因而这段回忆只是谈到了感觉和知识方面的不足，却没有提到在家庭和老年人之间的交流缺陷。

对生活质量的反思

交流层面的不足也体现在接下来的讲述片段中，在这里安吉拉・维特试着通过视角的转换，来分析病中的高龄老人的生活质量。这涉及到了是否能享受饮食的问题。安吉拉・维特描述了一个场景——她帮助母亲用餐，这个时候轮椅上装了一个升降装置；这个情境被安吉拉・维特归于母亲的“最后阶段”。母亲坐在桌子边吃饭的场景是这样的：

这样她也能清楚地看到桌子上都摆了些什么了，而不只是一直从床上的角度看。我想说的是，如果人们看到那里放着的完整的花椰菜，可能还有一盘土豆，那是非常美好的，与只看到自己盘子里的那点东西、并一起看着这些东西被切得很碎，是完全不一样的。而且我知道，她憎恨这样，实际上她喜欢那些漂亮的盘子，她一直喜欢漂亮的样子，并且她一直为全家做出色的饭菜……如果像她这样的人在最后阶段，只能得到所有被捣碎的饭，要是我就会晕头转向。当我看到，我一直坚持、一直努力为每个盘子里都准备出色的东西，而现在是这样，我会晕头转向的，因为我不能忍受这样。

在这段讲述中，离开“床上的角度”是对护理的日常生活的中断，这是安吉拉·维特为母亲所做的。在这里她谈到了普遍的观念，母亲和其他“人们”作为卧床的病人都喜欢什么：不仅是要看到盘子，而且还要看到其他的餐具和食品配料。安吉拉·维特猜测，不仅是她的母亲，没有人喜欢看到他们的饭食被“切得很碎”的样子。当然这对她的母亲来说尤其难以忍受，因为她“一直”看重饮食文化。除了对美学上的感受的论述之外，安吉拉·维特还提出了进一步的观点：互助性。正如她的母亲为这个家庭准备“出色的”饭食，因而女儿也要向之前的标准看齐，作为护理日常生活的例外餐饮，应该是用与母亲过去所采用的一样的方式来准备。这里所提到的两个方面——对美好的餐食的喜欢和相互给予都包含着同样的视角，即从人的完整生活出发的角度。当然，在安吉拉·维特的陈述中对于老年人生活质量的反思，在这个片段中是有偏斜的。她的回忆得出了负面的结论，或者说，当她不能将伴随他人一生的需要当作自己照顾行为的导向的时候，而生发出了新的矛盾心理。

从安吉拉·维特所阐述的矛盾——那些特别看重饮食美学的“人们”，在他们人生的终点，却只能得到捣碎的饭食——中，引发了强烈的情绪反应，即她“晕头转向”了。这种疑惑不被护理集体所分担，或者没有被他们谈论过，安吉拉·维特只是表达了自己在护理中所产生的情绪反应，因而这是少数几处她用“我”的视角讲述的地方。这也是反映了对处于人生最后几年的母亲在身体、精神和情绪层面的担心的陈述段落。最后的阶段伴随着令人无语的状况，而与之前获得成功的仪式连接在一起的尝试也失败了。在这里，使用了诸如“一起看着”、“憎恨”、“晕头转向”和“忍受”

等有强烈感情色彩的动词。此处“照顾”的图景只有一幅，它将所有的过去都吞噬了。

对自己的界限的反思

刚刚提到的无语，在安吉拉·维特的故事中进一步发展，并且变成极度的愤怒情绪，出现在对接下来的情境的描绘中，在那里，特别的视角转化所产生的理解走到了它的尽头，有关对母亲的照顾变成了关于自我约束的问题：

然后就到了这个阶段：她已经不再能吃之前还能吃的马铃薯饼了，这是更糟糕的一天，之前她还能吞咽，噢，那已经够糟糕的了。接着您必须一直安慰她，必须一直跟她说：“哦，妈妈，看你，明天我再做马铃薯饼，今天你不能吃，是因为你今天不舒服”。然后，尽管您实际上想拿起摊饼锅随便朝哪儿砸去，因为您非常生气，却完全不知道为什么而生气，但是您还必须一直这样说。您因为这个病、因为所有的一切生气，但是，您只能克制自己，您必须对自己说，我现在的确可以，我现在完全能够不把自己的愤怒发出来，我现在必须说点什么，让她不再更伤心；不再那么盯着我；不再会说为什么我现在连小饼都吃不下去了，我的女儿特地给我做的这么好的东西、这费了她很多工夫，我现在不能吃东西了，因为我咽不下去，而且因为某种原因我永远都不会咽东西了。与帕金森综合症患者相处，可能的确很糟糕。

在这里，吃饭问题再次成了继续讲述的话题，或者说在母亲人生最后时光中的一个新阶段的核心标志，在这个阶段，她不再能吃下马铃薯饼。在这里引述的陈述片段中，讲到了这个阶段特殊的一天，这是对这个阶段的描述。这个阶段被安吉拉·维特归为特别“糟糕的”，而且无论对于她而言，还是对于她的母亲而言都是如此。两个人以不同的方式和途径忍受着“不能吃东西”的折磨，这也对她们的关系有强烈的影响。讲述者的母亲的状况要求讲述者要有很强的自控能力，尽管她为母亲烤制了马铃薯饼，但是母亲没有吃，对此她不仅不能生气，反而必须安慰母亲。陈述者在情绪调节时所遵循的规范就是，要让母亲确信，她的状况会再次好起来的，而且不要让她承受对自己失望的负担。安吉拉·维特也通过将访谈者引入其中（“接着您必须一直安慰她”），表达了她认为这个规范是普遍有效的，它是根据母亲现在所处的状况或者说是母亲的病症所决定采用的，而不是从家庭中有关照顾的特定文化中产生的。这个规范完全是针对照顾者的，并且要求他：必须“克制自己”而且要向老人说一些鼓励的话。和安吉拉·维特之前的讲述一样，在这里再次体现了她的讲述的一个特点：除了告诉访谈者，当家中有要照顾的父母时家里的状况这样的愿望之外，在这里还记录了她想提供教育的原动力，即藉此告诉听众与之相关的规范。在这个段落中，因为她的努力无效而导致的愤怒是不能随意发泄的。安吉拉·维特很形象地描述了这种愤怒（把摊饼锅“随便朝哪儿砸去”），并且她在问自己，她到底为什么而生气。在这里安吉拉·维特所给出的一个泛泛的回答：是因为疾病和因为所有的一切而生气，这个答案记录了与她所希望的母亲的衰老能够与她所设想的几代人共同生活的家庭和谐相处的愿望相反的无能为力感。与此同时，这个陈述段落也清楚地显示，至少是从回忆中来看，对于这个家庭的护理集体来说，他们无法再忍受这样的状态了。

安吉拉·维特在这个陈述片段中也提及了母亲与女儿之间的关系层面。她希望通过克制自己的愤怒从而阻止母亲不再“更伤心；不再那么盯着我”。因而，尽管在照顾者和被照顾者之间有着亲密的关系，但是显然她也能预见到，如果她把她的怒气发泄在母亲身上会有什么后果。这里记录了，在生命的末端，最微小的表情也会成为关注的焦点。由此，在这个陈述片段中也显示了照顾集体的边界。当与被照顾者交流时，需要戴上面具，或者说要做出言不由衷的反馈，当照顾集体中不再能够进行有效沟通的时候，代际间的照顾就开始出现矛盾，并且个体的照顾者也陷入了自己最深层次的情绪中。

四、对未来的愿望

在下面的陈述段落中，讲到了安吉拉·维特在考虑到自己老年时的愿望、设想和期待。在这里引人注意的是，她的这些思考都是放在家庭文化这个广阔背景中的：

我相信，她（指安吉拉·维特的女儿——作者注）是会很好地照顾我们的，这是我完全确信的，虽然说必须到时候走着瞧，但是我认为会是那样的。而且，我想说，这是与教育有关的，是有关人们如何照顾家庭以及他们是否有榜样可以学习。她没有被我作为典型的女孩来带大，我没有把她培养成只会做家务的典型的女孩，我是被那样带大的，我一直帮忙做家务，而我的哥哥不用。我就是这样被抚养成人的，我并没有觉得这样特别好，但是我也没觉得这有什么不好的，我必须说，这没问题。我是这么觉得的，其他的人也确实没觉得有什么不对的，他们也觉得这没问题。但是我没有这样培养她，不过，我想她应该看到，我一直都在照顾我的父母，我一直都是如此，我的母亲在以前也得到我的照顾，她总是生病，会由我来照顾，她曾经得过乳腺癌。是的，我一直照顾他们，总是回去看他们，当她不能擦窗户的时候，我帮助她擦玻璃，或者当她病了的时候，我去给他们做饭，并做其他的事情。这些我的女儿应该习以为常了，尽管我们没有特别谈起过这些。

安吉拉·维特在这段陈述的开始就强调，她对她的女儿在他们年老时照顾她和她的丈夫比较有信心。尽管对于叙述者来说“照顾”并不是可计划的，这个问题她只能“到时候走着瞧”，但她还是解释了为什么她确信女儿会照顾他们，首先这是因为与“教育有关”的。“照顾”因而被看作是普遍的行为，而不是特别的决定。与之相应的是，“照顾”不是植根于成年时期，而是从童年就开始的。在那个时候，人们就会从根本上决定，“在多大程度上照顾家庭”，并且确定“家庭”在自己的价值体系中的位置。

在有关性别角色模型改变的讨论中，安吉拉·维特讲到了她对女儿的培养与她的母亲对她的言传身教是不一样的。并且，她还说明了这种差异，她是用不同的方式教育女儿的：她的母亲是让她参与到照顾家庭的活动中来，而她则是自己“作为”她女儿有关照顾这方面的“榜样”。在她的讲述中，她将自己描绘为积极的样板。尽管与前一代人的教育观念不同，但是新的教育观念并不会导致与父母关系和家庭价值的断裂。相反，讲述者通过总结说这样的教育对她来说是“没问题的”，来表示家庭教育观念的改变是没有负面影响的。因此，在这里她指出了努力不使每个家庭中不同世代的价值观念相互冲突，而是尽力通过不同的方式贯彻照顾的重要性，而使各种价值观保持均衡。

值得注意的是，安吉拉·维特将对自己的性别刻板印象的接受状况集体化了：其他人可能也接受这种刻板印象，那些“其他的人也确实没觉得有什么不对的”是指她的女性朋友们。由此，在这里引入了家庭之外的视角，它被用作对自身有关家庭态度的支持，而且因此构建了双重归属：既属于拥有传统性别刻板印象的家庭，也属于对这个话题不持批评态度的女性的经验集合。通过这种方式，无论是家庭历史与社会历史，还是家庭历史与个人一生的经历都变得合法化，而且相互协调。讲述者具体阐述到，她没有按照性别刻板印象培养她的女儿，但是她“看到”了，讲述者是如何照顾自己的父母的。不仅在讲述者母亲生命的最后阶段是这种状况，而且讲述者“一直”照顾自己的父母。讲述者的女儿已经一起经历了在她母亲患乳腺癌的时候，为母亲提供了什么形式的帮助（回去看他们、擦窗户和做饭被作为例子提出来），并且女儿应该“习以为常”了。当上一代人主要是通过性别刻板印象的教育和角色分工，来确保对他们的“照顾”的时候，安吉拉·维特则在这里做出了转型，在这个过程中，家庭团结互助的导向被构建为具体活动的上层建筑（“在多大程度上照顾家庭”），这是女儿所看到的有关“照顾”的榜样。在接下来的讲述段落中，安吉拉·维特具体讲了她对女儿的希望和期待。当要将过去所参与的家庭中照顾活动构建为将来的规范时，她陷入到矛盾当中：

> 她看到了这些，知道会发生什么或者到底是什么样子，是的，人们也会无能为力，必须要这样吗？我不知道，是不是一定要这样，嗯，也许到我的时候会不一样，也许我在十年后有其他的要求，也许我们要到那个时候再看。而我只能对您说，在十年、十五年之后，那个时候我才知道，但是可能的确发生了变化，那个时候我才能说，我是否想要我的女儿照顾我，或者去养老院，因为养老院实在是一个令人生气的地方。但是，我真的不愿意说，今后我是否愿意我的女儿为我洗屁股，我现在是不愿意的，我现在可以回答“不”。但是我想，等我有一天老了，要在养老院和可能更有家的感觉的地方做选择的时候，我想每个人都会选择待在家里的……如果让我今天说，我并不知道，我是否想那样，我是否会对我的孩子期望过高了，我不知道，这是不是一个苛求？我们提供的帮助、我们所做的一切，都是为了能让她——我的母亲减轻痛苦，这些我都认为是理所当然的，此时此刻我不知道，我是否也可以这样期望我的孩子，我现在不知道。

安吉拉·维特在这里讨论了，她的女儿所看到的，她对她母亲的照顾，是否可以被看作是普遍的标准，因而对她的女儿而言也是理所当然的。由于她没有找到明确的答案，因此她去分析自己的感觉，而自己的感觉也是摇摆不定的。一方面，她觉得养老院是“令人生气的”，但是另一方面，她不打算让她的女儿必须尽全力照顾她。有关在哪里度过晚年的问题提出了一代人与另一代人之间的羞耻问题。为了描绘她的想法，安吉拉·维特讲到了一个日常护理场景（“洗屁股”），这要求最大程度的私密、努力和同情。对于这个问题，在今天她的回答是“不”。这个目前对由女儿来护理的选择的拒绝，也通过在这个叙述段落中在提及女儿时，将“女儿”改为“孩子”而完全从语义学的角度进行了强调，也就是安吉拉·维特仍然保持母亲的身份，而母亲应该是照顾子女的，因而角色交换是不可能的。在这里用词的变化还包含着额外的情绪化和强调，因为她的女儿是作为独生子女来照顾父母的，没有其他兄弟姐妹的帮助。尽管如此，陈诉者还是认为，她自己的想法可能随着她的衰老，而会从由母亲—女儿的关系角度所说出的“不”，变成对被照顾的希望。在这里她想到了她有关老年的认知，这些知识可能是从对她母亲照顾的经历中获得的，因而也对自己在无助的情况下的反应做出了预测。在安吉拉·维特有关年老的思考中有很多重要的动态性的要素：对于护理的要求、母亲—女儿之间的关系、随着年老而发生的需求上的变化和她对住进养老院的根本性的反对。在安吉拉·维特的故事中，照顾是理所当然的行为，还是一种过高的期望，这两个层面一直都在被反复地考量。

变化和延续

在这里可以回顾一下，由于安吉拉·维特考虑到自己年老时的愿望，因而指出可能发生的想法上的变化，这是与她自己的年龄联系在一起的。她将性别刻板印象下的角色分工的变化归于社会环境的变化。由于这两个维度，使得她进入到重大变革的情境中，在那里，她“尚”不能确定自己的位置。她体验到无论是自己与年龄有关的需求，还是社会的环境都是变化着的。当将这两个层面联系起来的时候，就产生了难题：

现在的问题是，我思考了一下我自己这代人可能因为整体的变化，而已经不一样了……我们可能什么时候会说，噢，把房子卖掉，然后我们可能会在附近的什么地方住下来，我只是举个例子。

安吉拉·维特在这里将自己放在当事人的位置。她通过讨论在另一种社会—历史的世代中的自我定位，指出为什么家庭的团结互助的形式可能发生变化。为了保持家庭的凝聚，尤其是在这里考虑到了与成年子女在空间上的相近，他们这代人必须紧紧相随他们的子女们，并且住在子女们附近。因此现在必须打破习惯，而且例如可能把房子卖掉了——这对陈述者来说，是一个重大事件，因为到目前为止她一直住在这片区域。这是一个自我世代化的过程，在安吉拉·维特的帮助下，家庭照顾文化的改变成为一个被关注的主题。在这个过程中，由过去的世代所塑造的家庭的历史并没有被批判，而是将它传承下去了，并且用它来指导处在社会变革中，家庭的具体的照顾实践活动，将大家联系在一起。这里展示了在社会发生剧变的背景下构建家庭的延续性的努力。总体来看，在安吉拉·维特的故事中，非常引人注意的就是，在有关日常护理的具体场景的讲述和对由日常护理的情境所产生的，有关老年和家庭活动知识的推断之间的相互作用。这种相互作用是由双重动力所推动的。第一重是在过去与现在之间的动态性，通过这种动态性，在对经历进行评估的访谈情境下，生成了家庭的老年文化。在这里，家庭照顾文化的过程性特征被明显地体现出来，它与经历和对经历的反思性处理相关。另一重是动力之间的叙事性相互作用，这是通过在照顾处于人生最后阶段的母亲时，对情况“是”怎样和“应该”怎样之间的差异的感觉所产生的。这一点通过诸如所表达出来的自我批评而表现出来，并且指明了在有关照顾的观念中的规范性成分。这两个动力都捆绑在重视家庭的价值观中，而这种价值观又是构建世代关系的基础，在安吉拉·维特的故事中也得以表达，例如在她的陈述中，“我们”既是指护理集体，而且有时也是将母亲本身包含进来的。安吉拉·维特的讲述还展现了这种特殊的世代关系的另一个重要特征，而且家庭中其他人的行为也是围绕着这个特征展开的，这就是在讲述中所承认的，家庭中的他人要优先于自己。因而，从上下文中可以看到，世代间照顾的界限在于，当对母亲的病痛感到无语并产生强烈的情感的时候，对家庭中他者的同情型视角不仅是出现在照顾的情境下，而且在日常生活中也一直是他人优先的，因而在具体到照顾的意义下，这种视角就可以被看作是“同情型的互助关系”的重要基础了。对于护理集体的“我们”来说也同样遵守他人优先于“我”。

在安吉拉·维特故事中的经验领域和期望范畴的关系中所发生的巨大变化，使得家庭团结互助的态度得以继续保持。“关怀”从其所具有的“护理”意义中走出来，而在很大程度上转变为对于维护家庭价值和保持家庭紧密联系方面的“关心”。这样的改变是通过对社会变化的反思引起的，特别是通过对于两性关系和灵活性的巨大变化的思考。安吉拉·维特通过以世代关系为媒介、以自我归因的方式对此进行分析。并且通过指出“自己这代人”也经历了这些变化，从而保证家庭内部的差异和冲突不会进一步增强。尽管如此，由于考虑到随着年龄的增长，当自己年老时，对于家庭内部照顾的需求发生改变的可能性并不能排除在外。对于自己的需求会随着人生历程发生变化的可能性的认识，阻止讲述者在这里做出确定的结论。

在安吉拉·维特的故事中，团结互助的照顾模式是与乡村的生活环境紧密联系在一起的。这一点特别体现在社会的基础设施方面（邻居都可能作为帮手）以及相对于足够的家庭护理空间来说的世代间比较近的空间距离。与之相关的社会文化方面的背景是性别类属。这个故事还可以理解为是反映了传统模式的事例，安吉拉·维特一直使她的职业地位服从家庭的需要，因此家庭的“内部领域”对她来说是优先的。

第二节　限制型的互助关系：海因里希·黎曼（Heinrich Riemann）的故事

第二个故事是海因里希·黎曼的，介绍了限制型互助的照顾模式。在这个故事中，也是以家庭团结一致的导向为中心结构模式的。这个故事是围绕着母亲在她年事很高的阶段如何融入家庭展开的。但是，与安吉拉·维特的故事不同，在这里并没有集中讲述老年人的需求。正如将要展现的，在这个故事中表现了团结互助照顾模式中被加以限制的层面，即是由照顾集体决定如何照顾老人的。团结互助照顾模式的限制型层面，被用在长达几十年的对母亲的照顾中，在这里照顾集体对于母亲的生活有着越来越大的决定权。

海因里希·黎曼在访谈时65岁（出生年份：1941年）。他是一位退休的法学家，他的第二次婚姻是和一位女牧师缔结的。这对夫妇有一个六岁的女儿。他们一起住在西部德国一座大城市的牧师住宅中。海因里希·黎曼在第一次婚姻中生育了三个孩子，拥有好几个孙子孙女。他本人在兄弟姐妹中排行最小。海因里希·黎曼的母亲是在访谈前11年去世的。她比在采矿场做公务员的丈夫多活了30多年，她的丈夫是因为心肌梗塞去世的。在他从父母的家中搬出来之后，他的母亲又住在他身边，帮着照看她的孙辈。进入高龄后，她住进了养老院。这家养老院也在海因里希·黎曼住所的附近。他们经常互相拜访。海因里希·黎曼的母亲（出生年份：1905年）在90岁的时候因为癌症在医院去世。

对老年期划分阶段和家庭的共同决定

在访谈一开始，海因里希·黎曼就描绘了在他的世代间照顾中特别的难题：即他的母亲在父亲去世后*“30多年一直守寡”*①。这个表述不仅强调了，他的母亲在父亲去世后没有再开始新的伴侣生活，而且也通过与这个较长的时间段联系起来，而引入了鉴于这样的家庭状况下，“联系”和“孤独”这一类的中心问题。如此来看，他对母亲的照顾是从很早就开始了，也就是从他和他的两个年长的兄弟姐妹从家中搬走的时候就开始了：“自从我从家里搬走后，就出现了一些问题，但是很快得到了缓解，因为我迅速地结婚了，并且有了三个孩子，……这样的话，自然就很需要她，而她又

①在这里将不大段引述叙述内容，而是根据分析的需要随时引用，并用斜体字表示。

有了非常美好的生活内容。”在这段陈述中间，可以看到，通过建立自己的家庭以及因此而产生的，对母亲照顾孙辈的需要，使得母亲的并非特殊的问题尽管没有得到解决，但也变得不那么重要了，并且在某种程度上来看，两代人都在这样的发展中得到了益处。因此，这可以看作是家庭生活的一项“美好的生活内容”，而且这对母亲来说是独享的。在这里的“照顾”涉及了对母亲和家庭关系的处理。在两个年长的兄弟姐妹搬走后，与母亲住在一起以及由母亲照顾他的孩子的期间里，海因里希·黎曼就已经赢得了在家庭系统中，对母亲的老年进行照顾的中心位置。这一点也体现在对这个回忆的故事中所进行的阶段划分上。新的阶段开始于当母亲与儿媳妇因为教育方式而产生冲突以及孙子孙女们都长大了的时候。这段时间是20世纪80年代的后期，就是母亲在80岁的中后段的时候，新的阶段由此开始。母亲在这时开始了酗酒和大量吃药：

然后她通过更多的酒精和药物来安慰自己，我们在一开始没有意识到。但是，酒精和药物问题使母亲在80多岁的时候陷入了危机，我的姐姐为她安排了治疗，之后，我们兄弟姐妹决定，现在她不能再独自一人住在家里了，我们现在要为她在老人院找到一个位置。

在这段叙述中，首先可以看到，除了他的孩子和第一任妻子之外，海因里希·黎曼还将他的兄弟姐妹也纳入到“我们”这个护理集体中。除了这个特征之外，与在安吉拉·维特的故事中一样，在这里也表现了对照顾集体在被照顾者的情况方面的认知不足的批评性反思。令人惊讶的是，安吉拉·维特和海因里希·黎曼都使用了几乎一样的表达方式：人们“一开始没有注意到”，而是随着时间的流逝，某些事情才越来越清楚地展现在了眼前，这个回忆的视角表明这些现象已经失去了其基本的意义。在指出延迟认知的时候，也说明了错过的行为的合理性，但是同时也表达了自我批评的言下之意。

海因里希·黎曼继续讲到，他母亲的心理陷入了危机。在这里，这个家庭中的世代关系的中心释义模式就很清楚了：母亲对她的子女和孙子女有着情感上的依赖，这种依赖在酒精成瘾和药物成瘾上体现了出来。在这次“危机”之后，照顾集体决定接管母亲的生活。因而，首先海因里希·黎曼的姐姐为母亲安排了康复治疗，并且紧接着，兄弟姐妹决定，他们的母亲不能再独自生活了，而是应该住进养老院。母亲对子女的决定最初做出了反抗，但最后还是搬进了不是孩子所建议的另一家养老院，因为那里住着她的一个老朋友。海因里希·黎曼形容母亲的这位女朋友为“莱茵河畔的乐观派”，她成为对于母亲来说，除了家庭之外的，另一个重要的支持者。但是，当这位朋友去世时，下一个危机接踵而来：

后来，我们并不知道，她又让两位神经科大夫给她开药和其他的什么。但是我们完全不知道这些，因为其中的一位后来只是在电话里确认了一下。药品里有一种叫做塔沃尔（Tavor）的药，这种药在巴舍尔先生[①]的自杀中起了重要作用。我的哥哥当时是一位兽医，他在一本杂志上读到这种药物

①乌伟·巴舍尔（Uwe Barschel）（1944—1987年），德国政治家——译者注。

是非常可疑的，会导致成瘾，然后他就开诚布公地与母亲谈了一次话，谈到道德和良心问题。但是由于她在这段时间非常抑郁，因而，事实上这种做法恰得其反，因为抑郁令人不能明白其中的意思，这让我哥哥觉得更糟糕了。

在这里海因里希·黎曼的讲述又一次涉及对母亲的状况变化的延迟感知，即母亲同时从两位神经科医生那里、没有任何控制地得到抗抑郁的药物，这使讲述者站到与医院对立的位置上。开药的医生既没有恪守他们作为医生的小心谨慎的义务，也没有与母亲保持足够的距离。母亲被形容为尽管年岁已高却是一个狡猾的当事人，她想办法得到了她想要的。除了有依赖性的老年人这幅画面之外，在这里还出现了一个值得怀疑的老人的图画，它展示了，有人说谎，然后因此产生了危机。关于药物“塔沃尔”对政治家乌伟·巴舍尔自杀的重要作用的插叙，在上下文中起到了构建背景的作用，通过这段插叙，一方面让人确认这种药物的危险性，同时另一方面也暗示了家庭情况的戏剧性。这也体现了互助型照顾模式的两个结构性特征：针对机构性照顾体系的批评立场以及家庭中批判性的自我反思。后者尤其涉及海因里希·黎曼兄长的做法。母亲经过关于她滥用药物涉及了道德问题的谈话，而变得更加脆弱了。海因里希·黎曼将这种行为形容为“完全错误”，由此他一方面希望通过回顾，能够对于衰老的过程和疾病的过程形成专业的态度，并且另一方面，也希望能够在照顾问题上相对于他的兄长而言更有发言权。这也显示出，他希望有更多的关于衰老过程的认识的愿望，这个故事并不是为了能够更好地理解母亲，而是能够对照顾集体中的行为做出批评。与在安吉拉·维特的故事中所重构的“是怎么样”和“应该怎么样”之间的张力关系一样，这里也体现了所给予的照顾和事后所希望的照顾之间的张力关系。

接下来的事件标志着进入了照顾的新阶段——有一天夜里，母亲“服下了非常多的药片”。海因里希·黎曼说到，她对生命感到厌倦的原因，是一位护理她的医生使她相信，她患上了“大脑退化”。这对海因里希·黎曼的母亲带来很大的冲击，并且导致她试图通过过量服药而自杀。因而，自杀的责任应该归咎于医生；这体现了对专业的照顾体系最大程度的批判，同时也是对照顾集体的免罪。从母亲的角度来看，“大脑退化”导致母亲产生对于依赖他人和失去自我控制以及不再具有个人价值的深深的恐惧，从而诱导了自杀尝试。在讲述试图自杀的事件之后，海因里希·黎曼故事的中心含义终于显现出来了：承担其保护母亲不受所有一切、连同不受她自己伤害的责任的必要性日益增强。尽管母亲在试图自杀后被及时发现，并且被送到了医院，但这个家庭在那里所遇到的问题是，是否还需要使她重新苏醒过来，尽管这可能会带来大脑损害的后遗症。尽管母亲曾经留下过遗嘱，将抢救排除在外，但是这个家庭还是做出了抢救的决定：“医院里的医生也（说——作者注），你们不用担心，这是很久很久以前的遗嘱了，我们不必遵守”。在这里海因里希·黎曼再次表达了对医生的批判，他指出医生的做法是对家人在遵守病人的生前愿望上的越俎代庖。

通过这段讲述，显示了这个家庭不仅反对医生参与决定，而且也完全不重视医生的地位，他们表明了最终的、明确的决定：这个家庭不想失去母亲，要抢救她的生命，尽管他们违反了母亲自己定下的规矩。在这里

“给予照顾”意味着在“医院”和“家庭”之间，两种相互对立的理解。与此同时，与安吉拉·维特的故事一样，这里还记录了尽管个人与作为机构的医院完全对立，机构与家庭在对照顾的定义上完全不同，但是通过正确地安排“照顾”，后来还是成功的。

在家庭的介入下，母亲的恢复表现出了积极的结果，因而在一家医院度过了康复阶段之后，母亲又回到了养老院。海因里希·黎曼重又回顾了，这个家庭做出的，关于抢救母亲生命的决定，是多么正确，而且指出从此开始了母亲在生命最后时光的一个新阶段：“它展现了一个在‘我不想再活下去了’，并且确实进行了积极的自杀尝试阶段后的一个新阶段，这个阶段对她来说非常有价值”。尽管在康复后，母亲又住回养老院的护理站，而且与另外一位妇女共住一个房间，但是在这段时间里她经常去海因里希·黎曼的家里，并且参与到了后代的生活中去。这种重新体现了家庭中心价值的参与使得生活对母亲来说是有意义的，并且也使违反母亲书面嘱咐意愿的行为具有了合理性。在这里也记录了对于有强烈的权力要求的老年人的照顾故事。这种权力要求，体现在从很早就开始的照顾和依赖的不同阶段的关系历史中，并且它的高点体现在父母要求将对自己的生死决定权控制在自己手上。母亲结束生命的愿望被集体的约束群体所违背。在这个阶段，即母亲住在护理站的阶段，又出现了他们与养老院护理人员之间的矛盾。而且，从经济的角度来看，养老院作为机构养老系统的代表，也越来越被放到被批判的位置上了。在这个角度下，海因里希·黎曼认为，全权由他来照顾他的母亲，是最有益处的。但是，尽管他对所有组织层面都进行了安排，他还是认为，有养老院在他身后，他还是承担了大量的照顾他母亲的工作，并且对此总结道："我难免会想，不如把她接回家去。但是出于很多原因这是不可能的，因为我自己的婚姻已经一团糟了"。不把母亲接回家的决定是海因里希·黎曼从自己生活状况的角度出发做出的。但是，即便没有自己家庭的这种背景状况，他仍然认为，在家里照顾母亲是不可能的。他不能够设想，自己能够单独照顾母亲。海因里希·黎曼将在试图自杀之后几年里的母亲，看作是在"晚年"的"老太太"。在这个阶段他和母亲关系密切，尽管母亲喜欢家庭的氛围，但是在待上一小段时间之后，她还是要回到养老院去。与母亲在此之前的不稳定性和依赖性相比，她在这个阶段又找回了一定的独立性和自我确定性。

宗教框架

当母亲被诊断为癌症并且再次住进医院的时候，就进入了海因里希·黎曼的照顾故事的最后阶段了：

然后，她又住进了医院，开始她住在双人间，但是我们想办法让她有一个单人间，因为家里总有很多人会在那里，而且那样也会影响另一位病人。后来，我们得到了一个单人间，并且待在那里，我不确定，大概36个小时或者更多，在那里当班的是一个土耳其护士，她总是说，这像在我们土耳其一样。

最初，母亲住进医院对于海因里希·黎曼而言，意味着和曾经经历相同的再次康复。那是母亲在试图自杀后住进的同一家医院，而且这一次与医院也有争论，这家人也获得了胜利。这个家庭与医院的功能运行方式相悖的价值观念得到了贯彻，他们展现了另一套秩序。具体而言，就是他们得到了一个单人间，以便为母亲和家人，也是为病友，保障了基本的私密性。在获得了单间病房后，家里人连续好多天待在那里。与母亲最终的告别，表现为集体性的，并且包含了告别仪式的。在这个段落中的“我们”是“很多人”，正如海因里希·黎曼所讲述的，包括他的兄弟姐妹和他们的家人。这种集体性和一直在母亲临终病床前的守护，使得一位土耳其护士一再将这个家庭的行为，与土耳其的风俗习惯相提并论，并且与其或多或少地联系在一起，或者表示对其的支持。外人所说的“这像在我们土耳其一样”也是这个故事的重要元素，因为通过它，这个家庭的行为被标注为特别的，并将它与通常的医院探望区别开来。另外，对于海因里希·黎曼而言，家庭的行为也体现了宗教上的价值观。他用了“在伊斯兰教（Islam）中，死亡文化具有无上的地位”这样的话语，继续做出评论，指出应该在家庭这个共同体的框架中超越常规对待死亡的态度，同时也对基督教（christlich）临终陪伴的地位做出了批判性的评价。因而，这个家庭告别母亲的故事通过“来自外界”的赞扬而具有了宗教——仪式上的榜样性。在这段陈述中，海因里希·黎曼也进一步反思了从基督教角度看待母亲人生的最后阶段，而且也陈述了家庭中的角色分工：在一个插叙片段中，海因里希·黎曼讲到母亲与他的长子密切交流，他是学神学的大学生，他们之间有“非常重要的对话”。而当海因里希·黎曼自己“致力于与令人讨厌的养老院做斗争”的时候，在这个故事里还产生了另一个心理疗伤的角色，这就是他的第二任妻子——一位女牧师，她负责照顾他。借助于她的

“关于死亡的认识”，她也在母亲人生的最后阶段扮演着非常重要的角色：

土耳其女人一直照顾我们，母亲的情况越来越糟糕，考杜拉（Cordula）跟我说“你的确应该放手了”，是应该这样做。然后当我放开手的时候（哭泣），她就死了。

海因里希·黎曼在母亲去世很多年后仍然感到悲伤，会引起感伤情绪。这既表明了世代之间的密切关系，也体现了母亲的常年寡居对海因里希·黎曼生活的影响。因而，他将母亲的死亡看作是互动链条上的终点。他的妻子请求他应该放开母亲，他遵从了，当他放开母亲的手时，她去世了。在这里，一方面再次表现了他对于他母亲的重要意义，另一方面也在一定程度上，把对母亲死亡的控制放到了家庭的能力、责任和决定领域中，因而死亡成为家庭共同完成的工作。

世代间关系的情感化

在涉及有关对自己年老时的展望时，海因里希·黎曼比安吉拉·维特更明确地表明，他希望在家中度过老年。他认为居住地的选择是首要问题，亦即：是住在养老院接受护理，还是接受流动式护理。

访谈者：现在您想象一下，以您的经历为背景，想象一下当您自己老了的时候，会怎么样？

海因里希·黎曼：好的。我已经完成了养老授权，我的妻子被授予全权，在一些重要问题上，我的儿子也有参与决定的权利，特别是关于去养老院养老的问题，或者没有问题，这他们就更必须控制了（笑）。

访谈者：是的，没错（笑）。

海因里希·黎曼：没错，我肯定要在养老院接受很多照顾，在家里养老肯定是不合理的，人们必须接受这些。但是我终归还是更喜欢预先安排好、在家接受照顾的模式。此外，我还需要有一个私人的护理保障，这包括，在需要的时候，我可以随时请临时工，或者请波兰来的护工，按天付给他们报酬。我现在兼职给护理人员上课，主要是讲授其中的法律问题，在那里我经常提到一个问题，这个问题我也会问自己，即照顾、护理自己的父母，是不是和照顾客户和病人不一样。有90%的人都认为，家庭护理和机构护理之间有一个重大的差异，即心理障碍，害羞的感觉，我知道在我的父母那里，这种心理障碍是非常大的，但是护理自己父母的这种个人体验却不会出现在职业护理中，因为这是在完全不同的条件下进行的。家庭中的经历会体现在家庭护理经验中，比如在我的家庭中就是非常明确的"别碰我"，这可能是受过较好教育的人的习惯，特别是我的母亲，她是难以接近的，对于这一点必须考虑到她出生于1905年、是柏林一个上层家庭的女儿。之后，这些自然贯彻到我现在与我的几个成年子女之间的关系中了，我只能这样做了。并且我们今天继续这样下去。但是，我也非常幸运，因为现在我与我的小女儿之间可以经历新的边界，因为我们可以在身体上亲近、接触和拥抱，这是与以前完全不同的。今天应该是一个完全不同的时代，所以我想，也许人们在未来对待护理问题会更加理智，喔，应该是更加自然，这样的话，就有可能对家庭护理进行组织安排，而且也可能将外人纳入进来，让专业人士参与到家庭护理当中来。我个人是这么设计的，这样人们就不需要去养老院了。

在这个陈述段落中，不同的感知层面交织在一起。首先，海因里希·黎曼用具体的照顾措施回答了有关对自己老年的想象的问题。在这里，将自己描述为组织者的这个角色，不仅是适用于他母亲的老年阶段，而且也将用在自己的未来。他进行了老年阶段照顾的授权，并且这样设计，即在他的妻子和儿子之间分配责任。这种以奇闻轶事的形式表现出来的思考，体现了海因里希·黎曼的愿望，即将未来对于他的照顾继续变成一个集体性的、家庭的项目。为此，通过在两个人之间分配责任，形成尽可能大的安全性，并且将它与可预见性联系起来。海因里希·黎曼不单单指望家庭关系中的承担能力，而且也安排了系统性的相互控制，从而“特别是在住进养老院这个问题上”，通过（相互竞争的）婚姻关系系统和世代关系系统，尽可能将个人决定的可能性排除在外。

在有计划的预先安排这个层面上，海因里希·黎曼也提到了将额外的护理保障纳入进来，这可以通过给“从波兰来的护工”支付报酬来实现。海因里希·黎曼已经着手对他的老年阶段进行准备，他将采用的方式一方面能够减轻家人的负担，另一方面也是通过对角色和行为框架的设计，从而将限制型护理的特点在未来继续延续下去。尽管日常，海因里希·黎曼还是说，由家庭护理是不“合理”的。因而，他还是准备在养老院接受护理。与安吉拉·维特的情况不同，例如具体到所记录的照顾母亲吃饭的事件，海因里希·黎曼并没有亲自做出照顾行为。讲述者一方面是作为整个话题领域的专家出现的，但是同时另一方面，在这里，他也是从间接的角度来谈论“护理”的，由此，他判断，“人们”“必须”“接受”家庭是无法承担护理任务的。在这里记录了，一方面海因里希·黎曼不打算由家庭来照顾他的晚年，这并不是出于个人的动机，而是必须接受的结果。对于讲述者而言，其他的看法和观点尽管是有可能的，却无法实现。另一方面，他的这个观点也再次体现了对照顾模式系统性的观察。这里的决定不仅是与他自己的位置，或者说他自己在将来的老年有关，而且海因里希·黎曼也将这种认知转移到普遍的“人们”的层面：在家护理的不合理性，使得老年护理成为社会问题。海因里希·黎曼从中也意识到，对老年的照顾不仅是由外部条件所决定的，而且首先起决定作用的是关系层面。他还讲到了一个背景，就是他兼职给照顾老人的护理人员进行有关法律方面的培训。他对一个非常令他感兴趣的问题进行了讨论，提出护理亲属和护理客户是否有不同。大部分人的观点是，在护理自己的父母时所具有的“心理障碍”和“害羞感”是非常巨大的，因为个人护理方面的经历，是与职业护理老人的经历产生在“完全不同的条件”下。在这里展示出，讲述者非常关注于“护理”的情感框架中的问题。

海因里希·黎曼用“家庭中的经历”和“家庭护理经验”解释了护理父母中不同的观念，有关照顾的观念，是受自己的社会化过程影响的。因而，与安吉拉·维特的故事类似，家庭关系文化和教育文化与在老年阶段的照顾之间的密切关联被打开了。这样的想法，使得叙述者讲述了自己在家庭中的经历。他的原生家庭，特别是他的母亲由于她的教育背景和社会、文化背景，要求在身体间保持严格的距离。随着这种习惯的世代化，对于老年的母亲的缺乏亲近和情感表露，是隐含在中产阶级的价值和行为举止习惯中的：她是“难以接近的”，并且传播了“别碰我”的态度。因而在海因里希·黎曼的故事中，母亲通过这种方式，在后来的世代关系中，也确定了亲近的界限。这种保持距离的关系也传承到了他在第一次婚姻中的成年子女那里了：“继续这样下去”。根据讲述者的看法，在代际交往中的亲密程度不仅是锚定在自身的童年，而且也会向后代传递。因而海因里希·黎曼相对于他在第一次婚姻中的子女保持着有距离的关系：“我只能这样做了”。他父母构建了他对于亲密程度的态度，而这会在老年阶段发挥作用。

但是，疏远的家庭氛围的传承也会通过社会的变化而被打断，而在今天不再“继续这样下去”。首先可以看到在社会氛围中的变化，在那里有关身体亲近的另一种文化在传播，而且海因里希·黎曼自身也在发生变化。与安吉拉·维特的故事中一样，随着社会的发展带来了家庭内部的改变以及不同的、社会性的“我们”的分类。他将自己现在的家庭放在发生了改变的环境下，而且也感受到了在他后来的、再一次做父亲的生活中找到的幸运。与他最小的女儿，海因里希·黎曼能够有畅通无阻的身体接触，并且形成了新形式的代际关系，从这里面也会产生对待护理问题的新方式。

安吉拉·维特将社会发展变化更多地看作是对实现家庭中团结互助的可能性的威胁，因为对于这样的变化必须要采取相应的适应措施，但是，与之相反，海因里希·黎曼则将身体亲近的价值观的情感化和提升，视作与家庭相关的护理的一个机会。这种对待护理问题的方式，最初叙述者是用“更加理性”来描述的，但是他马上做了更正，将它描述为“更加自然”。从理性层面到自然层面的转变也可以理解为，对于海因里希·黎曼来说，那种对待老年问题的正确方式，即家中照顾或者家庭照顾，是不再成为问题的。通过这种自然化的过程，这样的观点将更加有力。

总体看来，海因里希·黎曼的故事也展示了在老年问题上强烈的家庭团结互助的导向。在这里可以重构出，母亲是如何在经历了儿子和家庭其他成员30多年的照顾后，形成了强烈的依赖性，连同她的临终和死亡也在一定程度上是由家庭来决定的。在这个故事中，也体现了限制型的方向，这是从照顾观念中形成的，它特别表现在护理集体对母亲自我决定的约束。因此海因里希·黎曼的故事是“限制型的互助”，这意味着在集体的环境下，个体——在这里是指母亲——的作用、权限的实现和自由都受到了约束。在这里特别突出的是，在这个故事中出于情感的原因，也由于照顾集体的情感关系，母亲的自杀尝试不能被接受。在访谈中，解释了对这个事件的反应可能超越了家庭的隐私界限，但因此对于值得怀疑的举动的组织性反应赢得了额外的重要性。在与安吉拉·维特的故事进行比较时，特别引人注意的是，在海因里希·黎曼的故事中，通过视角的转化，使得母亲的生平背景和个人状况以及这个错误的尝试不再成为谈论的主题。

在照顾母亲中所产生的有关老年的认识——主要是涉及对人生老年阶段的安排这个问题的认知，通过预防的方式，被用在对自己老年时期护理的准备上了。此外，叙述者还通过在职业领域里对这个问题进行讨论（在老年人护理学校上课），从而弄清楚了这个问题的其他层面，特别是护理情况下的情感层面。在这里面，海因里希·黎曼认为，社会中情感化的发展趋势，有利于家庭中团结互助观念的贯彻，这个趋势在他的生活中带来了代际关系的亲密化。结合上下文来看，身体接触方面的变化也会为“护理”带来新的含义。讲述者相信这会实现代际间照顾的“改善”，因为这带来了对家庭关系的新的解释。在这里值得注意的是，第一次婚姻的孩子们和第二次婚姻的女儿的关系之间，存在着差异，并且只有在后者那里世代之间的团结互助是可以想象的。因此，“照顾”的身体—感情维度不仅体现在讲述者个人的人生变化过程中，而且也体现在两种不同的世代相处的家庭文化中。正如与第一次婚姻中的子女之间不可能有更为亲密的交往一样，与小女儿之间的关系肯定是家庭生活的情感化的升级。

在海因里希·黎曼的故事中，也特别体现了性别类别和环境的决定因素。“性别”类属在这里表现为对亲自参与护理的经验的缺乏。对于母亲的“照顾”主要是以进行组织安排的形式开展的。这首先是反映了特定历史下知识分子的习惯模式，但是也体现了没有出现在上下文中但同样重要的性别刻板印象的教育。在这个故事的上下文中，“照顾”是被作为由于社会变化，而导致的世代之间交往的情感化来讨论的，而且与安吉拉·维特不同，海因里希·黎曼既没有将与母亲的关系也没有将与女儿的关系放在家庭中性别角色的冲突中来思考。有关性别类别的另一个重要的引人注目的地方是，在海因里希·黎曼的故事中，记录了通过照顾这个题目，将“私人的”和“公共的”领域联系在了一起。因而，在这个故事中的“照顾”并没有排除其他要素、只在家庭的背景下讨论，而是体现了与更广泛的职业的背景结合起来。更广泛的社会结构层面还体现在与新教环境的结合。在这个故事中临终的宗教仪式，首先表现为是叙述者强调最上层价值观念的重要性的一个时刻。无论在安吉拉·维特的故事里，还是在海因里希·黎曼的故事里，都体现了这样的普遍化趋势。个人的照顾经历因而通常也在社会中具有重要的价值，因此这些故事对于听众来说都具有获得教育和得到信息方面的意义。

第三节　棘手型的互助关系：安妮特·科勒（Annette Köhler）的故事

第三个有关互助型照顾模式的故事展现的，是这个模式令人感到棘手的维度。在安妮特·科勒的故事中，母亲对于家庭的团结互助的要求非常强烈，这对于叙述者来说是对自己的家庭生活世界的很大的限制。母亲所要求的团结互助的态度产生了非常大的影响，因此一方面从家庭的状况来看提出了经济方面的要求，另一方面也使得叙述者在相对年轻的时候，就面临着来自父母的依赖。安妮特·科勒在接受访谈的时候32岁（出生年份：1973年）。她没有完成职业教育，在安保领域有一份全职的工作。叙述者离婚了。她很希望重新组建家庭，并且生育子女。叙述者住在一座大城市的自有住宅中。安妮特·科勒的父亲是建筑工人，母亲是家庭主妇。在访谈前的三年，母亲在患病10年后去世了，终年54岁（出生年份：1948年）。母亲患有糖尿病，必须大量服药，此外还要服用镇定类药物，在她生病期间，她还经历了10次手术，多次引发术后并发症。安妮特·科勒讲到，母亲的病史非常独特，因而她的档案被公开用作医学研究。安妮特·科勒与年长三岁的哥哥一起在家护理母亲，直到母亲在家中去世。在母亲去世的两年后，在访谈前的一年半，安妮特·科勒的父亲（出生年份：1942年）在62岁的时候因癌症去世了。安妮特·科勒也对父亲进行了大量的照顾。对于父亲的照顾是在家、医院和康复诊所中交替进行的。

不分阶段："在最后的10年，我母亲的情况一直如此。"

与互助型照顾模式的另外两个故事不同，安妮特·科勒很难开始讲述。她没法按照讲述要求开始，因为这与她的经历不相符，甚至相矛盾。

访谈者：好吧，那么我现在请你①慢慢地，而且尽可能详细地讲一讲你的父母生命的最后的阶段，你可以一个一个讲，可以从某个时间点开始，从你认为对你来说是你的父母最后的人生阶段的那个时间开始。在这里，我非常感兴趣的是，你在父母的年老、疾病和死亡过程中有什么感觉，观察到了什么，你们在这个期间的关系是什么样子的，在那中间什么是最重要的，你如何对待这些，有什么体会，这些事件发生在你人生的什么阶段。没有什么是不重要的，我对所有的细节都感兴趣，把你想到的一切都讲出来，所有的细节，正如我所提到的，我们有足够的时间。

安妮特·科勒：嗯。你想让我倒回到什么地方开始？我应该先从我的妈妈开始。

访谈者：没错。我在问卷上看到，你的母亲先去世的。

①在这里对叙述者用"你"称呼，因为她与作者年纪相仿，而且在访谈前作者已经与叙述者建立了联系。

安妮特·科勒：是的。

访谈者：那么，当你现在开始回忆时，你愿意从什么地方开始，什么地方你愿意把它当作你的母亲的最后阶段？

安妮特·科勒：在这里特别傻的就是，在最后的10年，我母亲的情况一直如此。

访谈者：哦。那就讲讲最后的10年吧。那时是什么样。

安妮特·科勒：她什么都没做。妈妈什么都没做。嗯。我想到妈妈的唯一的画面就是，妈妈要么躺在床上睡觉，或者吃药，要么坐在沙发上编织。嗯。她不能活动了，她不对任何东西感兴趣。关于妈妈真的好像没有什么可讲的。

对于安妮特·科勒来说，首先从什么地方开始讲述故事就是一个问题。她通过使用了一个空间上的比喻（你想让我倒回到什么地方开始）来询问，这说明这段经历对她来说很久远了，或者说在她的人生很早的时期就开始了。这个开端，还有关于母亲的讲述（我应该先从我的妈妈开始），对于她来说都不仅让她感到惊讶，而且也让她产生了跨越边界的感觉。在这里产生了在现在和过去当中的时间关系、她在讲述时必须遵守的叙述顺序以及她通过“妈妈”这种称呼所表达的亲近和情感化这三者之间的张力关系。访谈者尝试着让安妮特·科勒详细讲述她母亲最后的人生阶段，作为对访谈者反馈的回答，安妮特·科勒一方面指出母亲人生的最后阶段是长达10年的时间段，另一方面拒绝对这段时间进行任何形式的划分阶段。这个长期过程和它无法划分阶段的特性共同解释了，为什么安妮特·科勒用“特别傻”来描述这个时期。在最后的人生阶段，世代间关系的质量是提供这些动态特征和用被照顾者对于自己的情境所采取的态度来衡量的。对最后的10年进行讲述的要求引起了安妮特·科勒的愤怒情绪，她说母亲“她什么都没做”。当一方面安妮特·科勒将妈妈的那些年描述为“被动性”的时候，另一方面，当她重复同样的话的时候，她又重新使用了“妈妈”这个称呼，而替换了之前的表示与母亲距离的“她”。这反映了安妮特·科勒对于母亲作为“母亲”和“病人”的矛盾情感。与此同时，安妮特·科勒忍不住表达出她的愤怒的情绪。而后她又在接下来对母亲进行描述的句子里使用了亲密的和充满情感的“妈妈”这个称呼。她所描述的画面是一个病重的妇女，她只能在非常小的范围内活动。她要么是在床上吃药和睡觉，要么就是坐在沙发上编织。安妮特·科勒通过这个画面再次概括了，她的母亲在身体上（“活动”）和心理上（“感兴趣”）都不能被她的周围环境所影响了。在描述母亲与她周围环境互动丧失的最后段落中，母亲再一次被用“她”来指代，但是在接下来的一句话中又终止了这样的用法。这体现了在亲密和疏离之间的来回摇摆。过去与母亲的徒劳的互动也让叙述者现在陷入困难中——她对母亲讲不出“什么”来。尽管空间上距离很近，但是安妮特·科勒在母亲最后的人生阶段与她并没有可以叙说的关系形式，这一切都被疾病所覆盖了。

团结互助和强制

在安妮特·科勒的照顾故事中，与安吉拉·维特的故事中相同的地方是，她们都是被照顾者——在两个案例中都是讲述者的母亲——的重要的照顾者。在同情型互助模式中，患病的母亲并没有提出过多的控制家庭、对家庭中的照顾进行规划的要求。而在下列的讲述段落中则展示了，母亲广泛地参与到世代间的经验空间和家庭生活的很多领域。

我的母亲希望家里人一直在一起、团结起来，对她来说没有比如果不是这样更糟糕的事情了，这是她根本不能想象的。对她来说，如果发生糟糕的情况，那么我们一定要想办法待在她身边，这对她来说才是圆满的。对我在联邦国防军服役的哥哥也是这样，他要调到B城市，在那里他会得到提升，他在联邦国防军中干得非常好，调动之后，他在经济上也会变得更好。但是我的母亲千方百计地阻止，完全不可能。对于我的祖母也是如此，尽管她与我的祖母，也就是她的婆婆处不来，但是当我的奶奶不再能独立生活的时候，她把她接到我们这儿来。所以我在17岁的时候就不得不搬出我的房间，这样奶奶可以住在那里得到照顾，而且我们也必须另外买床，她必须插手所有的事情。所以现在我必须住在家里，这样才能帮助做过手术后的妈妈，而且在过去的10年间，在奶奶搬来之后，我也必须一直要帮助妈妈照顾奶奶。这并不是我们家最糟糕的事情，最糟糕的是，把父母送到养老院是想都不能想的问题。

安妮特·科勒指明，家人住在一起和团结一致对于母亲而言，不仅是愿望和意愿，而且也决定了每个家庭成员是否能够过得幸福。在这个陈述段落中，无论是它的开头还是结尾，还是所有的碎片，都贯穿着一条重要的线索，也就是最后明确说出来的一个要求："把父母送到养老院是想都不能想的问题”。因而，在这里就形成了一则对家庭所有成员都行之有效的规范，相应的，在接下来的陈述中，则是从集体的视角讲述了这则规范。安妮特・科勒用从句所表现的这种张力关系展现了她的认识，即松开家庭的连接“是根本不可能的”以及她清晰的洞见，即母亲也会做一切以使自己不落单。作为证据，讲述者讲到了母亲用尽办法毁掉了哥哥在联邦国防军中的职业前景。哥哥到另外一个城市任职，被妈妈“千方百计”阻挠了。这个巨大的放弃或者说对于兄长的损失是通过薪水的变化来得以强调的。对“千方百计”这个词的选择则进一步暗示了，母亲所选择的方式是不能说出来的，而且尤其是并不能满足所有人的利益。在家庭的团结一致的榜样后面还存在这一个后台，在那里通过秘密的和复杂的方式，父母一代操纵着家庭成员个人的人生。因而，在这里显现了照顾的其他侧面：通过患病的母亲想尽办法的“阻碍”，哥哥不能去B城市了，在这里“照顾”表现为一种控制的工具，是父母对子女的人生发挥影响的一种束缚。被照顾的人，也就是母亲，在这里并不是需要被帮助的人，而是非常有权力的人。但是，在安妮特・科勒的讲述中，面对母亲的棘手情况，在家庭的规范和个人利益之间，最后无疑做出对母亲的自我照顾单方面有利的决定。为了证明母亲努力实现家庭的团结和凝聚，安妮特・科勒讲述了祖母是如何融入这个家庭的照顾系统中来的。尽管，母亲与她的婆婆无法相处，但是在婆婆不能独立生活的时候，她还是将婆婆接到了这个家里。当然在这种情况下，其代价主要是由女儿支付的。所以，安妮特・科勒在17岁的时候不得不搬出自己的房间，这样需要特别照顾的祖母就能住在那里了。只是用了半句话“插手所有的事情”就指出了必须做出相当多的护理工作。因而，照顾是双重的：既有对她患病的母亲的照顾，也有对有照顾需要的祖母的照顾。这也使得接下来更多地用“我”来代替护理集体的“我们”。但是兄长在安妮特·科勒的这段人生历程中，也是与父母家中的照顾义务联系在一起的。在这里记录了家庭内部，被迫进行照顾的经验领域中所导致的所有的冲突点。在接下来的叙述中，展现出了母亲进入人生最后时光的另一个阶段的标志：“妈妈是在6月去世的，在圣诞节的时候情况就很糟糕了，……所以必须我的父亲去买圣诞礼物，他以前根本不会这样做的，这是个征兆，我们意识到，现在情况很严重了。”通过对母亲在家庭中丧失职能的感知，即在父亲和母亲之间的角色变化，使得这个家庭认识到了母亲的健康状况。女儿对于家庭中的这种变化——与性别角色相关的分工变化——感觉很“糟糕”，这成为她圣诞节期间的经历。在这里所发生的规则的被打破——无论是父亲还是母亲，都打破了他们与性别相关的身份认同的边界——被当作一种迫不得已的境况来经历。当母亲不得不放弃操心圣诞节礼物的时候，只能由父亲来处理这件事情。对于安妮特·科勒而言，即便是在回忆中，家庭的规范组织在那时也已经失去了控制。

没有边界的团结互助

对于安妮特·科勒和她的哥哥来说，他们使用自己所能承受的全部力量对父母进行照顾。当母亲在急救医生抢救而引发腹动脉破裂去世的那天，是哥哥先到的，他在母亲身边试图让她苏醒过来：

然后我又回到了病房，急救医生已经离开了。我的哥哥坐在沙发上说："我把妈妈杀死了，我把妈妈杀死了"……他告诉我刚才的经过，他说每次他给她做人工呼吸的时候，她的肚子都圆鼓鼓的，好像他在往里面打气一样。

对于哥哥来说，他抢救母亲的努力没有成功，反而还对母亲造成了额外的伤害，这对他的打击很大，并且他对母亲的死亡感到非常自责。在这里也记录了，母亲的疾病所导致的困难和医疗上的问题，为她的子女们带来了心理上和照顾上的过高要求。正如在这个段落里所讲述的，情绪上的负荷不仅体现在对世代间关系的理解上，而且也影响了兄妹间的关系，他们独自承担这些经历。

仅在母亲去世的半年后，这个家庭又经历了父亲患癌过程。对父亲半年的照顾，也为安妮特·科勒带来了情绪上的压力。尽管在发现父亲患上癌症的那个时间，安妮特·科勒因为自己也做了手术而需要住院康复，但是她把自己放在一边，开始照顾父亲。在这里她不顾医生反对的做法可能对自己造成伤害："事实上我应该进行康复治疗或其他治疗，但是我说'不可能，现在我首先必须去照顾我的父亲'。然后我坚持开车回家，把父亲的东西收拾打包。"对于父亲的照顾——尽管只是简单的收拾东西的行为——是高于自己的健康的，在这里体现了世代间的没有边界的团结互助。安妮特·科勒与她的哥哥丹尼斯（Dennis），还有当时的男朋友一起照顾住院的父亲，直到他去世。父亲的去世使安妮特·科勒自身的力气和情绪负担都到达了临界点："这使我崩溃了，丹尼斯扶起我，把我带出病房，我唯一知道的就是，我再也看不到我的父亲了。"在安妮特·科勒的故事中，家庭的经验领域，显然是在为了照顾父母而牺牲自身的健康。不顾自身团结互助的导向，为子女留下了一个棘手的经验世界，它一直延伸到讲述这些的时间点。

团结互助和紧密关系

过早而且戏剧性地失去父母双亲对于安妮特·科勒具有决定性的影响："在这之后，我就不再是孩子了，从这一秒起，就被推到了成年人的角色中，你必须能够胜任"。家庭照顾观念强烈的规范性特征对于叙述者而言，也意味着对独立性的阻碍。这种感觉对于安妮特·科勒来说在今天还存在：

到现在，我还总会想，还总会在脑海中出现这样的画面，无论发生了什么，无论发生了什么糟糕的事情，不管是酗酒，还是其他的任何事情，我都永远能够逃回家去，然后找到解决办法，跑回家去找到机会，嗯，无论是金钱上的问题，或者其他什么问题，那个住所对我都是安全和踏实的化身。我会做任何事情，但是绝对不会卖掉这个住所，这的确是我最不会做的事情。我不会那么去做。现在那些家具还是像我的母亲在的时候那样摆放的。

在这个段落中，安妮特·科勒从和父母生活的经历中去寻找自己未来生活设计的参考系统。在她陷入困难的生活情境中时，或者遇到经济上的麻烦时，父母都为她提供了逃回家的可能性，因而对安妮特·科勒而言，只是回到父母家里，就可以看作是对所描述的问题的解决。与安妮特·科勒之前所描述自己对祖母和父母的照顾类似，父母对她的照顾也是彻底的。

家庭成员之间的“照顾”是无条件的，“无论发生了什么糟糕的事情”。在这里再次记录了，代际间团结互助的导向是体现在任何行为和任何人身上的。它永远有效。当父母对她的照顾停止了的时候，安妮特·科勒将与之相关联的稳定和安全的感觉，转移到父母的住宅上，她在父母去世后一直住在那里。在这个决定中也存在着延续性，凭借着对过去的延续，她对未来的生活进行规划。不卖掉这所住宅对于讲述者来说是最高原则。这里也记述了家庭的规范和规则体系对她的巨大影响。安妮特·科勒也通过继续按母亲在世时的样子摆放家具，从而使得父母的情感空间在物质世界继续存在。与之相应的是，“家庭”是安全之所，也是安妮特·科勒在自己的老年要告诉其子女的观念。

无论如何，我都会努力告诉我的子女，嗯，我认为没有人希望临终的时候孤身一人，所以，那些与临终者关系亲密的人，那些对他重要的人，应该在他身边，应该在他身边想办法、采取行动，努力地为他做些什么。无论如何我都会告诉我的孩子，他们应该在我身边，只要努力让临终的人感到安心，给予安全感和踏实感，这就是对我的照顾。

这个段落表达了安妮特·科勒将来要告知自己孩子的，在此之前所呈现出来的家庭感情图景。在这里，安全和踏实的概念再次被提起。重要的教育目标是，告诉孩子普遍有效的规则，即没有人愿意临终的时候孤身一人。但是在具体讲述的时候，出现的却是具体个体的概念，是“对他重要的人”来照顾临终者。非常值得注意的是，在安妮特·科勒对临终者最需要什么的思考中，家庭成员共同出现的图景被打破了，这里提到了“关系亲密的人”和“重要的人”。对于临终者的照顾是什么样的场景，讲述者在行动（“想办法、采取行动”）和“只是在身边”之间摇摆。但是，关键是安全感和踏实感。当然这样的家庭照顾的构想，也让照顾者从行动压力中解放出来，而且家庭中他人的有力的束缚，在这里是从安妮特·科勒的母亲那里所体验到的，也因此被打破了。

总体来看，可以很清楚地看到在这里的照顾模式，是棘手的互助形式。在安妮特·科勒的故事中，被照顾的母亲表现为照顾的要求者以及家庭中作为规范的团结互助观念的中心代表人物，母亲贯彻了强有力的规范体系。与安吉拉·维特的故事不同，这里在“涉及”患病的母亲的时候，一直表现出矛盾的情感趋势，而且并没有通过视角的转化“进入”母亲的情境中。无条件的团结互助，在这里呈现出巨大的合理性力量，因而安妮特·科勒在自己的紧急状况中，也享受到了家庭的团结互助。这个家庭经历领域中的凝聚力来源，对于讲述者来说具有非常棘手的特征，它的麻烦性也在以下四个方面得以体现：第一，这种棘手性在安妮特·科勒的故事中体现在，短短的几年中，护理事件频繁发生（祖母、母亲、父亲和她自己）。这也包括了，她的父母在人生的中年就去世了以及她自己在父母人生的最后阶段还相对年轻。父母在人生的最后阶段，或者说对父母的照顾（在这里包括阻止孩子离开父母的家）与个体的私人和工作上新的安排，在一个时期内同时发生，这在安妮特·科勒的故事中，成为使照顾经历更加尖锐化的一个附加因素。目前已经有大量的研究证明了，发病率、死亡率与社会经济地位之间的密切关系（请参照Voges/Borchert，2008年：第195页），在这个故事中也记录了父母的过早去世。第二，对于父母的照顾也使得安妮特・科勒和她哥哥未来的职业生涯变得严峻，因为家庭中的团结互助导向，使得他们由于较低的受教育水平，而错过了在他们人生中最重要的职业发展阶段，得到升迁的机会。与之相关的第三方面是，安妮特・科勒要继续贯彻家庭中的规范，她将自己的生活与父母的住宅捆绑在一起。在父母双方去世后，这所住宅体现了家庭的“安全性”和“踏实性”。第四，在安妮特・科勒的讲述中，无条件照顾的棘手结构特征特别表现在承担护理责任方面没有界限。尽管在提到对自己的年老和临终的设想时表达了多元化的期望，但是在这里通过谈及“亲密的人”，并且没有限定在家庭成员当中，也表明了团结互助的观念所具有的普遍化的潜力。

最后，这个故事也表明，这对兄妹之间的关系是较为疏远的，他们之间的关系只体现在对父母的照顾方面。

第五章

“矛盾心理的照顾模式”：

世代间的差异和他们之间相互模仿的处理方式

照顾关系是非常重要的，他人的感觉和需求，在另一方看起来都是难以理解的。因而，世代间的照顾通常对双方来说，都不能带来令人满意的结果，因为尽管做出了所有的努力，还是不能对他人的需求做出合适的反应。

这一章将介绍矛盾心理的照顾模式。在这个类型中，家庭的世代间照顾是与矛盾的感觉联系在一起的。矛盾心理根据库尔特·吕舍尔和路德维希·李格勒（Ludwig Liegle）[①]的定义可以理解为“在情感、思想、意愿、行为和关系结构方面同时出现的相反状况”（请参照Lüscher/Liegle，2003年：第148页）。矛盾的感觉不仅出现在与前辈交往时，也出现在与晚辈的互动中。也就是说，在这个模式中的世代间关系一方面被看作是非常亲近、友爱和意义重大的，另一方面又将家庭中的其他成员当作陌生人。

矛盾心理的源头是家庭的经验空间，在家庭的经验空间中，与在家庭中出现和继续进行的经济再生产和/或文化再生产领域相反，照顾领域被看作是引发亏空的。在世代之间的教育培养领域中，存在着延续、传承和认同。与之相反，在这个模式中的家庭照顾功能被看作导致亏空。当涉及到照顾的时候，世代之间的关系具有生疏的特征，并且在那里产生代际之间的差异，这意味着，和与自己所来自的经验领域不同的另一个经验领域的其他世代相处，照顾关系是非常重要的，他人的感觉和需求，在另一方看起来都是难以理解的。因而，世代间的照顾通常对双方来说，都不能带来令人满意的结果，因为尽管做出了所有的努力，还是不能对他人的需求做出合适的反应。因此，照顾领域本身被认为是复杂的，而且负面的，尽管人们想或曾经想给予他人以照顾。

在矛盾心理的照顾模式中有四个核心领域是非常重要的。第一，在这里可以构建出三个不同的经验空间，讲述者的父母被看作是根源，无法进

① 路德维希·李格勒（1941年—），德国教育学家。主要著作有《苏联的家庭教育与社会变迁》、《早期教育》和《儿童早期教育导论》等。——译者注

入他们的经验空间被看作是产生代际间差异和照顾关系失败的原因。这三个经验空间分别是：因为战争而失去丈夫或者父亲的人的经验空间、由于父母的心理疾病而造成负担的经验空间以及代际之间巨大的教育差异的经验空间。对于矛盾心理照顾模式的讲述，是通过根植于陌生的经验世界，而体现出探寻历史的特性。在叙述中，陈述者都在探索产生矛盾心理的原因，同时他们也在寻找自己的身份认同及其他世代的身份认同。在这里，既作为照顾者，也作为被照顾者的讲述者想弄清楚，为什么世代关系被看作是充满紧张和痛苦的，特别是在生命的开端和结尾。第二，在这种探寻的过程中，叙述者的某些特定实践活动导致了与父母之间形成某种关系。这些实践活动可以用克里斯托弗·沃尔夫（Christoph Wulf）[①]所提出的模仿理论加以解释（请参照Gebauer/Wulf，1998年；Wulf，1997年、1999年、2002年、2005年和2006年）。模仿活动涉及到建立与他人、陌生世界的关系，在这里是指与父母关系的建立和完成世代间照顾方面。在这里展现了如何通过对父母的模仿，将照顾在家庭的符号体系中呈现出来。第三，老年阶段和与之相联系的临终和死亡的经历将超越家庭领域，而进入到其他的、主要是个体的释义背景中。第四，在这种照顾模式的框架内，并没有表述对后辈提供照顾的期待。相反，讲述者在自己的老年，首先想到的是同代人团结在一起。对世代间照顾的亲近和疏远的矛盾心理扩散到对下一个世代的关系上，因而讲述者假设自己的需求尤其可能被同龄人更好地理解，而不是自己的子女。

---

①克里斯托弗·沃尔夫（1944年—），德国人类学家、教育学家。主要著作有《人类之谜：历史人类学导论》、《学习文化的剧变》、《教育人类学导论》和《逻辑与热情》等。——译者注

第一节　“因战争而失去父亲的情况”所导致的矛盾心理的动态性[①]

在这一节里将萨宾娜·波瓦克、鲁道夫·哈特曼和伊莎贝尔·萨格的故事组合在一起。对于他们而言，在纳粹时代和战争中父亲的死亡而导致家庭失去了平衡。他们是在没有父亲作为重要的他人的环境下长大的，他们讲述了，他们的母亲如何努力工作，以便在战后时期养活她们的孩子和自己以及他们因此而不得不缺乏来自母亲的照顾的情况。他们对母亲身份定位更多地受历史性的经验领域的影响，而不是家庭的经验领域。在这样的家庭中，所产生的矛盾心理的动态性，在讲述者建立自己的家庭后，很多年里需要面对照顾年迈的父母时，又重新表现出来。萨宾娜·波瓦克、鲁道夫·哈特曼和伊莎贝尔·萨格的故事各有不同，因为他们在对母亲晚年的照顾经验中，有着不同的主题。萨宾娜·波瓦克的故事是以“争取来的照顾”为主题的，这是因为她的母亲直到去世都力争保持独立，讲述者希望“她什么时候能变得无助，从而我能为她做些什么”的愿望直到很晚、通过女儿的强力干涉才得以实现；鲁道夫·哈特曼的故事则是关于“被拒绝的照顾”，因为母亲所要求的身体上的接近是讲述者不能满足的；伊莎贝

---

① 因战争而失去父亲是欧洲的一个现象。据估计，第二次世界大战为欧洲留下大约2000万的失去一位父母的孤儿（请参照Grundmann/Hoffmeister，2007年：第271页），在德国有968000位失去一位父母的孤儿和65000位失去双亲的孤儿（请参照Seegers/Gebhardt，2009年：第60页）。在1945年之后，德国大约有1/4的人口与战争中失去了父亲的情况有关，因而Lu Seegers讨论了家庭社会化的“被忘却”的形式（请参照Seegers，2007年：第108页）。有大量研究文献记载了对在因战争而失去父亲的家庭中矛盾动态性的研究（请参照Grundmann/Hoffmeister，2007年；Radebold/ Heuft/Fooken，2006年；Schulz/Radebold/Reulecke，2005年；Seegers，2007年；Seegers/Gebhardt，2009年）。

尔·萨格的故事关系到“失败的照顾”，因为在她照顾母亲的过程中，她的“每个成年人在某个角落里都还是个孩子”的观点总是被证明是行不通的。尽管这些母亲的老年表现得如此不同，但是在这些故事中都是关于照顾不足的反映。

一、争取来的照顾：萨宾娜·波瓦克的故事

萨宾娜·波瓦克在接受访谈时61岁（出生年份：1944年）。她单身，有一个37岁的儿子。她与儿子的父亲在20世纪80年代初“通过非常和谐的商讨后”离婚了。她曾是一位心理治疗师，也是一家由她参与共同创建的教育咨询机构的心理指导师。在访谈前的一年，她退休了，她自己住在一座大城市边上的独栋房子里。萨宾娜·波瓦克是母亲在第二次婚姻中所生育的唯一的孩子。她有两个母亲在第一次婚姻中所生的同母异父的哥哥，她是与他们一起长大的。萨宾娜·波瓦克的父亲与她母亲的婚姻也是第二次婚姻。父亲在第一次婚姻中生育了六个同父异母的哥哥、姐姐，但是她几乎在大约10年前才认识他们。波瓦克女士说，“我”是父母们分别离开他们前任伴侣的“原因”。但是，萨宾娜·波瓦克对她的父亲没有印象，因为他在1945年就去世了。她的母亲（出生年份：1906年）曾是一位医生，是在10年前、89岁的时候去世的。在母亲的最后20年里，母亲和女儿住在同一条街道上，母亲卖掉了自己的房子，搬到了女儿所在的城市里。在萨宾娜·波瓦克离婚后，母亲帮助女儿带大她的儿子：“我很高兴，我的母亲这样做，这样当我要离开的时候，儿子就可以在外婆身边了”。母亲在新的城市先是开了一家针灸诊所。但是，进入老年后，母亲的技能不断下降。萨

宾娜·波瓦克的母亲一直在自己的房子里住到因为肠癌而住进医院，她在那里去世。

家庭的再生产系统中的矛盾

在萨宾娜·波瓦克故事的一开始，就对家庭生活和职业生涯之间的张力关系和限制关系进行了讲述，这些表现了矛盾心理的照顾模式故事中矛盾动态性的关键要素：

访谈者：好的，现在我想请您慢慢地、尽可能详细地讲述您对您父母最后的人生岁月的记忆。不仅要讲您对母亲最后的人生感觉，而且也要讲您自己当时的生活状况、您自己的情况以及母亲的生活和您的生活之间的相互影响。

萨宾娜·波瓦克：好的。我自己是在1975年搬到A城市的。那时我母亲住在B城市附近，然后，她卖掉了自己的房子，我想大概是在1978年到1979年之间，也搬到了A城市。她住在自己的房子里。我已经说过，她是医生。搬到A城市后，她参加了针灸培训，开设了一个小诊所，她成为了针灸师。这和我的情况有点像，我现在也刚刚退休，也开设了一家小诊所，而我的小姨也是医生，她也在退休后开了家小诊所。这显然是家庭中女人们的家族模式了，她们很难与工作说再见（笑）。

根据引导性问题的要求，萨宾娜·波瓦克讲述了她和她走向老年的母亲在生活道路上的相似之处。这对她来说很容易，因为这与她的故事结构是一致的。因而，她的照顾故事就这样开始了，她的母亲较早就开始考虑自己的老年，她卖掉了自己的房子，并且搬到女儿家附近去住。尽管这个决定暗示了与女儿经常来往和代际间更加紧密的愿望，但是萨宾娜·波瓦克却强调了在母亲70多岁的时候，仍然拥有的独立性——她住在自己的房子里以及她强烈的职业导向。母亲参加了针灸培训，并且开了一家小诊所。这个“小诊所”在萨宾娜·波瓦克看来是一个象征符号，体现了“家庭中女人们的家族模式”。在对背景的陈述中，讲到了她的母亲、姨妈和她自己在走向老年时期的相似性，她们都难以与职业生活分离开来，因而她们在退休后仍然继续工作。萨宾娜·波瓦克用积极的方式反思了这个女性的传统模式——尽管她用笑来表示轻微的揶揄式距离，也因此构建了家庭特有的延续性，这是从医生职业的含义中体现出来的（讲述者的哥哥是医学教授、父亲也是医生），而且在这里也涉及到了独立自主的女性形象——她明确地将自己归于其中。作为独立自主性的基础职业定位，不仅是这个家庭历史的主导线索，而且也具有惯习性的特征，萨宾娜·波瓦克在整个访谈中都会谈及这一点。也就是说，家庭的主要关联性经验领域既被明确地展现出来，而且也体现在所有的话题领域，这些都是与职业这个层面联系在一起的。

争取来的照顾

在萨宾娜·波瓦克反复强调“我的母亲是一位非常独立的女性”的时候，她讲述了她记忆中的母亲和女儿关系的另一面：

是的，她之前已经有骨科方面的问题了，很多年来，她都在拐杖的帮助下走路，并且她的视力一直在下降，这也是个大问题，但是都没有引起疼痛。由于视力下降，我一直担心她会滑倒在冰上，有的地方很滑，她可能踩到那上面，或者是将拐杖拄在那上面，所以我一直说："哦，你给我打电话，我就会过来的，你不要滑倒了。"

她从不那么做，只是有一次打电话给帮助她做家务的清洁工，是清洁工过来帮的母亲。所有的事情她都要亲力亲为。

萨宾娜·波瓦克在讲到母亲的骨科问题和不断受损的视力时，将它们作为母亲年老的重要表现。她将这些作为老年人的常见问题，并且强调，"都没有引起疼痛"。讲述者将母亲长期存在的骨科问题和由于年纪越来越大而导致的视力问题，与其他引起疼痛的老年人常见问题区分开来。在对情景的描述中，她讲到这些困难会不断出现在日常生活的互动中（"一直让我担心"）。她举例说明她担心什么，地上结的冰可能对于使用拐杖行走的母亲来说是一个危险，因为地面很滑。但是，对于遇到这样的情况就请求帮助、给她打电话的要求，母亲并没有给予回应。相反，母亲直到最后的细节都要"亲力亲为"，而且她更愿意求助于清洁工。母亲与年老相关的健康状况的变化并没有改变世代关系，也没有使帮助成为其中的重要组成部分，母亲的独立自主性，使得女儿照顾她的愿望无法实现。在萨宾娜·波瓦克的故事中，母亲的老年并没有带来与老年人的关系中通常包含的内容，这是让萨宾娜·波瓦克一直公开表示遗憾的方面。这里记录了，女儿所需要和希望的母亲对她的依赖性并没有实现：照顾他人，在这里即照顾母亲的经验是受到阻碍的经验，照顾者所给予的帮助没有得到认可，也没得到重视。在萨宾娜·波瓦克的母亲去世前的一年，又出现了进一步的情境，那里也清晰地显示了，母亲相对于萨宾娜·波瓦克，究竟能独立自主到什么程度。萨宾娜·波瓦克打算到美国去工作四个月，但是她一直在犹豫是否成行，因为那个时候她的母亲已经88岁了。她的哥哥建议她可以等到母亲去世后再去。对此，她与母亲开诚布公地谈了这件事："然后，我告诉我的母亲，我已经有一些良心上的不安了，但是她说：'不，你不需要这样，我为你而骄傲'。"在这段回忆中，也记录了一种关系模式，在这种模式中，个体的职业发展是放在第一位的，并且是被承认的。因而，萨宾娜·波瓦克实现了她自己的愿望，尽管对此也抱有怀疑态度，"但是我当然知道，她很孤独。这让我感到心情沉重。"显然，这种情境直到现在都为回忆带来矛盾的心理。当萨宾娜·波瓦克从美国回来的时候，开始了一个新的阶段，在这个阶段，医生特别要求对母亲进行一定的护理。在此之前，萨宾娜·波瓦克每周去探望她一次，而现在她的拜访变得更频繁了。一两个月之后，母亲出现了肠功能方面的问题，她因为这方面的问题在四周后去世。在把母亲送进医院的第一天，母亲与女儿之间的角色就发生了转换，母亲终于如同女儿所设想的那样，允许她来帮助了：

之后就到了夏天。她的情况一直相当好，直到她去世的四周前，她的肠道频繁出问题，她患上肠道疾病了，这是她之前就有过的。她非常疼，但是她自己来处理这些，因为她自己就曾经是医生，她给自己注射大量的止痛剂。因为她总是自己去看家庭医生，所以家庭医生不需要上门诊疗，她总是步履蹒跚地到处走，或者坐出租车。嗯，是的，她一直非常勇敢。直到有个星期天我去看她，发现她的情况很糟糕，因为疼痛蜷缩着，于是我马上给医生打电话。医生严肃地说，如果继续这样，我应该第二天送她去医院。医生安排好了一切，我打算第二天在两个治疗预约之间，或者取消第二个预约，从办公室出来带我的母亲去医院。我告诉她我11点去接她，等我回去的时候，她站在那儿（哭泣），打扮得井井有条、精神抖擞的，行李已经收拾好了，也戴好了帽子、穿好了外套，尽管她非常非常的疼，然后她说："哦，我已经刚刚又给自己打过针了。"然后，我把她带到医院，在路上我说："知道吗，你现在必须要坐轮椅，我不想让你自己在医院跑来跑去，那样的话他们就不会认真对待你严重的病情了。""噢，不，我自己能行"，母亲这么说，然后就要撑起她的两根拐杖，我坚持说："现在你必须坐到轮椅上来"，之后我们到了医院，我简单地和她谈了谈，在那里她接受了我的建议。

这里讲述了在母亲去世前的夏天那几周里，母亲健康状况的恶化，这对于萨宾娜·波瓦克来说是一段伤心的回忆。显然，一方面，直到母亲去世，一直围绕着她的孤独和沉默寡言给讲述者带来了痛苦；但另一方面，她也表达了对母亲自律态度的尊重。即便在回忆中，有关母亲的画面也能勾起矛盾的情绪。这段陈述中包含了三个联系在一起的场景，这些场景依次展现了：首先，母亲的医生职业生涯，使她能够保持独立的行为，因为在某种程度上，她能够自己给自己治疗，比如给自己注射止痛剂。关于个性侧面的另一个画面是，母亲一直是自己前往她的家庭医生那里，而不是等他上门诊疗，“总是步履蹒跚地到处走”。母亲所努力保持的独立性，不仅涉及到与她女儿之间的关系，而且也与她周围的其他人有关。在第二个场景中，当萨宾娜·波瓦克星期天去看望母亲的时候，发现母亲非常疼痛，于是她给医生打了电话和医生安排好第二天送母亲去医院。这是女儿主动做的，以便让母亲能够接受专业的帮助，从而改变母亲的状况。在回忆中，她详细地回想了那天对母亲采取的行动以及这个行动的重要意义。在那个时刻，萨宾娜·波瓦克作为女儿，开始将事情接管过来了。与医生顺利的交谈，对于叙述者来说，是与母亲的固执完全不同的。同样，在履行与医生的预定的过程中，重新安排工作中的预约，也是完全没有问题的，这两个层面都体现了叙述者的自我决定作用。但是，在这段讲述对母亲的照顾中，同时也习惯性地提到了工作安排，这也是非常值得注意的。尽管要被送到医院去了，但是母亲仍然展现出强有力的一面，并将软弱和无助隐藏起来。因而，母亲在第二天女儿来接她的时候，借助于另外一剂止痛针的帮助，收拾好行李、打扮停当地站在那里。萨宾娜·波瓦克用“打扮得井井有条”和“精神抖擞”来形容她的母亲，指明了她对母亲士兵般坚强的感觉，这与所描写的场景是不相配的，或者格格不入的。在离开住处这个行为上，母亲也是以有力、负责和独立的方式进行的，这个举动带来了离开私人空间的结果，并且产生了母亲与女儿之间的分歧。“把她带到医院”这句话最终表明了在世代关系中的一个转折点，从此开始了女儿照顾母亲的第三个场景。在这个场景的开端是最后的关于轮椅的争论，在这里争端在于，母亲是应该用她的拐杖，还是坐着轮椅进入医院。女儿的论点是，如果不坐轮椅的话，就不会被当作病人，母亲对此表示反对。但是一旦当萨宾娜·波瓦克用命令的口吻对待母亲时，母亲就接受了分配给她的角色，并且坐到轮椅上来。萨宾娜·波瓦克因而在母亲生命的结尾，获得了她所希望的照顾者的角色，尽管只是拥有象征性的权力。萨宾娜·波瓦克对于她们的母女关系做出了积极的总结：

我在最后时段对母亲的感觉非常好，因为她终于不再只是一位坚强的女人了。尽管她一直是一个勇敢、大胆的人，并且愿意一切都掌握在自己的手中，自己完成所有的一切，但是那时她是无助的，我能够为她做些什么，这样非常好。

因而，母亲人生的最后时光对于萨宾娜·波瓦克来说是一个机会，这时她能够打破她认为牢不可破的代际关系。通过对母亲的照顾，而不再处于母亲的控制之下。这不仅为萨宾娜·波瓦克打开了更大的经验领域，而且也使得母亲的形象因此有了不同，得到扩展。母亲的人格中控制性的特征，被陈述者看作是一个抽象的他人，是一个“坚强的”女人。在这段话中，不仅展示了一个强大的陌生人的形象，而且也加入了其他的侧面，也就是母亲无助的一面，这为萨宾娜·波瓦克开启了新的自我体验和家庭关系的另一种经历。在这里，产生了萨宾娜·波瓦克对照顾的独特理解：对于父母的照顾是对日常往来的反映。萨宾娜·波瓦克还提到了，比如帮助母亲处理文书上的事情。从她的视角来看，最重要的是在帮助的过程中，她的母亲公开地表现出她的依赖性，也就是放弃她最重要的人生原则——独立自主。在萨宾娜·波瓦克的故事中，也记录了对家庭性的寻找，在那里公开表示依赖性是最重要的元素。①在对母亲的积极评价、母亲内化了的职业导向和独立自主导向，与由此产生的家庭领域中的缺乏照顾两者之间的矛盾所带来的结果就是，“照顾和亲密”与父亲有着特别的联系。

模拟的探寻活动

在这个家庭的环境中，一方面，是在母系家族体系中所传承的，以职业活动为导向的特征以及与之相联系的个体的独立性和自我发展的特性，另一方面，则是所呈现出来的，对家庭中他人的照顾受到干扰，或者说缺乏对家人弱点和依赖性的认识，这两方面是萨宾娜·波瓦克在有关她母亲老年的故事中，所重构的主要范畴。与之相反的是，在涉及父亲的上下文中，则是将亲近和密切联系作为主要范畴，即便萨宾娜·波瓦克自己对父亲并没有多少了解：

死去的父亲似乎是一直以某种方式和我们生活在一起，我的母亲非常爱他，当时他们刚刚结婚两年。他以某种方式和我们生活在一起，当我还是孩子的时候，不知为什么总会感觉到他从天上在看着我。我的母亲讲述了很多他的事情，而且，我知道，当我表现出某些特性的时候，我的母亲会说，哦，你和你的父亲一样，这终归是非常好的，他一直是，一直是生活中的一个部分。尽管我从来不知道他是谁。这是非常痛苦的。我在几年前接受过一个心理治疗，就是为了获得有父亲在身边是什么样的感觉。

①公开表示依赖性是否是社会化中的最重要的元素，连同考虑到萨宾娜·波瓦克是职业心理咨询师这个背景，在这里只是猜测。

萨宾娜·波瓦克在这个陈述段落中回到了过去，详细讲述了为什么父亲尽管已经去世了，但是对她来说还是好像就在身旁。对于这位“死去的父亲”，母亲的讲述成功地介绍了他，因而萨宾娜·波瓦克感觉到，她的父亲与她们“生活在一起”。在这里，对于在天上看着她的父亲的想像，是采用了宗教的图像语言，用它来代表被保护和安全的感觉。在对父亲的讲述中，母亲也指出父亲与女儿的相同的特性。因而，与母亲的亲近感有很大一部分是通过对父亲的介绍而实现的。这个讲述段落可以被看作是模拟活动，通过这样的方式，讲述者因此开启了家庭中过去的关系领域，并且将自己在童年时与父亲，也有与母亲密切相关的亲近、照顾和爱恋，融合到现实世界的图景和想像的世界中去。这种模拟活动使得建立于另外一个陌生世界的关系的欲望得以实现，从而体验到自己的内心世界被扩展了（请参照Wulf，2005年：第8页及其后页）。在这段虚拟的叙述中，也呈现了一个陌生的世界，在那里萨宾娜·波瓦克展开了这个家庭的过去，并且特别展示了并不认识的父亲的重要性。因而，在这个有关照顾的故事的上下文中，同时存在着两种相互对立的感觉：对于未知的，或者说被错过的经验领域的家庭陌生感与家庭亲近感。凭借模拟活动而使得父亲融入到自己的内心世界，这使得象征性地再现世代之间的亲密成为可能；而且也在这样的重现中，使得之前无法捕捉的世代间的亲密，变得可以感知了（请参照Wulf，2002年：第88页）。接着，在这个陈述段落中，萨宾娜·波瓦克提到在成年后进行过心理治疗，为了感受父亲—女儿关系所带来的感觉。这个心理治疗也可以看作是一个模拟活动，它帮助讲述者获得家庭中其他的经验领域的认识。在任何情况下，萨宾娜·波瓦克都一如既往地与父亲有着密切的联系，父亲成为她敞开表达感情的承载者：

最近我收到公墓管理处的一封信，他们告诉我，墓地已经到了60年的有效期了。但是，我不能与这块墓地告别。我延长了它的期限。我曾经以为60年已经像永远那样长久了，但是除了几张照片，也就是几张照片之外，我没有他的任何东西。我可能能够更好地与母亲的墓地告别，因为我有非常多的内心的画面，但是对于父亲没有这样的画面，我只是知道，他躺在那里，他的遗体在那里。

由于目前萨宾娜·波瓦克还感觉到与父亲非常紧密的联系，因而她没有办法让她父亲的墓地在60年后被夷为平地，但是她表示，可能放弃母亲的墓地对她来说要更容易设想一些。在这里的关键因素是，她没有关于父亲的“内心的画面”，因而墓地就成为她与父亲的少数联系中的一个了。这里因此也展示了，如同对父母的操心关照会一直持续到父母去世之后一样，在这里对坟墓的维护也是具有象征意义的。对于“内心的画面”的需要显示出，萨宾娜·波瓦克认为父亲在场对于自己的身份构建是非常重要的。即便已经到了退休的年龄，她还是感到欠缺，因而一直在探寻。但是，有关父亲的“内心的画面”的空缺与关于父亲的信息放在一起时，为萨宾娜·波瓦克带来复杂的局面，使得她难以将父亲设计成为一个公众人物的形象。这对萨宾娜·波瓦克来说是件“非常烫手的事情”，因为父亲在纳粹中担任重要的职位，这“使我在情感上产生了巨大的波动”。他是“一个忠实的纳粹分子”，“很早就加入纳粹党（NSDAP）”，而且是“一个地区的负责人”、并由“德国议会委派”。令萨宾娜·波瓦克头疼的还有父亲是如何死去的。具体的细节到今天也没有被完全揭开。母亲一直告诉她，父亲是在“与美国人做斗争”，是“作为烈士”牺牲的，但是萨宾娜·波瓦克在不久前却得知，她的父亲是被德国人枪杀的，因为“我的父亲想动员一些部队，但是有人想阻止他”。有关她父亲的新认识使得讲述者又陷入迷惘。她这样评论道：“我更能接受，是当时的敌人，美国人，将父亲杀死了，因为那样也算一码归一码。但是，我突然听说，他实际上是被谋杀的，这太难以接受了”。关于父亲人生结局的故事，从在与敌人斗争中的牺牲变成了被自己人所杀害。在这里，对于萨宾娜·波瓦克而言，重要的，不是父亲所坚信的意识形态方面的观念，而是父亲与人们的关系或者说人们与他之间的关系。某人被谋杀通常来说都会带来强烈的负面感情。因而，萨宾娜·波瓦克在这样的背景下，强调了她所提到过的一点，在父母家乡的村子里人们谈论他的时候“一直都是非常亲切、友善的”。在这里清晰地表达了与父母关系中矛盾心理的动态性：在关于母亲的画面中，尽管至少在空间上有着长达一生的密切交往，但是首先被强调的，是其中的“坚硬的”一面，而与之相反，对于未知的父亲，却是将他的纳粹主义的过去放在一边，而突出了他的个性中的“善于社交的”侧面。关于父亲纳粹党的历史的讲述，可以看作是在家庭的文化内对照顾的模拟过程的一部分，而母亲则主要是被看作为这种家庭文化的构建者，因而，模拟过程是“将事物或者事件从熟悉的背景中分离出来，用与过去世界不同的视角接受它”（请参照Wulf，2005年：第63页）。在这里的视角转化就是，从对在纳粹主义历史背景下行为的评价，转为在他的社会化过程中突出这个人。想要拥有一个亲切的，并且受人喜爱的父亲的需求，知晓在家庭文化中所呈现的“关怀”的需求，共同形成了对于家庭在纳粹时期的过去的看法。萨宾娜·波瓦克在这里也强调了，有关纳粹主义的讨论在她的人生中也占有着重要的地位：

尽管我并不为有一个纳粹父亲而感到羞耻，但是当我看到自己的使命时，我突然变得很清醒，在1968年、1969年那段时期的运动中非常流行，人们对纳粹父母做出清算，我完全参与了那个过程。

在这段话里面，表达了很多层意思。首先，父亲再次与他那段纳粹主义的历史联系在一起，而且这个家庭背景发挥了有意义的作用，因为这使讲述者看到了自己的使命，并且突然“变得清醒”。但是，萨宾娜·波瓦克并没有在情感上与她的父亲分开，因为她并没有因为他而感到“羞耻”。因而，一个社会的经验空间变得一目了然了，在那里，一方面“私人的”父亲形象确立起来了，另一方面也是由于父亲的罪行，而使得讲述者无论是与社会中的讨论，还是与当时和她年龄相仿的群体都结合在了一起。“纳粹父亲”更多地表现为讲述者社会化的促进因素，而不是阻碍因素。因而，在1968年运动的背景中，萨宾娜·波瓦克将父亲在政治上的一面放在社会层面上来处理：这个运动与她个人的需求有关，因而她“完全”投入其中。通过在1968年运动的框架中，以社会—集体的方式处理父亲作为纳粹的过去，萨宾娜·波瓦克最终能够继续保持她在孩童时代所形成的、积极的父亲形象，并且能够将这个形象用在模拟的探寻活动中。

超越家庭

在萨宾娜·波瓦克的照顾故事中，在母亲人生的最后几年里，她与母亲的关系显露了一个矛盾的家庭经验空间。虽然在生活中与母亲保持密切的往来，而且与母亲同样都积极投身于职业活动中，但是仍然存在着这样的遗憾，即：母亲在年迈的时候，对女儿和他人仍然保持强有力的姿态，并且阻止在母女关系中具有女儿帮助母亲的特征。最后，只是通过一些语言上的命令，萨宾娜·波瓦克打破了这种局面，而将母亲放在接受者的角色上。由此，家庭中的社会性再生产和文化—经济再生产之间的张力关系，在一定程度上又得到了平衡，但是平衡的感觉却没有实现，这一点在这个故事中，既体现在父亲所表现出来的情感方面的重要意义中，也体现在当讲述者叙述与母亲最后告别时所表现出来的超越性里——接下来的片段将对此进行展现。萨宾娜·波瓦克讲述了母亲在医院的最后一个星期，在那段时间里，直到母亲去世，她都一直对母亲进行全力的照顾，这在她看来是一段积极的时光，因为她在那里经历了母亲平缓的临终过程和与母亲和谐的告别。此外，守在临终母亲的床边对她来说，也是一个重要的节点，她从那里进入了精神上的体验：

我必须要说，那段时间，那个星期，当我坐在母亲身边的所有时间里，我都觉得完全放松下来了。我拥有了完全不同的时间体验。我觉得这很有意思，嗯，我其实是一个有些不安分的人，但是那时我很安静，在那里思考人生，也回想和她在一起的生活，回想那些美好的和糟糕的时光，还会想起很多我儿子出生时候的事情。这就像是一个轮回、像一个循环，现在它闭合上了。是的，无论如何我可以清楚地感觉到，死亡已经来到了这个房间。它也是属于每个人的，是的，只是我很惊讶，时间过得这么快。当我看表的时候，已经是两个小时之后了，“已经又过了两个小时了”。是的，我只是在这里这样……这样……我不知道怎么说，是习惯于其中或是沉溺在其中。……然后，我开车回家，把我的小箱子带来了，那个时候快到中午了。我在一个小时后回到医院。她还在那里，她一直躺在那里，但是却完全不能说话了。我在那里吃了点东西，然后一直握着她的手，感觉她就像一根蜡烛，慢慢地越来越弱了，我所看到的是她越来越孱弱了，呼吸越来越微弱，是的，这让人感觉奇怪。这个时候快六点了，这是一个非常美丽的秋天，是的，还有那金黄的阳光，我可以看到外面那些漂亮的秋天的树。然后，我很快地去了一趟厕所，当我回来时，她已经去世了……这让我觉得非常糟糕，我没有及时回来，我没有回来看到她离开。而后我又在那坐了很长时间，然后我走出病房，说：“我想，她现在，她现在睡着了”……从那时到现在我都很伤心，我没有在她身边。

母亲与女儿在一起的最后的时间，对于讲述者萨宾娜·波瓦克而言，是一段特殊的时光，在那段时间里，她自已有着不同寻常的体验。她通常是一个“不安分的”人，但是在这段时间里，她有着“完全不同的时间体验”和“安静”，这使得她能放松下来，并且带来了她对人生、和母亲共同的生活以及儿子的出生进行反思的机会。从母亲—女儿的关系这个情境中，联想到了从出生到死亡的自然循环，出生与死亡之间的“轮回”将家庭的不同世代相互联系在了一起。在临终母亲的床前，她从具体的世代间的关系想到了人类的有些古怪的一代代人之间的关系。这种整体感被强化了，并且最终化为虚无——萨宾娜·波瓦克形象地指出死亡已经出现在这个房间里以及与之相关的时间的迅速流逝。陪伴在即将离世的母亲身边，在叙述者看来究竟有多积极，对此萨宾娜·波瓦克尝试着用话语来表现，她用“习惯于其中或是沉溺于其中”这样的词语来形容她的状况。因而，她指出她的这段经历是不同的，她将它描述为她进入的另一种存在的形式。与她其他的经历相反，这不是她主动创造的，而是被动体验所发生的，她接受这一切，并且认为这是从她其他的生活中迈了出来。与之前描述的和母亲共同度过的人生最后阶段相反，在这里特别强调了，萨宾娜·波瓦克认为这个时刻是更好的，因为她的母亲失去了独立自主。紧接着的这个陈述段落是围绕母亲的临终而展开的。在母亲去世的这天，萨宾娜·波瓦克开车回家去取一些东西，因为她打算晚上在医院陪母亲过夜。尽管她很快就回来了，但是她发现她的母亲已经不再能说话了。她坐在母亲的床边，握住她的手。讲述者用了两个比喻来描述这个场景。首先，用蜡烛来类比母亲越来越微弱的呼吸，她仿佛看到了逐渐熄灭的蜡烛。在这个形象的比喻中，表明了萨宾娜·波瓦克已经意识到了母亲将要离世。她的情感上的自制使得她在这种情境下开启了更细致的和更广泛的感知（“我所看到的”），而且也让她处在一个保持一定距离的观察者的位置上。在这里也清晰地展示了对于死亡现象的兴趣引发了代际关系中的动态性。在萨宾娜·波瓦克的叙述中，第二个比喻是将母亲临近死亡的状态与对自然界强烈的感觉联系起来。她透过窗户看到了“非常美丽的秋天”和“金色的阳光”。面对母亲的死亡，她将注意力转向了户外，从而象征性地克服了障碍，并且在出生与死亡的循环之外看到了更广阔的大自然的循环——也就是这里所展现的一年四季的轮回。在这里也完成了另一个超越：从在医院病房的囚禁状态“走出去”到了大自然的美好之中。母亲的临终和死亡为萨宾娜·波瓦克打开了对于自我和对于人生经验的更广泛的层面。在讲述者去上厕所的时刻，母亲去世了——在她回来之前。没有能够亲身经历母亲死亡的时刻，这让她非常伤心。她在临终的母亲的床前所感受到的积极的感觉被中断了，而且她所希望的照顾母亲的愿望也没有完全实现。萨宾娜·波瓦克的故事的这个部分体现出，嵌入到自然事件的感觉是最重要的，因为在那里她找到了很多已被遗失了的安全感。因而，所描述的这段经历也可以看作是托马斯·卢克曼所提出的、在社会结构层面上出现的、宗教现象中的“极大的超越”（请参照Luckmann，1980年、2002年）。卢克曼对这个概念的解释是，这种经历“不再是真实的组成部分，不再存在于普通人所能看到、接触和处理的事物里”（请参照Luckmann，2002年：第142页）。萨宾娜·波瓦克在母亲的病房的确进入了某种精神世界，这对她来说不同于日常生活的真实（“死亡已经来到了这个房间里”），这也体现在她强调，死亡属于“每个人”，是每个人都要经历的。在这个比喻中，将超越性和内在性结合在了一起。卢克曼指出，超越的能力可以被理解为是“在独处状态下所进行和压制的对意义结构的跨越”（请参照Luckmann，1980年：第176页），从这个角度上，可以看到超越过程的功能是：对于萨宾娜·波瓦克而言，超越行动使得她从对关系的塑造的负担中解放出来，并且因此也从关系断裂的压力中得到解脱，取而代之的是对循环的体验，那是由她自己、她的母亲和她的儿子所构成的。在这里，世代之间的矛盾心理，通过进入到自然的繁殖生息的循环结构中进行体验而得以治愈。

老年时期的同代际化

与同代人的关系对于萨宾娜·波瓦克来说同样是重要的，这一点在1968年的运动中，对她父亲纳粹历史的处理上已经体现出来了。这种关系也将在她为自己的将来所做的计划中占有重要位置。在问到对于自己未来的设计时，她明确地指出了以同代关系为导向的设想：

与母亲不同的是，相比她，我与朋友的情感关系更紧密。我想这可能是我们这代人与上一代的不同，对于朋友，我的理解也和母亲的不同，对待方式也与她不一样。我打算住在任何一个老年人适合住的地方，对此我已经有两个可选项了。

在与她的母亲进行比较时，萨宾娜·波瓦克指出，对她而言，在老年，朋友关系是更为重要的，而且与她的母亲不同，她与朋友们之间“情感关系更密切”。在这里同代层面被纳入到信任的人和亲密的人当中。对于朋友的不同理解，被解释为不同世代的差异，也被理解为在自我归因和他归因方面的不同。与她的母亲相反，对于萨宾娜·波瓦克而言，朋友是更为重要的。这不仅是她与母亲的差别，而且对家里家外不同的区分也反映了代际之间的变化。萨宾娜·波瓦克介绍了她所拥有的两种选择，这是她在对自己的未来打算时会考虑的。它们都属于同代居住项目，目的是实现“一起变老”。一个可能是，搬到已经有朋友居住的某个区域，而且那里也提供老人专用的基础设施。在这个区域应该“有多样化的风景”。另一种选择是，组成一个联合会，这是通过多个步骤形成的，目的是实现在老年阶段住在一起。第一步是，将目前分散的居住状况连接起来，并且相互认识。然后人们一起住进一个大楼后，在那里有各种无障碍设施。联合会的成员将相互帮助，但是他们之间有着明确的界限。也就是说人们并不是合住，而是每个成员都有自己的住宅，并且有一个公共的活动空间。财产也不是共同享用的，这样可以避免产生“争吵”。这种居住形式对于萨宾娜·波瓦克来说在五到十年内就会具有现实意义。这样的计划说明，一方面这个话题对她来说非常重要，她不仅要收集这方面的信息，而且也要具体地探讨它；另一方面，在这里也表明了她根据隐私要求所划定的清晰关系界限。因而，她谈论了空间上的接近和财产问题，这个项目明确了家庭的结构，并且强调了它的组织性和正式性的特征。在访谈中，访谈者也询问了在同代人群共同生活方式中，萨宾娜·波瓦克的儿子所将要扮演的角色：

访谈者：你的儿子将在这其中扮演什么角色？

萨宾娜·波瓦克：哦，是的，我完全没有想到过他，也没有想到过其他人。我是这样被抚养长大的，“我完全没有指望你来照顾我”，我的确就是听这样的话长大的。还是在我很小的时候，我的母亲就一直对我说“要自立，你要学习的是自立。对于一个女人非常重要的是，能够赚足够的钱，这比对于一个男人还要重要，因为这样这个女人之后就能独立抚养孩子了”。她的确只有这样的想法。所以当我长大了之后，也从来没有要承担什么义务。

我的母亲也从来没有对我提出什么要求。而我在去看我的朋友们时，她们的母亲却总是在抱怨“哦，你总是没有时间”。她们总会那样，而我很遗憾，我宁可她也那样说，她从来没有说“你看看，是不是能来一趟，你必须要来一趟”或其他类似的。没有，从来没有。现在对于我儿子也是类似的情况。我没有想过他。从来没有。

访谈者：那么，如果他现在说：“妈妈，搬来和我一起住好吗”？可能是和他的妻子住在一起？

萨宾娜·波瓦克：哦，他和他的女朋友住在H城市。不可能和他一起住。我最多只能想像搬到那个城市去，然后像我母亲那样自己住。哦，但是我不会那么做，因为我的朋友住在这里，我要和他们一起变老，互相照顾。相对于和我的儿子一起生活，这对我来说是更可以接受的，他也有自己的生活。是的，我从来没有考虑过他。

萨宾娜·波瓦克清楚地指明，她的儿子在她的老年计划中并不扮演特定的角色；他在她的老年计划中，更多的是“完全没有”意义。在这个陈述段落中，也再一次相应地记录了社会再生产和文化—经济再生产之间明显的对立。萨宾娜·波瓦克的母亲经常对她说，对于女性来说重要的是自己赚钱，这样的话，她“就能独立抚养孩子了”。考虑到事实情况就是，无论是萨宾娜·波瓦克还是她的母亲都是单亲母亲，因而教育中的这个声明仿佛具有预言的意味。与安吉拉·维特的“团结互助的照顾模式”的故事一样，儿时的教育经历会体现在照顾实践中；在这里萨宾娜·波瓦克也讨论了对职业的重视以及与之相联系的在世代间照顾上的免除责任并不是主要的决定因素，重要的是家庭的社会化过程这个层面（“带大的”、“很小的时候”、“一直”）。在这里也显示了，来源于历史原生家庭的处理与性别角色有关的“单亲母亲”情况的方式是如何建构家庭的总体价值导向的。这里首先与母亲有着令人惊讶的直接的和绵延不断的关系。因而萨宾娜·波瓦克在想到儿子在自己养老中的角色时，自然而然地与母亲的教育理念联系起来了。由此所带来的结果就是，儿子实际上并没有得到任何角色，他并不是所要讲述的对象。而且讲述者自己在这个陈述段落里也是完全退出来的。与讲述在临终的母亲身边的超越过程不一样，在这里找不到“我”。当将母亲的教育实践作为积极的典范的时候，在谈话中也将朋友家的情况作为反面典型而谈及，对于母亲—儿子的关系这个问题，在这里是通过谈到别的关系来回答的。由此可以产生这样的论点，即在这个陈述片段中，克服性别特殊性的社会化和重视（经济上的）独立自主的导向代替了家庭中的世代照顾的问题。这些观念出现在家庭的经验领域中，现在也仍然被贯彻着。

在所引述的与朋友的比较中——他们的母亲要求更密切的往来，萨宾娜·波瓦克与母亲之间的母女关系，再一次通过解除义务的特性，而被划归为特殊的。尽管如此，她在这里还是又提到了因为母亲没有更强烈地要求帮助而感到遗憾。但是这种遗憾并没有被放到对她自己老年的处理方式的考虑中。即便对于她是否能够设想他儿子所希望的更近便的空间距离这个问题，她也只是考虑了“像我母亲那样自己住”的情况。与母亲的路线不同的设计在于，她不想独自度过老年。她的老年应该在朋友圈中共同度过，因为“朋友”是年龄相近的人，尤其是这样大家就能“一起”度过老年。一方面，与对儿子的情感义务相比，萨宾娜·波瓦克将这种类型的情感联系描述为“更可以接受的”；另一方面她指出“他也有自己的生活”，从而指出后代们的独立自主性。“更可以接受的”体现思考得出了可以忍受和可以承受的自己生活可能的负面结果，与之相关的事实就是，年轻的一代被萨宾娜·波瓦克排除在生活规划之外，或者说在价值导向中相对于以家庭为重的价值观，职业发展更具有优先地位。随着衰老的到来，根据萨宾娜·波瓦克的观点，必须要接受一些可以忍受的东西，因而在这里与朋友的关系被当作是积极的界限。在这里“照顾”被从家庭系统中移了出来。

总体来看，萨宾娜·波瓦克的故事展现了，由母亲那里传承而来的对于个人独立性的重视和照顾中的欠缺，是如何产生了与母亲关系上的矛盾心理。在特别将父亲作为照顾者的模拟的活动中，这种矛盾心理得到处理，并且将父亲作为公开情感的象征性代表。在这里记述了模拟活动自我形成的过程。它具有补偿性和调节性的特征。模拟活动通过超越得到补充和延伸，在超越的过程中，凭借自然界循环往复的画面，萨宾娜·波瓦克将升华的存在感保留在更高的层面，并且也将它与家庭关系联系在一起。萨宾娜·波瓦克的故事进一步地体现了家庭动态性与社会—历史动态性交织在一起，这在矛盾心理的照顾模式中尤其显著。在这个故事里，有争议的家庭问题，都是在社会制度的背景下加以处理的，与此同时，也要强调个体层面的因素。例如，通过在1968年的运动中关于纳粹主义的讨论处理父亲与纳粹主义的牵连、通过心理治疗解决父亲缺失的问题、通过以共同变老为主旨的项目来应对无法“接受”与儿子的义务关系。这个案例中特别显著的特征还有，与性别相关的独立自主的观念是如何与老年相关，或者说与生活境况相关的、独立自主的努力是如何陷入相互之间的冲突的。在萨宾娜·波瓦克敬佩母亲职业上的独立性，并且在自己的人生中也追求这种独立性的时候，她也抱怨正是因为这种独立性，造成与母亲在世代关系中的缺失，但同时她又用同样的方式对待自己的儿子。因而，在这里，“照顾”最终是通过父亲得以象征性呈现的。

二、被拒绝的照顾：鲁道夫·哈特曼的故事

鲁道夫·哈特曼的故事也是展示了在纳粹时期和第二次世界大战期间失去父亲的家庭经验空间的形成以及由此所带来的照顾的缺失。但是，与萨宾娜·波瓦克的故事不同，这个故事是关于“被拒绝的照顾”的。在鲁道夫·哈特曼的母亲经过长年的在物质上和社交上的独立之后，她表现出很大的对帮助的要求和依赖性。但是，母亲在关系方面的愿望的变化，对于鲁道夫·哈特曼来说恰恰是难以实现的。这段回忆的核心片段就是，不同形式的“被拒绝的照顾”之间是如何形成压力地带的，被拒绝的照顾一方面是母亲在鲁道夫·哈特曼的童年对待他的方式，另一方面则是鲁道夫·哈特曼在成年时候对待母亲的方式。

进行访谈的时候鲁道夫·哈特曼72岁（出生年份：1936年），他有过两次婚姻，在第一次婚姻中生育了三个子女。他和他的第一个妻子一直是“战争不断的”，而在14年前开始的第二次婚姻，在他看来则是非常好的。鲁道夫·哈特曼的职业是医生，他在自己开设的女性康复和自然疗法的诊所工作，这是他从母亲的手中接管过来的。在经过很多年的努力后，这

个诊所发展壮大为一家妇产医院了。鲁道夫·哈特曼和他的第二任妻子住在大城市附近的乡村区域。他自己是在四个孩子中排行第三。他的父亲在第二次世界大战中，在纳粹的德国国防军中拥有很高的位置，在1945年自杀身亡。母亲带着孩子从波兰逃了出来，并且从战争的后期就作为一名全科大夫独自抚养孩子。退休后，母亲（出生年份：1907年）在很长时间里独自住在自己的房子里。她通常非常活跃，甚至还学会了使用计算机。之后，她经历了一次中风，那个时候鲁道夫·哈特曼的姐姐把81岁的母亲接到她那里去住。在姐姐家住了一段时间后，母亲有些糊涂了，还在工作的姐姐就没有办法照顾她了。之后，母亲住进了养老院。在养老院期间，鲁道夫·哈特曼以医生的身份去看过她。母亲91岁的时候在养老院去世。她的去世距离访谈的时间是9年。鲁道夫·哈特曼将他的母亲形容为一个非常重视工作的人，并且在那里能够得到满足。与萨宾娜·波瓦克一样，鲁道夫·哈特曼的家庭的经验领域也表现出，他的母亲要通过自己的工作来养活自己和家人。特别是在这两个故事中，与医生职业联系在一起的独立性继续传递给了子女，他们从母亲的努力那里获益，并且也被母亲所激励。“我的母亲在家里最强大”是鲁道夫·哈特曼从童年起就获得的经历。

与萨宾娜·波瓦克的故事类似，鲁道夫·哈特曼也找到了与不熟悉的父亲的虚拟关系的模式，他的父亲尽管拥有身为纳粹的历史，但是与他的母亲构成对比，他的形象被构建为是一个温柔、善于关心他人，并且被社会所尊重的人。在这个故事中，国家社会主义时期再次只是被当作一个背景画面，从而在其中描述父亲作为照顾者的形象：鲁道夫·哈特曼的父亲是纳粹时期德国国防军的“少将”，负责乌克兰（Ukraine）的“地区经济运营”。在1942~1943年间，他与“游击队产生了问题”。在这个问题上，这家人后来才知道“游击队并没有想把他抓起来，而相反，他们是想保护他”，因为他们“认为，这个地区经济管理长官也为老百姓着想，对我们来说不可多得，所以要尽可能地让他留在这里”。与萨宾娜·波瓦克的故事一样，在这里也表达了强烈的愿望，即通过回忆将父亲的个人特征描绘出来，他代表了“照顾”。在父亲与国家社会主义的牵连的背景中，鲁道夫·哈特曼通过说明父亲首先作为照顾社会的人，而被游击队所“保护”，从而不仅减轻了父亲与纳粹的牵连，而且也发展出了与过去的虚拟关系，从而在对强势母亲的体验而形成的家庭经验之外，又创造了另外一个家庭世界。在这个故事中，展现了鲁道夫·哈特曼在对父母双方的矛盾情感的背景下，努力构建保持家庭的社会性再生产和经济再生产之间平衡的象征性领域。在这个家庭的经验空间中，展现了三重被拒绝的照顾，它们出现在家庭生活的不同阶段。

在母亲老年时期的被拒绝的照顾

在母亲的老年时期，鲁道夫·哈特曼所看到的是与之前的“坚强的母亲”完全相反的形象。在母亲住在姐姐家里，并且状态越来越不好的那段时间里，她对于相互来往的要求变得“非常高而且难以实现”了，这让鲁道夫·哈特曼在应对时感到困难：

当我们去散步的时候，我们并排走着，她总是要去抓我的手，她想要拉着我的手，但是被握着手让我感觉不舒服，所以，嗯，我会尽量避免被她拉着手。

母亲希望亲近，这个愿望以想要身体接触的方式表现出来，而这个愿望对于鲁道夫·哈特曼来说是“感觉不舒服”的。作为例子，鲁道夫·哈特曼讲述了一起散步的情景。“当”他们一起散步的时候，他们应该“并排走着”。这是讲述者对于散步和其他类似的共同活动的想像，比如他们一起出现在公共场合的画面。但是，并排走在一起对于母亲来说是不够的，她想要“抓住”他的手。通过对这种行为的描述，鲁道夫·哈特曼指出，对他来说母亲越界了。这个界限既是指出现在公共场合应该遵守的规则，也是指他个人的隐私边界。牵着手与挽着胳膊不同，它是发生在情侣之间，或者是孩子或其他非常需要保护的人，或者亲密的人身上的。因而，鲁道夫·哈特曼对在他与母亲之间产生并且表现这种层面的关系做出了反抗。这里强调了，他打断了要被拉住手的时刻。在没有事先询问他的情况下，母亲就这么做了，并且希望形成身体上的亲密关系，这与鲁道夫·哈特曼的设想和期望都不相符。但是在这里并不清楚，鲁道夫·哈特曼对母亲的行为究竟反感在什么地方：是高龄的母亲想当然地要拉住她儿子的手，并从而确定两代人相处时各自的位置，而这些与儿子对他们母子关系的理解是不相符的呢？还是年纪大了的母亲越来越感觉到自己需要依赖别人、需要被保护，因而她向她的孩子表现出这一点，并且指出儿子作为老年母亲保护者的角色呢？无论是哪种情况，鲁道夫·哈特曼都通过回避的方式拒绝满足母亲的要求。尽管儿子定期去看望母亲，但是在他的讲述中记录了他对在母亲与儿子之间“身体”和“角色理解”领域陌生的感觉。

在自己童年时期的被拒绝的照顾

面对母亲在晚年的要求的陌生感觉，触发鲁道夫·哈特曼在他自己童年早期的回忆中模拟出母亲的人格形象。为了理解在晚期世代关系中变得陌生的母亲，讲述者回忆了她在自己的童年是什么形象以及母亲与儿子之间有着什么样的关系：

逃亡的时候，我们是偷偷地逃走的，因为我们没有得到迁移许可。我的母亲收拾好东西，装备好两辆马车，一辆由小马拉的车是装行李的，有包厢的大马车是由大马来拉。我和我的哥哥坐在马车的“暖脚笼”里，那里当然冷得可怕。装行李的车是由两个俄罗斯战俘驾驭的。我们逃走的事情不能让村子里的人知道。大马车是我母亲自己来赶。总之让人很惊讶，那两个俄罗斯人为什么不想“太好了，这是个好机会，我们可以把他们杀了，把东西抢走”。总而言之，他们没有这样。在路上的时候，有一次我说:“妈妈，我要小便”。嗯。然后我的母亲说:“现在不行，尿在裤子里吧”。我不知道，后来是怎么做的。她在她的回忆录里写了这件事情，我从她的回忆录第一次理解了母亲所说的“尿在裤子里”是什么意思。她写道：“这样鲁道夫就知道情况是多么危急了”。我在当时的确没有像母亲想的那样理解。我们只是简单地接受母亲的要求，我们必须接受，毫无怨言地接受。

最开始鲁道夫·哈特曼一家住在上西里西亚（Oberschlesien）[①]，之后

①上西里西亚是在第一次世界大战之后划分给德国和波兰的一个工业区。

母亲带着孩子先是逃到了当时德国的东区，之后又继续逃到德国北部。鲁道夫·哈特曼讲到，他的母亲决定在苏联人给他们官方的“迁移许可”之前，全家悄悄地离开已经被攻克的村子。在这个讲述段落里，不仅呈现了母亲的决断力，而且表现了母亲的行动能力：她安排了两辆马车来运送行李和家人。在这里不清楚的是，那两个俄罗斯战俘没有杀掉他们，也没有抢劫他们，是否是出于对这个家庭的忠诚，在这里鲁道夫·哈特曼将他母亲的谈判能力，或者是被归于的其他什么原因，描述为“让人很惊讶”。总体来说，母亲的行为和她对特殊情况的处理行为，在儿子的描述中一直都是非常清晰的。鲁道夫·哈特曼形象地用自己对寒冷的感觉描述了对于独自坐在车厢外面赶车的母亲的印象。那个时候他大约10岁，他和他的哥哥在逃亡的时候坐在马车车厢的“暖脚笼”里，但是那里“当然冷得可怕”。在这段陈述中，也有一个鲁道夫·哈特曼与母亲互动的场景。那是在逃亡的路上，他跟母亲说，他“要小便”。母亲对此的回答是，他应该“尿在裤子里”。在这里清晰地展现了孩子向成年人——这里特指母亲——提出要求时的无助和依赖。但是，在这个事件中，母亲忽视了儿子对于帮助的请求，并且因此将他置身于身体上不舒服和被羞辱的境况中。与这个情境联系在一起的是，母亲与她的孩子之间强烈的权力落差：儿子必须顺从，尽管从他的角度来看，这是个不合理的命令。在这里展示了，通过特定的历史条件，世代间关系的不对称性是如何产生的，并且如何在一生中影响着世代之间的关系的。从所发生的事实情况来看，世代之间的关系显然受到了刺激和破坏。鲁道夫·哈特曼接着讲到，他不记得这件事情后来是怎么处理的，但是，他在他母亲的回忆录里又看到了这件事情。讲述者说，通过阅读母亲的回忆录，这是他在事后第一次理解当时母亲回答的含义：尿在裤子里的这个要求是为了指出，在逃亡中的情况是多么危险。通过阅读母亲的回忆录，所获得的事后的理解，也展示了母亲与儿子之间的误解，这种误解在两代人之间已经存在很多年了。母亲在回忆录里谈及这段往事的时候，认为她的儿子通过她的"尿在裤子里"的要求，已经明白了当时的情况和他们相应的行动是多么戏剧化和危急，而鲁道夫·哈特曼则表示他一直没有明白这一点，直到读到母亲回忆录的时候才知道。因而，与母亲所猜想的儿子明白了情况危急相反，鲁道夫·哈特曼"只是简单地接受母亲的要求"，并且在这里，他把个人故事的层面转向集体的层面，他用了"我们"，我们所有人都必须没有怨言地接受。后者将对这个问题主体间的理解过程变成对某个"命运共同体"归属的形成，因而在这个访谈中，鲁道夫·哈特曼将自身的定位与战争儿童一代联系起来，并且认为，这种身份归属发挥着重要的影响。①

联系前文所讲到的母亲的老年阶段，可以看到对于母亲对身体上亲近要求的拒绝是与世代之间的关系模式联系在一起的。正如母亲在鲁道夫·哈特曼的孩童时期没有关怀他的无助一样，他也无法为老年的母亲提供照顾。

这段陈述显示出，鲁道夫·哈特曼例外地没有将对冷的感受作为逃亡中的糟糕经历，却将母亲在那种情况下，是否尽全力给孩子提供舒适记了下来。母亲将那个威胁生存的境况写在回忆录里，并试图让后代能够理解。

①在访谈中鲁道夫·哈特曼特别提到了Sabine Bode撰写的《被遗忘的一代：战争儿童一代打破沉默》（Die Vergessene Generation. Die Kriegkinder brechen ihr Schweigen）（请参照Bode，2007年）。

尽管如此，在这段陈述中，关于被破坏的关系的感觉还是被置于逃亡事件之上的，在这里首先指出，母亲对孩子的生命安全的操心并不能当做母亲对孩子相应的同情和照顾行为在特定历史条件下不同的做法。对于鲁道夫·哈特曼而言，毫无疑问，在令他感到羞耻的“尿在裤子里”的行为与特殊的历史状况之间是无法调和的。他自己也无法找到其中的关联性，并且与历史条件联系在一起的代际间的权力关系也让鲁道夫·哈特曼在成年之后感到难处。那种必须接受逃亡带来的戏剧化的变化、而对此并不理解为什么要一定离开家园的感觉，也表明了在父母—子女关系中的历史动态性是如何产生的。

将有关母亲老年阶段的讲述和有关自己孩童时期的讲述进行比较，引人注目的是在身体重要性方面的相同之处。正如鲁道夫·哈特曼在他的童年时代被母亲丢下不管，任他“尿在裤子里”一样，他也没有顾及母亲“拉他的手”的愿望。这两个场景的相似性可以被解读为在照顾这个题目中的模仿式靠近。在这里，母亲被当作一个陌生人。在涉及年老母亲的时候，陈述者会对陌生的社会含义和它的不同之处进行模拟式的讨论，从中去体验并处理将母亲放置在陌生经验领域的感觉（请参照Zirfas/Jörissen，2007年：第62页及其后页）。从对母亲与自己——或者是与童年时代的关系空间——之间关系的模仿中，可以看到鲁道夫·哈特曼努力探寻世代之间相互陌生的关系，并且通过弥补使得世代间的照顾成为可能。这种努力只是发生在自身单方面的，而不是作用于相互关系层面。因而，被拒绝的照顾由于它世代之间的陌生性，无论对于鲁道夫·哈特曼的童年还是对于他母亲的老年都是决定性的。所感觉到的家庭照顾的不足，也是自反—模拟性的，而不是在世代关系这个框架里发生的。

与后代之间被拒绝的照顾

不仅是与他的母亲之间，而且在鲁道夫·哈特曼与他的第一次婚姻中所生育的孩子之间，也体现了家庭中的矛盾心理和失败照顾的经验领域：

访谈者：尽管如此，我还是想问您，如果您站在您的子女的角度，关于他们老去的父亲会有什么设想吗？

鲁道夫·哈特曼：关于我？

访谈者：嗯。

鲁道夫·哈特曼：他们一直承受着一个巨大的心理创伤。嗯。我的第一次婚姻充满了问题。……我们开始分居，之后我认识了苏珊娜（Susanne），并且将与她的关系发展下去。两年之后，我的妻子患上了乳腺癌，并且因此死了。在她去世前三个月，我们离婚了。三个孩子，在那个时候还是三个孩子，都非常受伤害。没错，这的确是非常大的创伤。在她的葬礼上，可以说这是对这种心理创伤的表达，他们三个并排走在棺木后面，我想站在他们当中去。但是，他们说："请别到我们这里来。你属于后面的队伍，你不再是米瑞埃姆（Miriam）的亲人了。"

这就是当时的情景，那时，那时问题的确已经达到了顶点。孩子们失去了他们的母亲，而母亲是没有人可以替代的。我也因此失去了我的妻子，但是不管怎么样，我已经和她离婚了……而孩子们——其中有一个现在已经去世了，他是在一年后也死于癌症，他患上了霍奇金病（Morbus

Hodgkin）——都不得不面对这个带给人极大压力的情况，无论如何我现在还有的两个孩子是要经历的。苏珊娜对我要好很多很多，我现在的生活非常好，而与他们的母亲的生活很糟糕，我过得很不好。

在问到是否可以转换代际的视角，而想像一下他的孩子们如何看待他的时候，鲁道夫·哈特曼明确地指出，他们在承受着“心理创伤”。接下来，讲述者讲到了持续已久的世代间的矛盾。这个矛盾的原因并不直接出自父亲与子女之间的关系上，而是由于父母的婚姻破裂而引起的。在至少持续了两年的离婚过程中，鲁道夫·哈特曼当时的妻子患上了癌症。但是，疾病并没有对离婚的进程和父母之间的关系产生任何影响，最终在前妻去世前的三个月两个人离婚了。鲁道夫·哈特曼对他第一任妻子的情感距离也记录在他的措辞中，他说“并且因此死了”。这个措辞不仅指出了前妻的临终过程是漫长而痛苦的，而且也说明她的临终过程或多或少是孤独的、充满失望的。这个阶段是当时三个年龄在15到23岁的孩子“非常受伤害”的经历。鲁道夫·哈特曼赞同孩子们可能会这样自我描述，认为这是他的行为在事后对家庭中其他成员所造成的影响，并且鲁道夫·哈特曼因此对他的孩子的痛苦感到内疚。但是，这样的内疚究竟会对“照顾”产生什么影响？尽管他的第一任妻子患上了绝症，但是鲁道夫·哈特曼仍然没有修改他的计划，换而言之，他要不惜代价而不去做鳏夫，并且在这里看不到他给予孩子的母亲和孩子任何照顾的迹象，而是通过极端的方式，在他的孩子面前显示了，在照顾与情爱之间、在世代归属和情侣归属之间的层级关系，通过这些做法，与之相关的家庭关系的重要性就从根本上被动摇了。

在这里，鲁道夫·哈特曼打开了家庭的一个新的经验空间，在那里，父亲是家庭边界之外的人，他完全转向了另外一个生活环境中去了。

“对这种心理创伤的表达”是出现在第一任妻子的葬礼上，父亲与孩子面对面的时候，在那里发生的事情对他来说有着象征性的含义。在展现那个场景时，鲁道夫·哈特曼讲述了，他的孩子是如何将他从直接走在棺木后面的人群里赶出去的，告诉他，他是“后面的队伍”的成员。孩子解释了这个界限是如何划定的，因为他不再是他们母亲的亲人，他们将他从那里面排除出去了。这个事件在鲁道夫·哈特曼看来，是世代之间的问题到达了顶点。鲁道夫·哈特曼分别用个体家庭成员的视角和自己的视角看待这件事情，他说，孩子们失去了母亲，而他也失去了已经离婚了的妻子，通过这样的陈述表明，他主要将“家庭”看作是个人之间的关系，而不是将它看作各种关系的集合体。在这个矛盾中还包含着家庭的另一个悲剧。他的大儿子由于淋巴癌而在他的母亲去世一年后也离世了，鲁道夫·哈特曼猜测，这是与“极大的压力情况”有关的。这个事件只是在从句中提了一下，但它显然暗示了与之相关的情绪上的负荷。

鲁道夫·哈特曼现在的妻子对他“好很多很多”，他现在的生活“非常好”，与之相反，当在讲述中提到他的第一任妻子时，他更愿意用孩子们的“母亲”来指代，与她的生活是“很糟糕”的。讲述者在对第一次婚姻中的关系进行描述时用了现在时（“与他们的母亲的生活很糟糕”），再次体现了，与他的前妻保持距离，对于讲述者来说多么重要。在这个讲述片段中也展示了，对于自我照顾的努力——例如在构建新的伴侣关系上——是与他人的照顾（在这里特别是他的子女对他的照顾）相互冲突的。世代间关系的崩溃在这里是建立在一定的感情模式基础上的，这个感情模式既体现了个体优先于集体，也体现了开始新的伴侣关系，要优先于帮助处于特殊情况中的家庭。

超越家庭

在鲁道夫·哈特曼的故事中，当谈到自己的老去时，有关如何对待生命终点的问题是他所集中面对的。在这个背景下，鲁道夫·哈特曼讲述了在纳粹时期他父母之间的争论：

我的父亲那个时候大概42岁，哦，那是在斯大林时期，他跟我的母亲说："事情已经这样了，我们所能做的最好的就是，全家集体自杀"。他们在两年多的通信里都谈论到这个问题，有一次他回来休假，他们为此发生了争吵，他说："我们现在应该做什么，局面已经这样了？"我的母亲反驳了他，她说，这不该集体自杀，而是……她说，她能够抚养孩子，自己抚养，为了让孩子活下来，但是她没有能够阻止我的父亲，他自己那么去做了，自己从难以置信的冲突中得到结局。

鲁道夫·哈特曼讲到，他的父亲在相对较早的时候，就意识到了他与纳粹的牵连会给这个家庭带来的结果。他用了两年的时间一直与他的妻子讨论这些结局，并且商量全家集体自杀的可能性。这样的讨论最后引起了争吵，因为被鲁道夫·哈特曼形容为"难以置信的冲突"是与纳粹的罪恶相关联的，因而这使得他父母要面对这样的问题："我们现在应该做什么，局面已经这样了"。在那个时候，显然可以预见到纳粹德国的战败以及随之而来的对战争罪犯的审判和去纳粹化的行动。①有关家庭凝聚力的问题也涉及到了家庭中其他成员责任的边界和在家庭中集体责任的界限问题。正如在这个片段所展现的，鲁道夫·哈特曼在他的童年时代就体验到了个人主义，这是从母亲对父亲极端集体主义的反对中所经历到的，他的母亲维护自己的生命，而反对自己丈夫的决定。个人主义和集体主义的观念构建了一个充满张力的家庭经验空间，而且这是关乎生死问题的。父母的讨论也因为母亲的"反驳"，而变成了争吵，母亲表明她和孩子不自杀，或者说她不能杀掉孩子，她能够自己抚养孩子。由此在幸存者之间产生了密切的家庭关系。第一，孩子们要感谢母亲的做法和"强有力"，从而使他们得以存活下来。第二，相对于父亲，母亲对于孩子们的生命意义还在于她照顾了他们。第三，母亲没能阻止父亲的自杀。这些对于叙述者来说形成了一个熟悉的经验空间，在那里家庭关系和个体家庭成员的人生是相互依赖的，在这里面也存在着在生命和死亡之间的张力地带。

自杀这个话题一直贯穿着鲁道夫·哈特曼全部的叙述。有关经由自己的手结束生命这个想法经常出现在母亲的思考中，作为医生的她总是随身

---

①Christian Goeschel在他的研究《纳粹德国时代的自杀》(Suicide in Nazi Germany)中也指出了"德国纳粹精英的大规模自杀"现象："1945年的自杀期可以分为三个相互重叠的阶段。第一个阶段是在德国东部地区，发生在1945年1月，那时苏联红军已经开始或者已经逐步开始攻占东普鲁士(east Prussia)和西里西亚(Silesia)了。第二个阶段发生在1945年的4月到5月，那个时候很多纳粹军官——从党卫军的上层到基层——都自己结束了自己的生命。第三个阶段发生在盟军到来的时候。"(请参照Goeschel，2009年：第164页)。因为父母自杀而失去父母的孩子是因战争失去父母的孩子中的一个特殊群体。

携带“一小包砷”，说是要在出现“核污染的情况”下使用，而且在想到自己的老年时，她也考虑过这种可能的方式。鲁道夫·哈特曼猜想过其中的原因：“她一定想过：在最后时光，我要自杀”。但是她没有这么做：“但是大部分人错过了那个时间点，即便他们打算自杀”。鲁道夫·哈特曼没有怀疑她母亲当作为一个老年人感觉不到自己生命的价值时就结束自己生命的意愿，但是当她到了那个年龄的时候，正是年龄妨碍了她。而且“自杀”这个基准点，对于鲁道夫·哈特曼考虑自己的老年时，也是非常重要的：

我是否会在什么时候了结自己，我还没想清楚。事实上，我现在对自己的生活非常满意。我没有什么值得怀疑的事情、一定要去处理的事情，最多可能是带来很多疼痛的疾病，可能会让我想到自杀……实际上，我从14年前就开始每天都冥想，是的，冥想对我来说很难，但是无论如何我会安排一段安静的时间，读些什么，点上蜡烛，从内心寻找些什么。我与更高的物种、造物主或者世界上不可见的力量以及自然建立了某种关系。这些让我从内心对死亡做好了准备，但可以说我不会自私地结束，也就是说不会“现在我要吃些药或者割断动脉，或者其他的什么”。我想要的是做好准备，只要我的头脑还是清醒的，我就会有意识地接受死亡的时刻，并且对自己做好规划。是的，我不知道是否一直可以做到这些。但是，从我现在的情况来看，无论如何我都不想通过自杀离去。我也想过，会有轮回转世，我想过，人们作为这个世界上的一个过客，如何离开这个世界，是会产生因果报应的。

在这个叙述段落中，“自杀”是鲁道夫·哈特曼在探讨自己的人生和他的生命对于自己死亡的意义时一个重要的概念。这个段落从他对自己生活的评估以及是否有使他自杀的原因开始。鲁道夫·哈特曼否定了这种可能，因为他不仅对自己的生活“非常满意”，而且“没有值得怀疑的事情”。只是疾病和疼痛会让他再次想到这种选择。接下来显示了，对于鲁道夫·哈特曼而言，生命的终点与其说是一个与老年有关的话题，不如说是日常的精神活动以及对自我超越中的一个意义的载体。他讲述了自己的冥想练习，为此他几乎在每天都拿出一段“安静的时间”，让自己与自己独处。与这个精神活动联系在一起的是，他“与更高的物种建立了关系”。这是一个他自己建构的过程。与萨宾娜·波瓦克的故事类似，在这里鲁道夫·哈特曼也主动地参与到大自然的循环中，或者说指出了非人类的关系，并且由此将他的家庭经验世界超越到更高形式的参与状态中。这种精神活动包括关于死亡的讨论。在这里，讲述者开发了一种意向，即一方面他将自杀看作是“自私的结束”，但是另一方面，他又将对“死亡时刻”的准备看作是自己的目标，因而他“有意识地接受”并且“对自己做好规划”。这是对自我照顾的实践，在这个与临终和死亡联系在一起的背景中，可以看到它特别涉及了积极主动地规划自己的生活直到最后一刻。有关自决和自主的生命终点的观念，最终体现了自身的设想和宗教的观念的结合。处在这种组合中心的是因果报应，也就是自己的行为会对下一轮人生造成结果，其中也包括自己所决定的自己人生终点的结束方式，鲁道夫·哈特曼是这样认为的，因而他不能自杀，而是要积极地为自己设计未来的人生。他通过这种精神活动，不仅产生了与自我密切的关系，并且也分析了自杀这个家庭内的话题，与此同时也建立了遵循“自然”所给予的命运导向。

在有关自己老年时的期望这个问题上，鲁道夫·哈特曼特别提到了他的第二任妻子：“我现在很幸运，因为我有一个比我年轻7岁、而且身体健康的妻子。”这使得他的老年所带来的麻烦无论从个人的角度和普遍化的角度，还是从生理的角度和性别刻板印象的角度来看，都是无足轻重的。与其他情况不同，他妻子的年龄能让他受益。仅是凭借与一个较为年轻的、而且“身体健康”的女性的婚姻，老年时期的照顾对他来说就不再是问题了，因为这里同时从年龄和健康两个范畴，为在老年时期的照顾提供了前提条件。凭借这样的性别刻板印象的论断，鲁道夫·哈特曼从他的婚姻中，得到了有关他老年时期得到照顾的保障。与关于在他童年时期逃亡的叙述情况类似，这里，在家庭背景下对他日常的照顾得到了保证，因而不再需要其他的额外行动了。

总体来看，通过鲁道夫·哈特曼的故事可以看到，在这里，通过对母亲老年时期的叙述，引发了与世代间照顾的矛盾感觉。在这里涉及到权力与无力的层面、信任和躯体的层面。模拟性的探寻活动是试图弄清楚矛盾心理。在“照顾”的背景下，被强烈感觉到的代际之间的差异是没有中断或者说无法克服的。在这里特别引人注意的是，在这个故事中，“被拒绝的照顾”这个概念在家庭的三个世代中都出现了。被拒绝照顾的基本模式是，被体验为陌生的家庭关系和自己保持距离的过程的结合，在这当中也会产生负疚的感情。在对自我进行的照顾中，超越的实践是尤其重要的，它使得鲁道夫·哈特曼能够从让人感觉到他律的家庭牵连中脱出身来，并且因此克服了通过父母代际而不断出现自杀的选择。这种保持距离的导向，也通过定位到社会归属中（“战争儿童一代”），并且在新的伴侣关系中确保自己的老年保障而得以实现。

三、失败的照顾：伊莎贝尔·萨格的故事

与前面两个因战争而失去父亲的故事一样，伊莎贝尔·萨格的故事特征也是母亲照顾着家庭经济方面的再生产活动。此外，她对她的孩子是特别强有力的，但同时又表现为痛苦的和无助的。这些在母亲的老年变得更强烈了。叙述者用“每个成年人在某个角落中都还是个孩子”来形容他们世代关系的最后阶段，与之相关联的危险就是，老年的世代间照顾失败了。

讲述者在访谈的时候66岁（出生年份：1941年）。她离婚了，有两个儿子，都出生于20世纪60年代初期。伊莎贝尔·萨格是位退休的中学老师。她独自住在德国北部乡村地区的一幢房子里。伊莎贝尔·萨格与比她年长三岁的哥哥都是由母亲一个人抚养成人的。她的母亲曾经是会计。她的父亲1945年时作为士兵死于战争。伊莎贝尔·萨格的母亲（出生年份：1907年）在75岁的时候，住进女儿所居住地区附近的养老院。一开始她“非常健康”，但是后来她开始越来越多地抱怨疼痛，母亲把它们称为“我的疼痛”，而伊莎贝尔·萨格则认为，那些疼痛都是心理作用。母亲真正的“衰弱”是从她90岁才开始的。之后，她因为心律失常而被送进了医院，然后她变得“有些轻微的糊涂”，之后又回到养老院的护理站。在那里她的母亲开始了“渐渐死去的过程”。母亲在94岁去世，是在访谈的六年前。

失败的照顾

与萨宾娜·波瓦克和鲁道夫·哈特曼的故事一样，伊莎贝尔·萨格的母亲也是“非常辛苦地工作，赚很少的钱让我们到正规的学校接受教育”。但是，显然这个故事中的母亲的职业生涯比前面两个案例要更为艰难，她的收入更少，因此养活孩子和自己，并为孩子提供“正规的学校教育”就更为困难。伊莎贝尔·萨格和她的哥哥都对他们的母亲尽管生活艰难，仍然让她的孩子们去上学表示赞同和感谢。尽管如此，在她的故事里也指明了，她的母亲从来没有把工作作为目标本身以及满意与自我实现的源头。母亲的人格更多地表现为痛苦，从伊莎贝尔·萨格还是个孩子的时候，她就总是抱怨疼痛。母亲的痛苦一直贯穿在她作为母亲的生活中，并且到了晚年更加严重了：

她在还比较年轻的时候，大概是1954年，就做手术把最后一部分尾骨切掉了。从那个时候开始，她就一直疼痛。我对我母亲的印象就是疼痛。后来她说疼得她所有的神经都搅在一起了，我想她那个时候是幻觉性疼痛，她一直忍受着这样的疼痛。但是，是的，她最终也没有因此死掉。她一直活着，但是我觉得，她耗尽我的精力。当我去探望过她之后，她就会又变得非常棒，又会活力满满，而在这个时候我是咬着牙坚持着的。她的标志性的话就是：“你必须要爱我”，但是，这种爱是一种强迫，大概就是。我的确努力将我所能给予的爱给她。我觉得我给予了她很多的爱，但是，这对她来说并不够，因为实际上，她想要的是来自丈夫的爱。这些是她无法从我们这里得到的，因为孩子的爱是另一种爱。而我越来越注意到，当孩子转变成父母的角色的时候，是令人不快的。是的，我越来越多地承担了母亲的角色，而她则担任了孩子的角色。“你必须宠爱我，你必须爱我，你必须这样做、那样做”和“你难道不能这样做吗？你难道不能那样做吗？”母亲究竟是怎么了，我发现，现在一切都相反了，都颠倒过来了，我们的关系突然都颠倒了。当与父母相处时，即便是一个成年的女人，在角落里她也一直还是个孩子。在我们还是孩子的时候，我的母亲就威胁过我们：“当我80岁的时候，你们已经60岁了，但是你们仍然要吃我的耳光！”在那个时候，挨揍在我们是家常便饭，她觉得这完全正常！因而对她来说，完全可以想像，作为母亲，她仍然会打她的60岁的儿子，而且她有这样的权利。现在一切都颠倒了，是的，她这样的愿望越来越小了。

在这个陈述片段的第一部分，伊莎贝尔·萨格讲到，在她还是个孩子的时候，也就是讲述者13岁的时候，她的母亲就已经通过手术切除尾骨了，从此一直忍受着疼痛的折磨。由于母亲已经将疼痛作为日常生活世界的一部分，因而作为神经系统中心的尾骨的缺失，就产生了一个新的要害，它导致了幻觉性疼痛，讲述者认为这是对母亲苦难经历的一个合理的解释。从另一个角度来看，这也导致母亲变成一个不稳定、脆弱和痛苦的人。伊莎贝尔·萨格将母亲的这些苦痛与母亲在老年却没有死去对立起来。在童年与老年、痛苦的折磨与没有死去之间的似是而非的组合中，记录着矛盾心理，这是当女儿面对母亲时所感觉到的。之所以能够忍受着生活中的痛苦而同时却没有死去，是因为母亲从女儿那里得到维持生命的“精力”，伊莎贝尔·萨格就是这样形象地说明她对母亲的探望的。母亲在女儿探望后，就又会变得“非常棒”，而女儿却是“咬着牙”坚持着。因而，这里形容了在母亲那一方所要求的照顾，对于女儿这一方来说却超出了可以承受的边界。在接下来的叙述中阐明了，母亲在世代关系中的三个领域攻击性的做法，产生了不对称的关系，这三个领域分别是：与爱、帮助和权力相关的领域，对此，伊莎贝尔·萨格描述了三个场景：母亲不仅是持续不断地要求和强迫被给予“爱”，而且她也会提出不合理的要求，并对从女儿那里得到的爱，不给予恰当的承认。正如伊莎贝尔·萨格试图对母亲的疼痛做出解释一样，她也指出了母亲对爱索求的原因：她缺乏来自丈夫的爱。伊莎贝尔·萨格用这种方式解释了为什么母亲不满足于来自她和她哥哥的爱。在这种解释下，女儿的爱变成了徒劳，因为母亲所缺乏的是她得不到的爱。

有关对于爱与照顾的不同关系和形式的讨论中，一方面涉及到代际关系，一方面涉及到性的因素，它们各自产生不同的后果，这使得伊莎贝尔·萨格与母亲的关系转向其他的层面。她认为母亲老年阶段所出现的角色完全倒置是“令人不快的”。她将与母亲的老年阶段联系在一起的不断增加的照顾需求，体现为母亲与孩子的关系突然的颠倒。尽管母亲一直忍受着疼痛，但是母亲还是跨过了高龄这道门槛。对于角色的颠倒对她们的关系结构所带来的后果，伊莎贝尔·萨格并没有进一步阐述，而是从回忆的视角讲到了母亲经常会对孩子说的话。那些话是关于母亲对爱的索求和对孩子们行为的要求，这是母亲们要去处理的任务。这后面所隐藏的观点就是，尽管人们的年龄会发生变化，但是人们对于代际关系的感觉是会保持不变的。“与父母相处时，即便是一个成年的女人，在角落中，她也一直还是个孩子”这种说法，清晰地表现了这种世代间情感上的静态性。这个说法一方面展现了常识式智慧中所包含的普遍要求，并将代际间的关系结构转化为人生历程的视角；但是，另一方面，它也是与之前所提到的角色颠倒相矛盾。在伊莎贝尔·萨格谈到产生了相当广泛影响的“角色”（“母亲的角色”）时，“在角落中她也一直还是个孩子”的这种说法不仅表示了情感上的强烈程度，同时也有着限制的含义（“在角落中”）。对于伊莎贝尔·萨格来说，作为孩子，情感上的强度与她所必须承担的母亲般的角色陷入了冲突，而在回忆中，她认为前者是更为重要的。因而，在这个故事中就非常清晰地记录着，在由老年所决定的互换角色的要求和与老年无关的世代间关系之间的张力状态。

第三个场景通过母亲与女儿的对话解释了，为什么母亲在老年阶段对爱的要求或者说帮助的需求，在伊莎贝尔·萨格看来是如此陌生的经验：当她的哥哥和她还是个孩子的时候，母亲就设想了她老年时的景象，到了那时，她不仅仍然是完全独立的，而且她还能够并且有权利对她的孩子实施暴力。世代间的关系以及在这里特别是母亲的位置，是与可以实施暴力的权利组合在一起的。由于母亲的这般声明，使得伊莎贝尔·萨格对于她的母亲的老年有着与实际情况不同的想像。在这里暗示了，伊莎贝尔·萨格不仅要重新调整期望中的世代关系，而且也对母亲的自我意象产生了怀疑。在这个陈述段落中，也说明了对母亲照顾失败的原因，并且这些原因为什么是重要的。作为孩子，伊莎贝尔·萨格所给予的爱并没有得到母亲的承认，因为她缺失的是来自丈夫的爱，并且由于角色倒置的问题，也导致了在伊莎贝尔·萨格看来照顾的失败，这些都让讲述者从根本上对世代间关系的意义和成功性感到怀疑，父母世代与子女世代之间的需求形势也呈现出似是而非的状况。

模拟的联系

与萨宾娜·波瓦克和鲁道夫·哈特曼一样，在伊莎贝尔·萨格的故事中，也通过模拟的联系构想了与母亲的形象相反的父亲的积极形象。伊莎贝尔·萨格通过邮件以书面的形式向访谈人讲述了这一点：

此外，我们还有一段很短的、两分钟的录像，那是我们一家人在寒冷的B城市。在那里已经展现了完全不同的“抚养目标”，父亲如果不去世的话，他一定会这样做的：我的母亲往我身上扔雪球，当时我两岁半，看到我哭她特别开心，而我的父亲抱着我，帮我掸掉小大衣上的雪花，安慰我。

在这个段落中，伊莎贝尔·萨格讲述了她对录像片段的理解，她认为那是代表了她父母不同的抚养活动。在这里通过对视频片段的描述，很清晰地展示了讲述者对母亲的批判和她对父亲的强烈怀念，这些对她而言都是非常重要的：如果她的父亲还活着的话，是会照顾她的，因为在录像片段中当母亲用雪球欺负小孩子的时候，她父亲的行为却完全不同。他照顾她、保护她、安慰她。通过不经意的语言（“小大衣”）伊莎贝尔·萨格将自己转变成孩子的角色。通过在过去寻找模拟的联系，使得讲述者能够体验到作为孩子的自己是被照顾的对象。因而，与积极正面的父亲模拟的联系成为一个主观的技巧，从而使伊莎贝尔·萨格能够应对难以忍受的世代间的关系，并且能够与家庭中的其他人，在这里是父亲，亲近起来。伊莎贝尔·萨格所缺失的父母的照顾因而被象征性地表现了出来。

超越家庭

在伊莎贝尔·萨格的故事里，也将母亲的死亡放在高度象征性的意义层面上。与萨宾娜·波瓦克的故事一样，伊莎贝尔·萨格也将母亲的死亡用于象征世代关系的亲密和疏离的最后一次较量。在这里，她讲述了女儿与母亲最后一次告别的完整过程：

我觉得不同寻常的是我的母亲之后在那个夜晚，在她已经去世了的那个夜晚……当我上床睡觉的时候，我有一种印象，我的母亲躺在我旁边和我一起躺在床上。于是我跟她说："我不想你在我旁边。请走开"。然后她就走开了。是的，她曾经在我旁边。我想，这对我来说是个象征，我对于我的母亲意味着无尽的亲近、我对她来说很重要。我是唯一的那个人，真正能在她身边的，能够给予她照顾的，能够答应一切的那个人。是的，她有的时候也说过，她非常感激。但是现在一切停止了。的确，她需要我。她对我的需要没有尽头，而我感到要求过高了。那个夜晚她的确走开了，而我觉得非常的平静。

伊莎贝尔·萨格对她所讲述的母亲去世后的那个夜晚感到非常奇怪，因而她认为她的经历是"不同寻常的"，或者至少是令人惊诧的，她将它归为一种"印象"。伊莎贝尔·萨格也清楚地指出，尽管她认为这些叙述从认知上来说是不合理的，但是从情感层面上来说，在母亲去世后与她的讨论是的确发生过的，在这段经历中再现了母亲与女儿之间的空间上的接近——在女儿的梦中，母亲和她一起躺在一张床上——和情感上的亲近。对于死后母亲的在一起的要求，她用清晰而且礼貌的措辞表示，她不想要这种亲近。通过这种方式，她成功地与母亲保持了距离，母亲走开了。伊莎贝尔·萨格在这个超越中解除了世代之间的情感联系。但是，这个幻觉事件使得她看清楚了她与母亲之间独一无二的关系，或者说，在眼前重新再现了她自己对于母亲的非凡的重要性。慢慢地，在不断的进展中，伊莎贝尔·萨格找到了母亲与她强烈的纽带联系的原因以及她对此拒绝的理由。一方面，母亲没有其他的关系——在那里她可以要求得到照顾；另一方面，这种私密性只是在母亲那里单方面成立的，因为对于伊莎贝尔·萨格来说，她从这种关系中得不到任何积极的东西，因为母亲并没有能够反馈对于女儿而言，世代间照顾的意义何在。在这里所隐含的指责是，母亲并没有转换到女儿的视角，并没有考虑到，这种代际间的亲近和依赖性对于女儿来说意味着负担。总体而言，这个超越的过程，是由于父母所给予女儿情感上的重负，而导致的女儿转头离开母亲与子女的关系、并与之保持距离的一个过程。

另一种世代关系和同代间关系

伊莎贝尔·萨格通过超越的经历完成了与母亲的情感分离，同样的，当她想到自己的老年的时候，也主要是关于脱离亲密联系的：

访谈者：一套公寓太小了吗？

伊莎贝尔·萨格：不是，是心理上的负担。我有过这样的经历。我们都有过。我听很多朋友说过，当他们和女朋友出去旅游的时候，他们会订两个单人房间，因为他们不能忍受与女朋友一起住在双人间里。在一个房间睡觉，是的只是睡觉！……在家里也是一样，这对我来说很成问题。我们越来越怪癖孤独了，我们没有必要制造麻烦。我想不到能有什么人和我住在一起。因为我们所有的人都很怪癖。另外一些朋友会说："你这么大岁数了，怎么能搬到乡村去！你怎么到城市里来买东西！"但是，我想住在乡村。我想有自己的花园，我想有自己的岛屿，我想在生活中终于能说："这是我的房子"。逃走的孩子！是的，我喜欢这所房子，我喜欢我的花园，我非常开心我每年都把它侍弄得比上一年更好。在此期间我装了两个人造的髋骨，我都不知道在这段时间里开发了那么多可以替代的部分，接下来装膝盖，或者其他什么，所有可以替代的零件（整体的态度是欢快的）。

访谈者：好极了！那么您的孩子们怎么看？

伊莎贝尔·萨格：他们觉得没问题，非常没问题。我不想说服他们什么。大儿子有很多孩子，他希望我能更经常地过来，能在他们那里待更久。但是我也不在他们家过夜。他的房子也非常、非常小，那里只能住五个人到七个人。我会在附近找地方过夜，这没问题。人们都可以租一间带有浴室的房间。我就住那儿。事实上，我只待三天。拜访和活鱼都只能保持三天的新鲜。大儿子总是希望我能待得更长，所以我有时也会待四天，有时甚至五天。"哦，你继续待在这儿吧"。"不"，我说，"我必须回家了"。就这样，我觉得这样也很好。

在这段叙述段落之前，伊莎贝尔·萨格讲到了，在几年前她和几个朋友商量一起在城里建一套老年公寓。但是，她最终否定了这个决定，自己在乡村买了一栋房子。在问到，她为什么不打算住在共同生活的房子里的时候，伊莎贝尔·萨格简短地回答说，这会“很成问题”，而且这对她来说会造成“心理上的负担”。不仅是她而且她的朋友们也不能“忍受”非常亲密。这一点在旅游时双人间的问题上就已经体现出来了。他们当中没有人愿意与其他人在一个房间过夜。在这里有三个层面尤其有意思：第一是关于睡觉的层面。与伊莎贝尔·萨格在母亲去世那天的超越经历联系起来看，对于陈述者而言，这是个象征着“亲密”的领域。第二是通过这个自嘲的表述，伊莎贝尔·萨格再一次强调了自己特别的社会敏感性和多愁善感的特征，并且批判性地将自己描述为“怪癖孤独”。第三是与朋友集群的联系。不能在双人间过夜体现了个人化的过程，这是从家庭关系中摆脱出来，并与朋友集群建立联系、形成同代间的关系。个人化的结果就是她不知道有谁在他自己那方面也准备好了愿意一起实现这个共同居住的项目。因此，尽管已经进入老年，但是她还是以自己的怪癖孤独的方式搬到了乡村去住，为此她受到了朋友的批评。但是，她搬到乡村去住的愿望对于讲述者来说，是有历史根据的，而且她将自己定义为“逃跑的孩子”。这是一个自我构建，它是与讲述者对物质上的财产和地产、乡村的生活方式——她用岛屿来形容那个画面——和独处的需求联系在一起的。她也因而可以在花园里劳动，这是她非常喜欢、有强烈的驱动力去做的事情。对照顾房子和花园强烈的情感，与对于母亲的照顾形成了张力关系。她对前者是非常乐意的，而对于后者则是一种痛苦的忍受。伊莎贝尔·萨格还补充说，这种照顾是很有前途的，为此她对医疗技术不断向前发展的可能性表示感谢。她已经安装了两块髋骨，医疗技术能够替换她身体的所有“零件”，能够尽可能长时间地对她进行修理和装备，从而她能够继续照顾花园。在这里，她也从时间的角度上，将对房子和花园的照顾与对母亲的照顾对立起来了。在伊莎贝尔·萨格从她的角度限定了与母亲照顾关系的同时，她也希望通过自己的力量，使得对花园的照顾尽可能长地保持下去。这也是有关独立和自主的观念，在这里它是与独自生活联系在一起的，并且与并不涉及到任何关系的照顾联系在一起。作为园丁的伊莎贝尔·萨格能够决定做什么、怎么做以及延伸到什么边界。

在接下来问到她的孩子对于她老年计划的看法时，她孩子的反馈是非常积极的。她的孩子不仅觉得她的观念“没问题”，而且他们也很高兴，伊莎贝尔·萨格不去对他们做什么说服。她指明了大家对于在世代之间保持这样的距离达成了共识，这样特别使后代不会感觉被逼迫。但是，在接下来的讲述中，伊莎贝尔·萨格讲到了她的一个儿子的愿望，他希望有更密切的接触，也就是，无论是探望的频次还是时间长度都应该增加。伊莎贝尔·萨格用“有很多孩子”向访谈者形容了她的这个孩子，在这里有两层意味。一方面，对于接下来的故事来说，伊莎贝尔·萨格不仅是去看她的儿子，而且是作为祖母去看望她的孙子。另一方面，讲述者也与访谈话题的关注点联系起来。在这个访谈中，人不再是以他们的职业来进行区分的，而是用与“家庭”有关的分类来划分。在描述完她的儿子之后，她继续讲下去。她说道，她儿子家的房子“非常、非常小”。不仅是孩子的数量，而且是这个家庭成员可以使用的空间，都是对世代间关系体验的重要指标。对于在她拜访时所产生的那里只能住“五个人到七个人”的考虑，清晰地反映了伊莎贝尔·萨格是与这个家庭的生活联系在一起的。

这样的关系交织在一起，并且也是密切的，但是叙述者强调，她不在那里“过夜”。在这里，有关睡觉的问题在伊莎贝尔·萨格的故事中第三次出现（之前出现在有关她的母亲的梦里和有关在双人间过夜的问题）：睡觉这个问题是如何在世代关系中被构建的？睡觉时间应该是一个人独处的时间，还是一个人在夜晚也应该是在其他人身边的？这些问题是评价和审视成功的世代间关系的核心要素，而且也特别是处于照顾他人和照顾自我之间的界限上。这个案例的情况是照顾体现在到附近的旅馆去过夜，在那里讲述者也有自己的浴室。伊莎贝尔·萨格接下来指明了她这样的做法背后的基本原则，是“拜访和活鱼都只能保持三天的新鲜”。凭借这则谚语，讲述者找到了一方面是世代间的关系，另一方面是“拜访和活鱼”的共同性。这样的生活方式也具有“保持三天的新鲜”的特性。另外，通过这则谚语也将世代间的往来与“拜访”等同起来。因而，在这里也表明了原生家庭和核心家庭之间清晰的界限，特别是它们在空间上有一个象征性的门槛。拜访者是某个事实上住在另外一个地方、而到另外一个人家探访的人。对他人空间上生活世界的介入是有界限的，而这个开放的边界也会在三天之后重新关闭。无论这个时间性的界限是来自感觉，或者是来自社会交往的规则，还是通常可以商量的，总之就像“活鱼”必须在三天之内将它吃掉，否则不仅是不好吃了，而且还会导致威胁生命的变化出现，这样的比喻表明了，伊莎贝尔·萨格对世代间长时间交往的成功性的怀疑态度。但是，伊莎贝尔·萨格也不是教条地遵守这条原则。当她的儿子请她再在他和他的家人身边待长些时间的时候，她也会在那里多停留一两天。但是，当她的儿子建议再长一些时间的时候，她就会拒绝这个提议，她必须回家。一方面，她做出拒绝反应背后的强迫力是与她之前讲到的行为准则融合在一起的。这也涉及到对成功的代际关系的行为准则的探寻，这个探寻的中心就是去识别一个边界，一旦迈过了这个对他人也是对自己造成负担的界限的时候，世代关系就会转向负面。另一方面，这种强迫力也是与她的责任有关的，是她面对她自己的房子和花园感觉到的责任，这是她自己生活的中心，在那里，祖母和母亲不再成为中心。但是无论如何，在这里世代间关系以及特别是对代际交往的塑造，都是协调的机会，它小心翼翼地保持各种关系的平衡，并且通过各种其他措施对这种平衡加以保障，例如在旅馆里过夜，目的就是不让任何关系出轨。

总体来看，伊莎贝尔·萨格的故事展现了照顾模式中亲近与疏远之间的矛盾心理。因为战争而失去父亲是从外部对这个家庭的关系有着强烈影响的一个因素，因而尽管尽了所有的努力，但是没有能够产生任何成效。接下来，这种带有着经历烙印的存在状态，变成了这里所记录的释义模式，而且产生了世代间不同的关系模式，这种差异性不仅体现在与长辈的关系上，也体现在与晚辈的关系上。伊莎贝尔·萨格的故事强调了，尽管在对母亲的照顾上做出了极大的努力，但是由于重大的代际差异，这样的照顾还是失败了。对于这个失败的原因和世代间关系界限的探寻，在说出面对她母亲的“即便是成年人在某个角落里也是一个孩子”和面对她的子女“拜访和活鱼只能保持三天的新鲜”的话语的时候，达到了顶峰。这个故事的特殊之处还在于，随着自己年龄的增长，保持距离的过程不仅是针对家庭的，也包括同代关系这个层面，并且将照顾对象转向诸如自己的房子和花园这些物体之上。

第二节 "心理疾病"所导致的矛盾心理的动态性：露易丝·多姆（Luise Dohm）的故事

在露易丝·多姆的故事中，患有心理疾病的母亲是代际关系中的重要因素，它导致了与父母之间非常大的世代间的矛盾情感。与因战争失去父亲的故事不同，在这里不存在社会性再生产与文化—经济再生产之间的矛盾。访谈时露易丝·多姆71岁（出生年份：1932年），独自生活在自己的住宅里，第一次婚姻以离婚告终，有两个出生于20世纪60年代的孩子。两个孩子都已经结婚了，儿子有五个子女，因而露易丝·多姆也是祖母辈的人。她的父亲是工程师，她的母亲接受过银行职员的职业培训。父母带着他们这个唯一的女儿从波兰的东部地区逃到了德国。露易丝·多姆的童年是在德国北部为逃亡的人所建的临时收容所度过的。露易丝·多姆说，从孩童时代开始，与父母的关系就因为母亲的心理疾病而变得格外麻烦，她回忆母亲说："人们很容易用专业术语来区分正常的和精神病人的行为界限，也就是边界"。与之相关的，母亲特别引人注目的行为方式，决定了她与父母的整体关系。鉴于这种糟糕的代际关系，露易丝·多姆在20岁中学毕业的时候就离开了父母。她先在大学学习了数学和物理专业，后来学习医学，在获得医生开业执照和博士毕业之后，20世纪60年代她生了女儿和儿子，在这些事情上她都没有与父母联络过："我结婚的时候，没有父母在身旁，我生孩子的时候，也没有父母在身边”。露易丝·多姆在做了很多年的家庭主妇后，于20世纪80年代的中期又重新返回职场，在社会医疗服务机构做医生。在1983年与她的丈夫离婚后，她又开始深造学习心理咨询。在她的父亲1964年去世后，她的母亲直到1989年去世时一直守寡，25年来作为寡妇自己独自居住，母亲是在83岁时去世的。在此期间，露易丝·多姆一直努力与母亲恢复联系，但是被母亲拒绝了。

没有实现的照顾

与母亲缺乏来往和她们之间的距离让露易丝·多姆很痛苦。在父亲去世后，她一直努力与母亲建立联系。因而，尽管露易丝·多姆结婚多年、而且自己也做了母亲，但是每次她带着孩子到了母亲的住处附近时，她都会告诉她一声。但是，当“我给她打电话的时候”，母亲“大部分时候没有反应”。而有几次他们“很巧在半路上碰到了”母亲。在给母亲打电话和半路遇到她的时候，“她的房子总是乱七八糟的”。对此，露易丝·多姆和她的儿子特地去了母亲家：

我的儿子被允许帮助她，他之后告诉我，他会得到明确的指令，告诉他可以做什么，不可以做什么，哪些椅子他可以挪动，哪些他不能。等后来我来的时候，她确实是打开房门了，但是我只能坐在家里面紧靠房门背后的地方。我至少不需要坐在外面了，毕竟过去很多次都是那样的，但是这次也根本不能动。

露易丝·多姆通过第二手信息，即通过她的儿子知道，在房子里外祖母与外孙之间发生了什么。她忍受着母亲对儿子的偏爱，并妒忌儿子“被允许帮助”母亲。儿子通过“指令”在外祖母的控制下帮助做家务，这被露易丝·多姆当作是实现了与母亲接触的目标。与她自己的期望不同，这一次她也被允许走进母亲的家了。尽管她只能坐在房门背后的椅子上，但是她仍然将这种忍气吞声的状态看作是与母亲的亲近，她愿意付出这样的代价。与母亲的接近必须是在接受极端的母女等级关系的情况下才可能的。这是露易丝·多姆通过这段陈述所提供的认识。通过空间上的差别，在这里是指“外面”和“里面”之间的差异，构建出世代间关系疏远的状况。这个故事里的母亲比萨宾娜·波瓦克的故事中的母亲还要更强烈地拒绝被照顾。母亲对于女儿所保持的距离，不仅导致了母亲孤独地死去，而且也使得女儿对于母亲去世一直有着沉重的回忆：

母亲在她的住处被发现已经去世了。房门被撬开了，因为邻居意识到“现在的确有什么不对了”。对此我得说，邻居几次关掉自来水的阀门，只是想用这种方式，听一听或者留意一下母亲是否还活着。我很高兴，因为我在母亲被发现去世前的一周给她打过电话，这样我们也能在一定程度上确定母亲死亡的时间，混杂在我沉重的记忆里美好的地方是，我们通的这次电话，这从她的角度来说，是一次接触，或者类似一次接触，但是这并不能给我以安慰……那次通话时她说，她的眼睛看不清楚了，而且她也不能正常的吞咽了，她具体说了这些，所以我知道这些。

对于母亲人生的最后阶段的回忆，带来了一系列的不由自主的反应。

在母亲去世前，邻居好几次“关掉自来水的阀门”，为了确认母亲是否还活着，在母亲去世后，只能破门而入了。这说明，第三者也已经注意到母亲引人注意的地方，并且试图对这种局面做出反应，这也减轻了露易丝·多姆的负担。回忆给露易丝·多姆带来了强烈的不安，但是能够部分缓解这种情绪的是，她在母亲去世前给她打的电话。一方面，这个电话可以划定母亲去世的时间范围，另一方面，最后的交流对她也是个安慰，因为在记忆中，这次通话是在比平时更亲密的氛围下进行的。因为母亲在这次通话中，“具体”地描述了自己的情况。母亲对看东西困难和吞咽困难的抱怨，至少是露易丝·多姆可以从医生的角度给予回应的。但是，当露易丝·多姆在母亲去世后，第一次走进父母的家中时，还是让她感到大为震惊。这所住宅“完全破败”了，“到处塞得满满的、一切都是黑色的。我不知道，这些东西都是什么材质的，但是窗帘是用闪亮的黑色的布做的，坐垫的套子是黑色的，橡木家具被涂成深色”。在这段描述中，露易丝·多姆非常清晰地感到了与母亲之间的疏离感。从这段对母亲的生活空间、她个人领域布置的描述中，可以看到与社会规范性的想像完全不同的景象。不仅是母亲这个人，而且她的住处都让露易丝·多姆觉得迷惑。这使得她的回忆都是负面的：

我没有照顾我父母中的任何一个人，没有经历过我父母的病痛，我没有为我父母做任何事情，因而我也没有经历过我父母的无助和年老体衰。有关我和我父母的关系到底如何，我可能说不出来任何东西。

露易丝·多姆呈现了一系列的缺失，这导致了她与她父母之间的距离。

一方面，她“没有”为父母“做”任何事情，另一方面，她也没有经历过父母的病痛、无助和年老体衰，这些落空的希望表明，年老带来的衰弱和随之而来的无助，是可以用来对付母亲的拒绝的，或者说对付她所做出的心理变态的防御。在父母的老年时所阻止的被照顾，从个人的角度来看，带来了一块空白。在这段对话中，有长时间的停顿，在那时什么话都没有说，这反映了在她的父母与她之间关系的“什么都没有”。这段根本性的经历使得露易丝·多姆得出了普遍性的结论，对于她与她父母的关系她一无所知、没有任何认识。由于除了独立和层级分明的关系之外，她没有在她父母那里体验到任何其他的东西，因而她只能承认与他们的这种关系。

这是露易丝·多姆的故事成为一个探寻性故事的基本条件。露易丝·多姆认为要认识与父母的关系、而且要确认它的话，必须做一些事情，而这是一个多层面的过程。首先，她以空间为媒介接近父母，这可以被看作是空间上的模拟。她在父母去世后10年，也是在她自己退休后，回到了她在儿童时代生活的城市。她从7岁开始就住在那里，这是她第一次“感觉到，与父母的人生篇章慢慢地联系到了一起，这让我感到平静。因为在这里，似乎是在一个和解的过程中，是一种新的理解”。叙述者分析了家庭故事中的空间背景：

我是11月底到了那所住宅的，之后大量的片段都从回忆中涌现出来了，对那些街角的回忆，我认出了那里的石板路，我走过那里，在那里我被痛骂过，我在那里被狠狠地责骂过，那非常可怕，那可怕极了。我在那里待了三年，之后我才慢慢地注意到，现在我喜欢C城市了，不再依赖于我的父母，也和他们没有关系了，我想，这大概也是我为什么搬到C城市的意义所在吧，这也是为什么我现在又能离开C城市的关键点。这是一个和解的过程。

露易丝·多姆积极地在她的家乡进行探寻，并且在那里住了很多年，为了引发对过去的回忆。她用了三年的时间，才感觉到“不再依赖于”她的父母，或者“与他们没有关系了”，并且喜欢上了C城市。在四年后，她又到达了一个“关键点”，她觉得现在，在她自己的老年，她能够再次离开C城市了。那些引发她回忆的街角被讲述者作为自己人生中密码般的组成部分。除了空间上的模拟之外，露易丝·多姆在她的模拟过程中，也探索了在她的青少年时期母亲与女儿的照顾关系，这是世代关系疏离的开始。在这里清晰地展示了，由于母亲那方面做得不够，而唤起了露易丝·多姆作为女孩在那个年龄对于母亲般照顾的需求：

那是在我的姑姑那里……在父亲最喜爱的姐姐那里，在那里发生了一件倒霉的事情。“难道你的母亲什么都没有跟你说？”“没有”，我说，“这到底是怎么了，会有那么多血？”我完全不知道例假是怎么回事。我的姑姑开始生气地指责我的母亲，然后她告诉我，现在这会经常发生的。那是1946年，我们住在一个临时木板房中……很有田园风光，非常漂亮，这是在1946年到1947年的冬天，冷极了。……那里没有热水，当然在临时木板房中没有热水。我母亲为了惩罚我，让我在外面用手洗我的内衣，直到邻居走过来，把我带到她的家里面……“这里是洗衣房，你可以在这里洗衣服，在外面绝对不行”。这只是一个例子，说明我的母亲对于这个正在长大的女人不知如何是好。

在对早期的母女关系模拟探寻的过程中，露易丝·多姆作为14岁的女孩，在她的姑姑那里第一次知道了月经。由于她自己不知道身体发育和变化的过程，因而她说发生了一件“倒霉事”，对此她的姑姑向她做了解释。在这里这位姑姑作为“父亲最喜爱的姐姐”被引入，而且在家庭体系内被当作一个特别的角色，她指责了母亲没有及时对女儿进行相关的解释。之后，作为对女儿的“惩罚”，母亲让她在外面用手洗内衣，又一次是第三者，在这里是邻居，她同情这位女儿，把她带到家里，让她用洗衣房。在这里显示了，社会环境对母亲的情感上的反应，通过第三者，让她这个年轻的女孩注意到了，她遭受到的不公平待遇和来自母亲照顾的缺乏。而她自己对母亲，则表现为毫无疑心的和没有负面感觉的。即便在回忆中，对于当时的家庭生活环境也没有抱怨的态度。家庭居住在临时木板屋子的战后生活，被形容为“田园风光的”，只是对寒冷的冬天进行了抱怨。在她自己经历了来自第三者的帮助和她们愿意帮助她的时候，露易丝·多姆对于母亲行为的解释只是，她面对“正在长大的女人不知如何是好”。通过这种方式，母亲与女儿之间的冲突，被转移到了成长的层面，长大和发育的层面，特别是她变为女人的层面上了。露易丝·多姆引入了一个心理学的释义模式，根据这个模式，母亲无法面对与正在长大的女儿之间的关系。这个客体化的解释既对问题的状况进行了确定，也对个体进行了定位，这清楚地说明了，露易丝·多姆将她的母亲与她之间的关系更多地看作是由外部力量所引导的心理动态过程。

与鲁道夫·哈特曼的故事类似，在这里也展现了与儿童和青少年时代的模拟性联系，在那些时期，母亲以不同的方式拒绝对孩子的照顾。正如鲁道夫·哈特曼面对因为历史条件而导致的、逃避照顾孩子的母亲时感到无力一样，在这里露易丝·多姆谈到了患有心理疾病的母亲拒绝给予她照顾。在那个过程中，露易丝·多姆与母亲的距离（“我的母亲”）要比母亲与她的距离（“一个正在长大的女儿”）更亲近一些。这种代际之间的差异，使得露易丝·多姆的依赖性贯穿了她身体和心理发育的整个过程：“我认为，我一直非常受父母双方所喜爱，直到我开始有‘我’的概念了，那个时候这种爱就结束了”。也就是说是她的个体化的过程抽走了父母对女儿的照顾。相应地，露易丝·多姆在访谈的过程中特别强调了她对于家庭中很成问题的局面在精神层面的应对。在接下来的讲述中她提到一些例证，这些事情对露易丝·多姆很重要，从中她指出父亲并没有成为与母亲相反的另一个极点。她一方面指出，除了她的母亲之外，她的父亲也是“非常强势的”，在父亲与女儿的关系中父亲往往是“审查官和阻挠者”的角色。另一方面，她也讲述了父亲对她的惩罚：“他的一个有意思的惩罚是，让我把随便什么东西抄上一百遍，在这种情况下，我会使用复写纸”。她所用的反抗手段，体现了还是孩子的她在精神上的创造力，这在接下来的故事中成为她人生继续向前发展和离父母越来越远的基础。在露易丝·多姆的父母对她的大学学业的态度成为她完全断绝与父母的关系的理由之前，已经出现了父母对她深造愿望的抵制：

我有种怀疑，我的母亲反对我上大学学习医学的愿望，其中的驱动力是，我想她害怕“那样的话，她就能看到我的底牌了”，是的，我完全确信，现在我完全确信，她非常害怕，是那种事关生存的恐惧。

在这个段落中，再次呈现了她对于事情的估计没有结束，而是变成了一个持续的释义的过程。

但是，在短短几行里，她的估计从“怀疑”变成了“确信”。父母行为的很多方面和父母的人格对她来说，可能都是陌生的，而且凭借很长的时间距离，使得她可能对父母有新的认识。因而，露易丝·多姆现在指出，首先是她的母亲会破坏她上大学学习医学的愿望的实现。这种禁止的原因是母亲的恐惧，她担心女儿因此能够判断母亲的病情。“医学”因而成为人与人之间的解释力量，它使得母亲与女儿之间的权力关系向有利于女儿的方向发展。家庭的经验领域在“教育”或者说对文化和经济的再生产观念上以及世代间的关系方面都出现了明显的敌对。“知识”会使得女儿有能力“看到”母亲的“底牌”。这个所谓的底牌是作为相互信任的基础的象征，被露易丝·多姆视为女儿面对母亲时不能跨过的界限，否则的话，就会引起代际之间的分离。与因战争失去父亲的案例不同，在这里文化的和经济再生产的观念、革新和变化对于讲述者来说，是矛盾心理的导火索。

超越

在露易丝·多姆的故事中，尽管进行了模拟的分析处理，但是仍然与母亲保持着陌生的关系。因而，在这里也需要超越的手段，从而构建出更高一层的家庭代际关系的图景，露易丝·多姆将这个过程看作是和解的过程：

我的母亲非常喜欢跳舞，我的外婆也会经常带她去舞厅，因为在第一次世界大战之后的年代自然与今天不同，年轻女孩不能自己独自去舞厅，而是必须有监护人陪伴。我的母亲那时候一定非常漂亮，而且，就像我刚才说的，非常喜欢跳舞，而且非常想去接受音乐老师、中学老师这样的职业培训，而不是她后来的银行职员的培训，音乐方向是她非常想去做的。大概在她25岁的时候，她认识了我的父亲，而我的父亲认为跳舞是罪恶的。我有时会问自己，这究竟是怎样在不知不觉中，从根本上改变了我母亲的态度，后来她根本就不活动了，而现在我的母亲去世了，这中间到底都发生了什么？我开始跳舞的时候一点都不会，但是好像我根本不会失败一样……我经常会去艾尔瑙（Elmau）跳舞，那个时候我只会想，“我必须把我的母亲跳出来”，在今天也会这样做，现在不是像那时那么强烈了，但是，有时我跳舞的时候也会一直在想“哦，现在是我的母亲在跳舞”。

在这个讲述段落中，露易丝·多姆加入了更久远的家庭历史背景。那是在20世纪20年代，在母亲的青年时期，她的母亲，也就是讲述者的外祖母，经常会带母亲去舞厅。在这个背景下，露易丝·多姆将自己对局促的母亲的体验变成了一幅积极的、相反的画面，尽管外祖母陪着她的女儿去舞厅，但在当时那只是“照看”而已。从中她从社会阶层的角度打开了另一个家庭的母亲与女儿的关系，这同时也映射出母亲的形象。露易丝·多姆通过将母亲描述为“非常漂亮”，从而在舞厅的背景下，呈现了与之前所描绘的相反的景象，这是一个展现积极的社交场面。而母亲在这个画面里面也是双重牺牲者。因为，首先她想接受与音乐有关的培训，从而成为中学老师，但是她却必须接受银行职员的培训。其次，在她认识了她丈夫之后，由于丈夫严格的宗教情结，而不得不在私人生活中放弃跳舞，或者说对此做出“根本就不活动”的原则性的反应。对母亲积极地看待一直继续下去，直到在讲述者的这些问题上到达顶峰，即她父亲的影响到底如何“从根本上”改变了母亲。在这段陈述中，既隐含了“之前”她的母亲应该是“另外一个样子”的，同时也将母亲负面的形象转移给了父亲。这里，对这些遭遇完全是在“不知不觉”中给母亲的人格特征留下了印记的分析，体现了露易丝·多姆作为心理学专家，能够最彻底地理解母亲的人格特征，而不是作为女儿。对母亲的过去模拟性的联系，不仅体现在讲述者自己与母亲关系的陈述中，而且也表现在对之前所描绘的痛苦历史的超越上。因而，在母亲去世后，露易丝·多姆也开始跳舞了。通过这种方式，她想在理性的理解之外，构建另外一个代际间的联系。而这种与母亲的联系，更多的是一种肉体—心灵的过程，在这个过程中，她将自己完全投入进去，因而尽管她用了“开始跳舞的时候一点都不会，但是好像我根本不会失败一样”这样的描述自嘲式地与母亲保持距离，但是在这同时也因此与母亲建立了新的关系，或者说走近了她们关系的经验领域。露易丝·多姆讲到，她不仅在母亲去世后经常去艾尔瑙跳舞，而且在今天也时常会去跳舞。这里因而也记录了她观念的变化过程。当她在18年前，将她的母亲跳“出来”的时候，有时她会想，是她的母亲自己在跳舞。跳舞的仪式是再次与结婚前的母亲和母性靠近的过程。在露易丝·多姆所描述的通过跳舞的模拟活动中，也体现了世代间和时代之间的差异以及“正常”和“不正常”之间的差别。露易丝·多姆通过开始的身体层面、继而的思想层面向母亲靠近，从而形成了这个家庭新的意义结构。

老年的同代化

露易丝·多姆也在关于对自己未来人生最后一个阶段的设想中，提到了后代所扮演的角色。尽管她打算让子女们参与她未来居住地点的选择，而且她自己未来的住处不应该离她的女儿或者儿子太远，但是，在一起生活并不是主要的考虑，她首先是在同代间关系的框架中进行设想的：

我更多地考虑到同一代人住在一起的可能性，因为比起世代混杂在一起，同代人的兴趣会更为一致，对帮助的需求也更容易产生。但是这样做也有劣势，比如行动迟缓、其他的利益。我想，不应该把老人放在与世隔绝的地带，而是应该给他们机会，因而目前我密切地关注着，在所谓的“照顾住宅”和“服务住宅”这些领域中，正发生着什么。

露易丝·多姆提出更愿意和“同代人”生活在一起的观点，相互结合在一起的老年人群形成了不同于“世代混杂”的关系结构。一方面，在同龄人群中会产生类似的兴趣——这展现了在健康状况稳定的时间里所表现的特性；但是另一方面，“对帮助的需求”以及“劣势”和“行动迟缓”也会在同龄人群中“更容易”产生。在这两个层面上，体现了对社会平等性的愿望和对社会的不平等或者说差异化的回避。在平等的社会关系中，与在对待患有心理—生理疾病的人的情况中一样，有关对被照顾的需要的讨论会更容易一些。在这里，老年被建构为一个阶段，而在这个阶段中平等是最重要的。在平等的社会中，那些有被照顾需求的人能有发言权，而不是被他们和他们对帮助的需求另眼看待。

综合来看，露易丝·多姆的故事展现了由于患有心理疾病的母亲而导致的照顾的缺失以及由此所产生的、较早的经济上的独立等方面的原生家庭中的经验领域，也展现了这些经验领域是如何产生了持续多年的探寻过程，其中的驱动力就是，对关于母亲的令人感到痛苦的陌生感的处理。露易丝·多姆医学方面的教育背景，使得一方面她能够对母亲的心理疾病进行解释，但是另一方面也产生了新的距离。靠近的过程或者用露易丝·多姆的话来说是和解的过程。首先是在母亲去世后，通过不同形式的模拟和以跳舞为媒介的超越过程而得以实现的。在这个过程中，也实现了将母亲陌生奇怪的特性改写为无助的特性。讲述者将这种无助性当作家庭历史结构中的基本构架。

露易丝·多姆的故事从总体上来看，体现出与“因战争而失去父亲”的故事的大量相同之处。这种相同性特别体现在露易丝·多姆并不是在自身和家庭的经验领域中对她的母亲加以体验的。在这里，也对心理疾病的经验世界和世代之间的陌生关系进行了复制和再现。这个故事中尤其特殊的是，一方面是由于“没有实现的照顾”而带来的露易丝·多姆所感觉到的照顾缺失对她产生的非常强烈的影响；另一方面是她通过模拟和超越的途径成功地接近了母亲的人格——特别是在母亲去世后。在谈到自己的老年时，露易丝·多姆强调了同龄人群拥有相同的需求以及她更倾向于与同代人共度晚年。

第三节 “教育差异”所导致的矛盾心理的动态性：康拉德·舒斯特尔（Konrad Schuster）的故事

康拉德·舒斯特尔和他的父亲之间显著的教育差异，在这里被作为家庭系统结构性变迁的要素。而且在这个过程中，也产生了与在失去父亲或父母一方患有心理疾病的情况中类似的矛盾心理。在这个故事中的模拟性联系，不仅是关于父母照顾自己的经历的思考，也涉及到了自己对父母的照顾。康拉德·舒斯特尔的“照顾”与他自己在社会—经济上的成功有什么关联，它对家庭关系产生了什么样的意义，经济的和社会的再生产，在这个故事中的重要性如何，都是接下来要展开论述的问题。

康拉德·舒斯特尔在接受访谈的时候66岁（出生年份：1940年），他是一位退休的建筑学教授。他结过两次婚，在第一次婚姻里育有一个儿子和一个女儿，两个子女都30多岁。现在康拉德·舒斯特尔和他的妻子住在德国中部的一个大城市的市郊。从他的青年时代，康拉德·舒斯特尔所经历的父亲就是“一个病得很重的人”。父亲的脊椎弯曲了，因而非常疼痛，并且导致了肾脏的问题。这两种疾病使得他的父亲不能很好地从事林业工作，也因此要处理非常棘手的劳动关系。他的父亲（出生年份：1900年）在多次住院之后，于1974年因癌症去世。在父亲去世后，母亲一开始仍然住在他们自己的房子里。那个地方离康拉德·舒斯特尔的家所在的地方有60公里。随着母亲越来越年老体衰，她住进了城里的一家养老院，这也是在康拉德·舒斯特尔所居住的城市，他骑自行车15分钟就可以到达那里。他的母亲（出生年份：1907年）在92岁的时候去世了。她直到最后都是“硬朗的”，而且“一直到最后精神都非常好”。母亲的去世是在进行访谈的7年前。康拉德·舒斯特尔的故事显示出，他的家庭、特别是他的孙子对他来说非常重要，这在他的生活中占有中心位置。这是一个“礼物，怎么珍爱都不过分”。这个家庭有一些特殊情况，正如他所讲述的，他和他现在的妻子虽然各自有自己的孩子，但是他们有共同的孙子。因为他在第一次婚姻中所生育的女儿，嫁给了他现在妻子的儿子，这个儿子也是这个妻子在第一次婚姻中所生的。这个结合生育了两个孙子。对家庭的重视使得康拉德·舒斯特尔有必要，一方面对在家庭的背景中所产生的矛盾心理进行处理，另一方面也对家庭的将来进行设计，在这当中，世代间的关系扮演着非常重要的角色。

再生产活动中的矛盾心理

康拉德·舒斯特尔讲到，在他父亲生命的最后阶段，他正忙于发展他的职业生涯。父亲因为癌症必须在医院度过人生的最后的日子，这正好与他博士毕业的时间赶在了一起。但是这种时间上的冲突并不是不利的，因为他因此给父亲带来惊喜，这让他的父亲非常高兴。因而博士毕业对于父亲如同“一剂良药”，使得父亲能够挺过一场大手术：

我博士毕业，使得我给他带来了很大的喜悦。（笑）那个时候，他正躺在医院（笑），他刚做完一次大手术，已经73岁了，然后我带来的这个消息让他非常惊喜。嗯。我想，这对他来说是一剂良药（笑着并哭了）。因为这对他来说太重要了。“哦，上帝，我的儿子，他现在成功了”。嗯，这个喜悦也和，嗯，也和我的感激有关。因为……或者说我的父母告诫过我，是在他们还对我有权威的那个时候，是在我们并不富裕的时候……我的父母只是说，我们所能做的一切、我们所能允许做的，就是儿子你应该得到象样的教育，你要上到中学毕业。我必须感谢我的父母，的确是我的父亲，他一直努力去实现这一点。

这个讲述段落，指出了两重相互对应的关系。一方面在这里展现了面对儿子的感激、父亲的喜悦这样的情感层面；另一方面，在这里就已经记录了对于康拉德·舒斯特尔来说，“成就”和“照顾”是相互矛盾的关系。博士毕业使康拉德·舒斯特尔确定了某种程度上的“成功”，这对于父亲来说，是“非常重要的”。因而，“教育”成为父亲与儿子之间共同享有的价值观，通过它产生了在临终病床前的亲近。由于他将实现这样的成就完全归功于父亲，因而父亲通过表现出极大的喜悦参与了儿子的成功。但是在这里仍然是完全形式化的，因为父亲与儿子之间生活世界的陌生感妨碍了深入的理解。由于父亲不能从近旁探寻儿子的工作，因而，儿子所获得的博士毕业只能当作惊喜来庆祝。对于康拉德·舒斯特尔而言，他告诉父亲他的博士毕业的消息也最多只能是让父亲感到高兴了，因为这最强烈地振兴了家庭文化和经济上的再生产。

而后，在这个陈述段落的第二部分，是从康拉德·舒斯特尔的角度，来看待父亲的喜悦的，并且分析了其中的原因。在这里，康拉德·舒斯特尔的感觉就是“感激”。为了指出它的根源，康拉德·舒斯特尔回忆了这个世代故事的过去，也就是那个“我的父母还对我有权威”的时候。在儿童时期和青年时期，在他还不能对实现自己的职业生涯承担责任的时候，主要是由他的父亲来为此操劳，由于家庭在经济上的极度匮乏，因而父亲要努力使康拉德·舒斯特尔能够得到好的教育。父母努力的目标是让儿子中学毕业。一方面，这个目标是非常值得实现的，因为它是所有后来的职业阶段的起点；另一方面，康拉德·舒斯特尔是凭借着自己的力量读了大学、读完了博士，并且在父亲去世后获得了大学执教的资格，从而远远地超越了这个目标。而康拉德·舒斯特尔的感激涉及了这样的基础，即他的家庭成就了他的教育，而这中间他自己没有做什么。社会学家乔治·齐美尔（George Simmel）[①]对此指出，感激“是新行为的潜力，是精神的桥梁，它促使灵魂继续向前探索，聆听最微弱的刺激——它们可能还不足以建成新的桥梁，而通过这座桥梁却可以接近新的彼岸”［请参照Simmel，2005年（1908年）：第102页］。这个感激显示了，康拉德·舒斯特尔尽管超预期地完成了家庭内部的交换，即超出了“贫困的父母供养儿子的教育”所设定的目标，但是也因此产生了情感上的倾斜。在父亲的期望和康拉德·舒斯特尔自己的经验空间之间所存在的差异不一致，直到现在都产生着在

①乔治·齐美尔（1858—1918年），德国著名的社会学家、哲学家。重要著作有《历史哲学问题》、《道德科学引论：伦理学基本概念的批判》、《货币哲学》、《宗教》、《社会学：关于社会交往形式的探讨》、《社会学的根本问题：个人与社会》等。——译者注

感谢和陌生之间的矛盾情感，这种情绪显现在对父亲临终前场景的描述当中。[①]

所讲述的时间和讲述时间在这里形成了张力关系，因为在过去的情境下，自己的行为显然是被解释为积极的，但是在回忆中，这种体验被打破了。康拉德·舒斯特尔当时对深造和职业的重视，使得他在回忆父亲最后的人生阶段时，想要“回避一些东西”。特别是在对医院的情境进行讲述时，虽然大多数时候是笑着说的，但是也有哭泣，这展现了对于康拉德·舒斯特尔深层次的情感牵动，这些情感都是与医院里的这个情境联系在一起的。在笑与哭相互矛盾的反应中，也记录了依次浮现在讲述者的眼前、被他讲述的世代关系中的矛盾心理。这个矛盾心理一方面体现在儿子对于他和他的成功，为父亲的整个生活所带来的重要意义以及为父亲在人生终结时所带来的喜悦的认知方面和情感方面的认识；另一方面是与之相连的疏离感，因为他的表现不仅大大超出了父亲的期望，也从根本上超出了父亲对教育的概念，而且另一种与世代间的情感有关的期望视野也在他人生继续展开的过程中发展起来了。对于后者，康拉德·舒斯特尔举了一个例子来说明，他讲到，他的儿子也获得了博士学位，尽管他对此也非常高兴，但是这对他来说“与对我的父亲来说是不一样的，因为对于我来说，这或多或少是理所当然的，或者这不是飞跃，对于我的父亲来说，这是很大的

---

①在父亲与儿子的代际冲突中，往往与父亲不一致的后代会产生对父亲来说越轨的行为，皮耶·布迪厄因此指出：“你越是成功（也就是你越是满足了父亲对你的成功的期望），你就越失败，就越是在毁灭你的父亲，是在疏离他……后代的成功，也是在使他自己有一种背叛的负疚感。”（请参照，Bourdieu，2000年：第87页及其后页）。这段分析使得康拉德·舒斯特尔在面对他父亲时的矛盾情感就更加清晰了。

不同”。讲述者通过在家庭世代历史中的比较指明，教育的差异为世代关系带来了怎样巨大的影响，这种影响首先是情感层面的。通过对自己儿子教育上的成就的理所当然的想法，康拉德·舒斯特尔模拟了代际之间的陌生感和与此同时情感上的参与。在对早先和当下世代间关系的比较中，讲述者思考了父亲对于儿子的成功所感到的喜悦的减少，从而他认为过去的世代关系是较为负面的。康拉德·舒斯特尔坦诚地说：“我多少有些伤感，我在还很年轻的时候就失去了我的父亲。如果今天我会跟他说跟那个时候不同的事情，那个时候我所做的可能多少是没有什么帮助的”。康拉德·舒斯特尔希望为家庭所做的创新是针对他所感受到的欠缺的。他希望在他父亲生命的最后阶段，不是向他展示自己的成就，而是“做”些和“说”些其他的事情。但是，由于他那个时候的无能为力，所以在当时不可能实现。这样的叙述暗含着，在与那个时候的比较中——那时康拉德·舒斯特尔30岁出头，正在建立自己的家庭，他随着年龄的增长一直在克服那种无能为力的感觉，并且也完成了关注视角的转变：从以经济—文化的再生产为导向，转向了让更有力的社会性的再生产成为他的中心。

这里也记录了，对于家庭的不同时代特征所相互交织在一起的多重痛苦：家庭中不同代际的世代关系不可能被改善了，因为无论是社会的发展，还是与这个背景联系在一起的康拉德·舒斯特尔的社会地位的提升以及他个人的发展，都是在父亲去世后才发生的。在康拉德·舒斯特尔的故事中展现了，由于本应属于不同时间的事情在家庭中同时发生，或者说对父亲在他的人生最后阶段的照顾与其他事件在家庭中同时出现，由此带来了痛苦，面对这些痛苦，他是在另外一种社会背景和家庭背景中，到了很晚的时候才学会了社会性再生产的能力，而这种能力对于他理解父亲的人格尤其重要。康拉德·舒斯特尔在感激的情感和陌生感的混合中，试图模拟出他父亲的人格组成：

他对我而言也是一个榜样。嗯。他是一个非常井井有条、非常细心的人，这有时候也会困扰我，我有时感觉，他“是不是也是过于纠缠的或是过于拘泥于细节的？”在这方面我非常向往像他一样。我想，我并不是从我父亲那里通过每个细节学到什么能力，简单地说，就是从造型的角度，对物体进行评判的能力。但是从他如何分配一张纸的使用，我学习到了这种能力，这让我着迷。他使用的还是聚特林字体（Sütterlinschrift）[①]，他在一张纸上很整齐地写很多字，在没有横线的情况下，每一行都是直的，一行又一行，而且整整一页中每行的间距都一样，而且都是用聚特林体。我看了之后想“喔，这的确是一张漂亮的页面”。直到今天我还是喜欢这些纸张。我有很多这样的文本，嗯，我还是总会拿出来看。这总涉及到一个界限的问题——“是不是过于精细了？”但是，它们也很好看。

与之前一样，这个片段也是对于父亲的积极回忆。他对于康拉德·舒斯特尔来说是一个“榜样”，因为他是一个“井井有条”和“细心”的人。尽管这些特性有时会“困扰”讲述者，因而他会问自己，他的父亲是否真表现出了这样的特性，是不是超出了一定的界限，而变成“过于纠缠的或

①聚特林字体是1935年到1941年德国学校所教授的德语手写体。——译者注

是过于拘泥于细节的”。从对所选择的形容词的修改中，也可以读出是将具有社会性含义的“纠缠”改为对于客观物体的“细致的”和“准确的”，这一方面记录了康拉德·舒斯特尔的愿望——他希望尽可能在故事中展示细节，另一方面他也不愿就父亲的人格展开批评。这些应该向康拉德·舒斯特尔传授了，“从造型的角度对物体进行评判”。但是，他并不是“通过每个细节”从父亲那里“学到”这些的，而是着迷成为了基本的动机，这是与他父亲的个性特征相关的。这是一个特别的暗藏的学习过程，是通过父亲对儿子的影响实现的。在这个情境中，对个人努力和通过父亲传授之间的关系的判断并不清晰，这也显示了，这些没有被关注的问题其实是康拉德·舒斯特尔看待世代间关系的重要的角度。

在这个背景下，他讲述了父亲用聚特林字体所写满的纸张。父亲书法的“精细”和这样的手写文本在视觉上的整体印象，都在当时给他强烈的刺激，而且他到今天还保留着这些“文本”。正如陈述者表达了对这些文本的着迷（“它们也很好看”）一样，康拉德·舒斯特尔也讲出了与之相关的怀疑，对于他而言，这涉及到了是过于拘泥于细节还是精细的问题。正是父亲的这种特性使得他能够在建筑领域成功，因而他的判断是在“边界”上。对描述的父亲特性的矛盾态度一直牵扯着讲述者的整个人生，即便在他父亲去世后“也总是”存在。这个模拟性的活动显示，他人的再现是视情况而定的，这种再现来回在自己和他人之间摇摆（请参照Wulf，1999年：第33页）。尽管对关系到父亲能力的遗物评估一直是矛盾的，但是对于与之相连的模拟过程的评价却是积极的：

这样非常好。这就像拼图或者镶嵌饰品终于完整了一样好，在那里包括，我敬佩父亲的行为方式，这也是镶嵌饰品中的一块宝石，我的母亲也属于其中。我的母亲与他完全不同，她和我要亲近得多。

康拉德·舒斯特尔在这里强调了他对他父亲的讨论过程使得一张画面完整了，在这里他用了“拼图”和“镶嵌饰品”来打比方。他用“非常好”来形容这个过程。这反映了与之相关的构建过程将无法体验的缺失部分通过世代的模拟活动找了回来，对此的评价是乐观的，因而这个过程可以结束了，父亲的形象中也不再缺失任何部分了。在这个过程中，一块特别的“宝石”是他对“父亲的行为方式”的“敬佩”，通过这个过程，康拉德·舒斯特尔清楚地认识到，形成与父亲积极的关联并不是理所当然的，尽管在他们的世代关系中还存在着陌生感。而讲述者认为他与他母亲的关系则不是体现了世代间的差异的，因为她和他“要亲近得多”，因而这种关系具有更为紧密的情感联系的特征。因此，在康拉德·舒斯特尔的故事中与其他人的故事——例如与露易丝·多姆的故事——不同，在父母的一生中，他至少与母亲有着不同于差异和疏离的经历。另一方面，对于康拉德·舒斯特尔而言，由于父亲的相对早逝，使得父母的去世之间相隔很长时间，因而这两个事件发生在他自己人生的不同阶段。当他与他的父亲告别时，他正大部分投入在自己的职业生涯中，并且那个时候正在建立自己的家庭，自己也进入了另一个人生阶段；而母亲去世的时候，他已经是成功的教授，而且在母亲人生的最后几年，康拉德·舒斯特尔已经有大量的资源可以使用。在母亲开始进入高龄的时候，康拉德·舒斯特尔注意到：“她到目前为止给予我了非常多，作为母亲给予儿子的，现在这些都过去了，她开始索回了”。与他的父亲不同，母亲积极地向儿子寻求帮助；他自己在那个时候也意识到，他非常感谢母亲。在那段时间里，即母亲去世前五年，康拉德·舒斯特尔改变了“坐标结构”，在那之前，他一直只是作为子女经历着“接受方”的角色，而现在接受方应该变成了他的母亲。因而他用特殊的方式帮助母亲：

我可以指出有很多事情都体现了，我作为一个建筑师，用我的知识和建立的社会关系能够为她带来益处，她有一个非常非常漂亮的房间，而且我也为她找了家很好的养老院。

康拉德·舒斯特尔强调，他老年的母亲从他作为建筑师的职业中获得了益处。他经济地位的提升，也体现在他母亲所住的养老院的质量上。这些好处不是自然而然的，所以他要“指出”。在这里，从康拉德·舒斯特尔的角度来看，文化—经济资本和社会资本是紧密联系在一起的，这些能够用在“世代间的照顾”上。通过这种方式可以看到，他的从家庭内部的角度来看在教育上的提升所带来的变革也具有社会价值。对于老年母亲的照顾，使他成为了“贷方”，从而能够实现母亲与儿子之间代际上的互惠要求。

父母对待死亡的方式，特别是他的父亲如何面对死亡，是这个家庭的历史的一个方面，康拉德·舒斯特尔很希望也学会他们的那种方式。与在对父亲构造能力的探讨中，一直保留着矛盾的心理不同，他对于父母面对死亡方式的态度是一直没有发生变化的，康拉德·舒斯特尔将它作为在将家庭拼图拼接起来的过程中的一个路标。对过去的回顾与对未来的展望通过一个世代模拟的过程被结合在了一起：

我非常佩服他，也佩服我母亲。他们平静地与人生告别（笑），我看到的一直是这样的。那个时候是这样的。我也希望自己能够这样（情绪激动，哭泣）。我知道，父亲在告别人生之前不得不等了很长时间。他应该没有忍受疼痛，我感觉是这样的，但是我想，这种等待不是容易的。当知道"就在今天会死去，或是明天，或三个月之后才会？"……他度过了圣诞节，并且和他的孙子在一起，然后就一直卧床不起，等待着。但是，是安静地等待着。这很像马丁·路德（Martin Luther），他说过："即便我知道，明天这个世界就将毁灭，我在今天还是要种下一棵苹果树"，这和父亲的做法类似，他仍然有他的日常生活，他就这样简单地过着一天又一天，尽管他知道"不会太长久了"。这让我作为、让我作为一个年轻人（提高了声音）觉得非常棒——对不起！我觉得他面对死亡的方式很了不起，他没有任何责骂，没有与医生争吵，也没有和我们，我所知道的，没有责骂过我们，我的意思是我的母亲和我。他没有任何的愤怒，只是说"我74岁了，还可以经历些什么"。

这个陈述片段用过去式强有力地描述了康拉德·舒斯特尔的父亲和他的母亲在"告别"人生时的"平静"，这让他感到"佩服"。在他对这种在过去体现出来的能力感到"佩服"的同时，也表达了对"那个时候"的无语以及自己也能用同样的方式告别人生的愿望。对于这种世代差异的感觉，再一次交织着笑与哭两种强烈的情绪。但是与在父亲临终床前的获得博士学位的探讨不同，讲述者从回忆的角度将那个事件归类为，对父亲经验领域和价值领域的超越。而在这里，康拉德·舒斯特尔则是以展望的视角将自己放了进来。这是一个分析出来的过程，而且并没有结束。

康拉德·舒斯特尔描绘了父亲临终时期的背景。尽管他不必忍受疼痛，但是他“不得不等了很长时间”，这意味着父亲在长期卧床的时候知道他很快将死去。儿子也心有同感地感觉到，面对自己的死亡将在明天、后天或者一个月后来临的问题是多么艰难。在等待的状态中，父亲过了一个圣诞节，并且有机会和他的第一个孙子在一起。对于康拉德·舒斯特尔来说，父亲安静和从容的态度，可以用马丁·路德所写的箴言来形容：“即便我知道，明天这个世界就将毁灭，我在今天还是要种下一棵苹果树”。尽管父亲知道死亡即将到来，但是他还是平静地一天一天地继续着他的日常生活。在这段说明中也展示了一个特殊之处：当所引用的格言以面对世界的灭亡也会种下苹果树的方式表达希望的时候，在父亲则是直接通过行动来表现的——父亲的行为没有发生任何改变。通过这种方式，强调了为什么父亲的举动是“平静”的。父亲既没有与医生发生争吵，也没有与他和他的母亲产生矛盾。而对于讲述者来说负面的对比则是，当知道自己即将面临、而且是在74岁发生过早的死亡时爆发出“愤怒”。在以路德的箴言为基础的宗教框架中，父亲有了神圣的光芒，他愿意改变自己的生命，这种变化本身就会带来自我满足。康拉德·舒斯特尔提到自己时说，作为“年轻人”，他觉得父亲的举动“非常棒”，而且这个评论也是用过去式的形式，在这里他为自己打开了一扇后门，也就是，他还可以对有关面对临终和死亡的方式有其他的解释，从而能够继续家庭的延续和对已有方式的变革。

老年时期的同代化

在问到康拉德·舒斯特尔对自己的老年的打算时，他说，他是一个老年人多样化共同居住联合会的成员，那个联合会既将社会层面的问题，也将建筑方面的问题作为关注的焦点。这个项目是他和他的妻子对未来设计的一种可能性，因为由于孩子那一代人对灵活性的要求，住在一起是不可能的。他还说，他在那个联合会担任着会长的角色："嗯，在这个联合会中我应该非常积极主动，我觉得自己都有些矫揉造作了，但是可能只能这样了"。这段评论显示了，他一方面并不完全确信自己在联合会的态度举止和投入的程度，另一方面也明确指出，如何通过来自家庭外部的供应和要求来对生活的道路进行规划。但是无论如何在这里也展现出，在老年阶段，家庭之外的其他相关群体也可能是重要的。康拉德·舒斯特尔同时将对他的家庭经验的革新者和他的地位结合起来，经历着并扮演着这些角色。从同代之间的关系的角度来看，"老年"这个话题的重要意义，是特别体现在老年时期生活中的具体实践层面的，而在他看来，"老年"在世代间的视角中，只是从关系层面的角度来讨论：

我想尽可能长久地希望，我们能够被认真对待。我们会坦诚地承认自己的弱势。比方说我的儿子，他是一个电气工程师，他对计算机非常了解，当我给他打电话说："哦，现在这里有这样、那样的问题，你觉得是什么毛病，现在你得帮帮我们了”。我们能够接受这一点。他也能够很清楚地知道，他是我们中那个有更多知识、而且也能够更好地评判的人，并且知道我也能做好一些其他的事情。我们都承认大家的能力，知道我们能够做什么，我们能够很好地交换角色。

康拉德·舒斯特尔讲到了，对于他和他的妻子而言，他们对老年时期世代间关系的一个强烈的愿望和在其中所看重的就是，实现这种代际关系价值的前提条件，并且他通过与他的儿子之间的关系为例子，指出这些前提条件是如何在他的家庭中实现的。为了能够“被认真对待”，首先要“坦诚地承认自己的弱势”，然后才能向后代请求帮助，例如在这里是就计算机出现的故障给予帮助。通过选择了一个例子——在这个例子中，老年时期的世代关系中的不对称性，被专业出身所覆盖了，从而在这里也同时记录了在代际关系的经验领域中，所体现出来的对“知识”或者说专业地位的敏感性，这一点在接下来的讲述中，也被明确地表达了。他的儿子是那个“有更多知识”的人，而且所有的成员都“承认大家的能力”。值得注意的是，康拉德·舒斯特尔在这个讲述段落中一直使用的是“我们”这个人称代词，这是指他和他的妻子，尤其是在涉及到世代关系这个背景的时候，他们是一个整体。在这里又再一次强调了在给予和获取的行为中，首先是以家庭导向为认知基础的。在康拉德·舒斯特尔对自己老年时期的思考中，可以看到，他非常努力地将社会层面、文化—经济层面和以家庭为导向的层面结合在一起。从接下来的讲述段落中，也可以看到他是如何落实这些的：

我想，我的父母以他们的方式给予我一些东西，以他们的方式与生命告别，以他们的方式与我相处，以他们的方式与我沟通，这些都让我觉得是积极的，我也想继续这样对待我的孩子。这应该是一个家庭的重要信息，当然不是说“在我们的家族里，每个人都将成为总统”，这就是我的想法，我现在的想法。昨天我还看了连续剧《肯尼迪家族》(Kennedy-Serie)。

在这里又再次强调了康拉德·舒斯特尔有关照顾的讲述的重点。他提到了他的父母对待死亡的方式和他们与自己儿子的沟通风格，这两个方面都是他所敬佩的——尽管同时也是感到陌生的，他想将这些传承给他的孩子。康拉德·舒斯特尔甚至体会到了这是“家庭的重要信息”，并且由此引导出对家庭文化的设计，但这并不是像在肯尼迪家族里所做的那样去追求成就和成功。在这里一方面展现了，这个家庭正从儿子博士毕业让临终的父亲很高兴这样一个成功很重要的经验空间转变为现在社会再生产领域成为家庭的导向；但是，另一方面，在这样的对比中，对于远远高出平均水平的成就和成功仍然重视的标准也将传递下去。

总体来看，康拉德·舒斯特尔的故事展现了与父亲之间的疏离关系，他认为这主要是因为他们之间的教育差异所导致的。由于父亲在去世时，没有像母亲去世前那样，从讲述者的教育提升中获得益处，因而这个关系空白导致了强烈的情感反应。在对父亲的能力和他对待临终及死亡的态度的模拟性关联中，康拉德·舒斯特尔成功地将父亲的人格融入到家庭的意义地平线当中。家庭中的教育差异，所带来的矛盾心理的动态性，在这里是发生在20世纪60年代到70年代教育扩张的背景之下的。与因战争而失去父亲和父母一方的心理疾病的案例一样，总会存在一个因素对家庭产生影响、并触发释义过程，而这个要素主要包含对另一种世代关系的构建之中。[①]

---

①在矛盾的照顾模式中主要接受了更为年长的受访者的照顾故事。但是，在这个类型中也有年轻一些的人的案例。因而，在这里简短地对科妮莉亚·高斯（Cornelia Gauß）的故事进行介绍：科妮莉亚·高斯在接受访谈的时候32岁（出生年份：1975年）。她讲到，她的父亲在去世前主要是由她的母亲照顾的，他在83岁的时候去世。由于父母之间的年龄差异，还有父亲与他的四个孩子的年龄差异——他们是父亲第二次婚姻中所生育的子女，而且主要是因为他的酗酒问题对家庭生活造成非常大的影响，讲述者，特别是在她的青春期与父亲的关系很糟糕。关于父亲的最后几年，她说："他在最后的时间对我要温柔很多，但是我不能很好地接受，因为根本没有任何基础。"对于父亲的照顾的那段时间主要体现了世代之间的疏离关系。在这个故事中也记录了，在原生家庭的经验领域中，社会性再生产与文化—经济的再生产之间的矛盾。一方面，科妮莉亚·高斯很早就从父母身边独立出来了，并且她沿着父亲的道路成为一个成功的商人；另一方面，她觉得自己欠缺父亲的"美好的姿态"。对强烈的世代间差异的感觉通过对缺乏亲近的讲述表现了出来，因而另一些经验空间（与工作、酒精、第一次婚姻、战争经历有关的经验空间）才是真正体现父亲身份认同的地方。在这里，讲述者也通过历时性的模拟探寻过程做出了反应，从而能够在事后接近陌生的父亲，并且由此对自己的和他人的身份认同进行重新确认。因而，当她回到父母的家中时，她在内心里听到了父亲的脚步，她实际上怀念"他的方式，尽管他很少和我们交谈，但是我还是想念他的方式"。通过这种途径，在这个故事中家庭的连续性也从而产生了。尽管如此，当科妮莉亚·高斯在对自己的老年进行设想时，由于世代间的陌生关系占了主导，因而她的结论是，她"更愿意被一个没有关系的人所护理"。

第六章

“充满冲突的照顾模式”：

家庭契约的瓦解和重新开始

积极地展望自己的未来。因为鉴于过去的家庭冲突，人们将自己的老年视为一个能够改善家庭未来的机会。

在这一章里，将介绍充满冲突的照顾模式的主要特性。自我断言是充满冲突的照顾模式的故事的核心。这些故事主要是围绕着自己的生活是如何从原生家庭中分离出来，并在另一个家庭生活中继续发展来展开的。重新定位和新的定位都是因为冲突所导致的，在这些冲突中，要么是由父母最后一次导致了家庭内部的紧张状态，要么是讲述者将某个阶段作为与父母关系永久断裂的时间点。在这些故事中，呈现了这样的家庭经验领域，在那里面，代际之间的信任被打破了，相互之间自然而然而且是无条件的帮助不存在了。相反地，父亲、母亲和子女在世代关系中的位置被质疑，而且在这里也记录着对于亲子关系的基础愤怒情绪和不确定性。由于破碎的家庭经验领域，因而对于父母老年阶段的照顾表现为类似于合同的约定。在充满冲突的照顾模式中，形成了象征性的交换关系，人们的角色是由某些有关照顾的商定来详细定义的。在这里不仅涉及老年的父母，而且也与应该如何以及由谁在父母去世后，继续将家庭的“遗产”传承下去有关。这种有关对父母老年照顾的类似合同的商定有着不同的形式。在这项研究中，将介绍三种这一类的家庭中世代间的契约。在卡尔·君特·舒曼的故事中，涉及到被剥夺了物质上的继承权；马海可·斯达克的故事则是关于从家族谱系上被剥夺了继承权；卡琳·迪特里希的故事则是讲述者自己拒绝家庭中世代间的合同。这些故事都体现了这种照顾模式主要的四种特征：第一，作为对于家庭内部紧张关系的反应，家庭中世代间的关系限定在合同的形式上。这样所打开的视角就是给予和接受的关系，并且所要处理的问题就是，谁承担哪个角色、谁对谁应该负多少责任，或者谁可以支配谁。这种关系的形式是多样的。

例如，它可以是物质上的财产，也可以是赞赏。第二个特征与第一个特征密切相关，即在充满冲突的照顾模式中，与父母的冲突也会影响到兄弟姐妹的关系，或者在马海可·斯达克的案例中，这种冲突延展到他与他的后代的关系上。这显示了，世代结构中的充满冲突的特性体现在这些家庭中的方方面面。第三，在这类照顾模式的故事中，在与家庭成员的关系破裂后，人们会探索对于其他关系的重新定位。充满冲突的照顾模式的第四个特征是，积极地展望自己的未来。因为鉴于过去的家庭冲·突，人们将自己的老年视为一个能够改善家庭未来的机会。

第一节　被剥夺了物质上的继承权：卡尔·君特·舒曼（Karl-Günther Schumann）的故事

卡尔·君特·舒曼的故事是关于剥夺了物质上继承权的故事。在原生家庭的世代关系和伴侣或配偶关系之间的紧张关系，在这里扮演着重要的角色。在接受访谈时，卡尔·君特·舒曼74岁（出生年份：1933年），14年前退休。他和他的妻子住在德国北部一座大城市里，生活在自己购买的住宅中。这对夫妇有两个40多岁的女儿，她们都不住在附近，但是与这对夫妇有着亲密的情感关系。一个女儿有子女，因而卡尔·君特·舒曼也属于祖父母一辈的人。卡尔·君特·舒曼曾经是图书管理和出版领域的高级管理人员，由于糖尿病、心理方面的疾病和脊椎方面的问题而提前退休了。他的父亲在很久以前就去世了。他的父亲是一位牧师，在1953年65岁的时候因脑中风去世。那个时候，卡尔·君特·舒曼20岁。35年前，卡尔·君特·舒曼的母亲在79岁的时候去世。母亲一直作为牧师的遗孀独自居住在自己在T城市的房子里，直到患上了肺癌后而多次住进医院，并在半年后去世。在母亲的老年阶段，是由卡尔·君特·舒曼的两个年长的兄姐照顾她的，她们都住在母亲的附近。尽管在这个研究中，没有其他的样本是在失去父母与接受访谈之间有这么长的时间间隔，但是对于卡尔·君特·舒曼来说，讲起家庭中的冲突，他还是感到非常痛苦。

一、家庭中的世代间合同是家庭的断裂带

卡尔·君特·舒曼所讲述的世代之间的关系破裂是从他的童年时代就开始了。他与父母双方的关系在很早的时候就已经紧张了：

我那个时候就跟我的母亲有矛盾，我根本和她处不来，那个时候，我多大呢？大概十二三岁，然后我去找我的父亲，跟他说："你知道吗，我和母亲相处不好"。是的，他说"我和你的母亲一直相处很好"，然后他就把我丢在一边，那应该是关系开始紧张的一个事件。

卡尔·君特·舒曼通过回忆描述了一个孩子在家庭系统中的孤独。父亲没有利用母亲与儿子之间的裂痕，在自己这方面加强与儿子的联系，这让讲述者很失望。父亲没有与他联合起来对付母亲，而是表现了对母亲的忠诚，并且把儿子"丢在一边"。在这个场景中，讲述者作为一个将要进入青春期的男孩在寻找亲密的关系，他想将父亲作为平等的谈话伙伴，但是

在这段回忆中，所体现的是对父亲态度的失望，在这里也记录了这样一个家庭经验领域，在那里，对获得情感的感觉和愿望做出的是防御和轻视的反应。对于卡尔·君特·舒曼而言，童年时代和成年后的早期并不是一个有人关心他、有人以他的需要为自己行为导向的阶段，相反是一个对他做出压制性的回应、父母结成联盟共同对付他的时期。因而，从这个家庭的关系领域发展出了剥夺继承权的历史。而与父亲建立密切关系的需求是在父亲去世后才真正清晰起来，但是其源头也是在那个时期：

访谈者：您刚刚讲了，至少从青少年时期开始，您与母亲的关系就不那么顺畅，后来怎么样呢。您后来结婚了，在那之后与您母亲的关系有什么进展吗？

卡尔·君特·舒曼：是的，有变化。

访谈者：她也老了很多。

卡尔·君特·舒曼：是的是的。在我父亲去世的时候，在他去世的时候，母亲瘫倒在父亲的床边（深深地吸了一口气），她大哭起来，所发生的事情太大了，她刚刚失去了她的丈夫，她的，不是吗。他们之间从来不用名字，他们从不用名字称呼，而只是母亲和父亲，不用其他的名字。

访谈者：对不起，我想打断您一下……

卡尔·君特·舒曼：哦，好的。

访谈者：您的父亲是突然去世的吗？

卡尔·君特·舒曼：是的。他是脑中风，没过三五天就去世了。

访谈者：哦，明白了。

卡尔·君特·舒曼：（深深地吸了一口气）之后，我跟我的母亲说“我还在这里呢”，不是吗。我的哥哥和姐姐都没在那里。我的姐姐在K城市，她是家政老师，那时正在上课，我的母亲在她53岁的时候，也在那里学过家政。我的姐姐结婚比较迟。嗯（深深地呼了一口气），我的哥哥那时在O城市。他们都没有过去，没有去处理任何事情（深深地吸了一口气），我因此觉得，我必须把一切接管过来。我也是这么做的，我把父母的房子，他们在T城市的那栋房子里的两套住宅都清空，虽然租客并不想搬走，然后我将它们进行修缮。我应该是动用了休假，我把它接手过来，然后也做好了，因而实际上母亲不需要觉得缺少了丈夫。我的确比我的父亲活着的时候做得还多，只要T城市有需要。那些年都是这样，那时我还没有结婚。此外，当我去的时候，对于我的母亲来说总是（深深地呼了一口气）像过了一个小节日一样。她曾经给我的舅舅写过一封信，信上她说：“就我所知我已经有两个星期没见到卡尔了”等等。我们就像住在一起一样，就像母亲与儿子生活在一起一样，两个人都似乎没有别的联系。

我不去的时候，请人给她送花，我去看她的时候，也带花去。

卡尔·君特·舒曼将有关母亲与儿子关系的问题，放在更广阔的时间框架中，是从母亲在去世的父亲床前的悲伤开始的：母亲“瘫倒”了，因为她失去了她的“丈夫”。讲述者对这段陈述进行了详细的解释。卡尔·君特·舒曼认为，他的母亲与其说是因为失去父亲这个人而悲伤，不如说是失去了他在家里的作用、失去了他作为丈夫而在家庭系统中的社会—制度化的角色。作为对于这种解释的支撑论点，卡尔·君特·舒曼补充说，他的父母在生活中相互之间不用名字称呼，而是用父亲和母亲。因而，通过在访谈中的回忆，卡尔·君特·舒曼表示了对父母关系中缺陷的不满，这一点在后面还会继续涉及。

在访谈者询问父亲具体死亡原因的插话之后，卡尔·君特·舒曼通过他的叙述和所展现的一个场景，从而指出他自己是如何努力为母亲填补空缺的，而且以此产生在童年时代所缺失的亲近感。“我还在这里呢”的说法既表达了安慰母亲的努力，也是一种承诺，表示将从功能和情感的层面为母亲接管父亲的任务。除了自己的贡献之外，卡尔·君特·舒曼同时还强调了，在那个时间里，他的哥哥和姐姐都不在场，也没有“处理任何事情”，因而恰巧是他“接管过来”。在他对于母亲来说，接过了积极的帮助者的角色的同时，卡尔·君特·舒曼也在叙述中，将自己放在针对他哥哥姐姐的自我辩护的位置上：他与母亲的关系是合理的联系，而完全与他的哥哥姐姐的态度无关。在这里所隐含的表述是，凭借他的行为，不仅母亲，而且他的哥哥姐姐，也有义务要感谢他。在这里值得注意的是，他将他的行为完全作为父亲行为的替代。他讲到对这个家庭所居住的住宅的打理。卡尔·君特·舒曼列举了如何赶走租客，如何修缮并改造了房屋。他总结说，他“做好了”一切，而因此他的母亲“其实不需要觉得缺少了丈夫”，因为他甚至“比我的父亲在的时候做得还多，只要T城市有需要。” 在这里多次记录了卡尔·君特·舒曼是如何领会母亲的需求和期望的。这涉及到与性别相关的任务分工，在这些工作中，他作为父亲的替代者既完成了管理性事务，也完成了与体力劳动相关的工作。在他将家庭住宅称作“T城市”的时候，既意味着将家庭住宅和他在那里所投入的劳动有力地符号化，同时也意味着与其他领地区别化和界限化的需求，这是更深的层面，将在后面详细的论述。这个阶段对于卡尔·君特·舒曼而言，是构建起自己这边相对母亲互惠期望的基础。

通过这些行为，也产生了母亲与儿子之间关系中很大的亲近。在那段时间里，卡尔·君特·舒曼在不同的出版社和图书馆工作，尽管他不住在T城市，但是他会定期去探望母亲、给母亲送花或者请人送花给她。而且对于母亲来说，他也是非常重要的（“我去的时候，像是过了一个小节日”）。作为例子，卡尔·君特·舒曼讲到了母亲给舅舅的一封信，在那里面，母亲不仅对第三者谈论了这种亲密的联系，而且也提出继续需要这种关系。对于这个生活阶段，卡尔·君特·舒曼用这样的话来总结：“我们就像住在一起一样，就像母亲与儿子生活在一起一样，两个人都似乎没有别的联系”。在这里通过对情感特性的强调，也通过对相互之间替代伴侣式关系心理分析式的释义模式，卡尔·君特·舒曼的故事传递了双重信息：一方面，是继续强调情感化的重要性；另一方面，则通过采用心理分析式的释义模式，实现了持续的关系层级化。在这里，产生了一种与生命历程相关的“或者……或者”的条件式关系结构。不同世代之间的亲疏是由与其他人的联系来确定的。在这里所描述的世代间的生活模式和关系模式保持了大约10年。然后，卡尔·君特·舒曼在工作中认识了一位女性和她开始了恋爱关系，在三年零三个月后，他们结婚了，并且很快有了自己的后代。不仅是出于经济上的原因——卡尔·君特·舒曼的妻子在成为母亲后，不打算继续工作了，而且也为了实现世代间的共同生活，这对年轻的夫妇搬到了父母房子的阁楼里。因而，母亲与儿子之间的关系由原本在空间上有一定的距离而在情感上联系密切，变成了连在空间上也紧密地联系在一起了的，共同的家庭生活。这种共同生活尽管在最初是“非常美好的”，但是很快就产生了问题，因为母亲不断地“插手我们自己的生活。她总是干涉所有的事情。这是一个控制权的问题”，但她都没有成功。卡尔·君特·舒曼讲到，母亲并没有随着儿子关系结构的变化而做出改变，她没有放弃她习以为常的对他生活的影响。在这个家庭中新的三角关系结构也带来了对远近关系含义的重新商讨。但是，这并没有成功，局面在母亲不能保持必要距离的这个时刻就恶化了，而且“在处理邮件上也出了一些问题，她不能拆开它们，这是我们的东西，连邮差都明确地站在反对她的立场上”。从卡尔·君特·舒曼夫妇的角度来看，母亲破坏了最基本的规范，越过了可以允许的亲密边界。在这里关系到了卡尔·君特·舒曼的“我们”不允许母亲出现的生活领域了。这个理解方面的冲突不仅在家庭内部爆发，而且连例如邮差这样的外在证人也被牵扯进来了。这对夫妇感受到和母亲生活是对自己发展可能性的一种限制，因而卡尔·君特·舒曼在全德国的范围内申请工作职位。在世代之间关系格局和性方面关系格局之间的紧张关系中，卡尔·君特·舒曼选择维护与妻子新建立的家庭关系。当卡尔·君特·舒曼找到了新的工作位置，他们全家搬到与母亲有好几百公里远的地方。讲述者说：“这种关系因而就变得越来越淡了。她来看了我们几次，但是我不再对她有很多关照了”。在情感上的冲突之后，紧接而来的是空间上的分离，在这个阶段不再有世代间关系的改善了。这个阶段也持续了10年左右。这是一种疏离的状态，在原生家庭和自己的家庭之间没有解决的冲突，在这个阶段同样既没有被尝试着去消除，也没有在访谈的过程中对它进行进一步的反思。应该注意到，在这个冲突之后，代际之间照顾行为的结构发生了翻转，虽然母亲去看望了这个新建家庭，但是卡尔·君特·舒曼对母亲没有“很多”照顾了。

落空的互惠期望

在1972年，母亲被查出来患了肺癌。经过几次住院治疗后，她最终在半年的卧床之后去世了，并且安葬在T城市。这里讲述了关于母亲人生最后阶段对他的询问：

访谈者：在那半年里，你是否去看过她？

卡尔·君特·舒曼：是的。

访谈者：当时的情况怎么样，你们见面的情况怎么样？

卡尔·君特·舒曼：那是在母亲住院后，我的哥哥事后给我打电话的，我当然也会去看她的，不是吗？然后我就去了（深呼吸），我自己也会去的。事情是这样的，我应该得到T城市的房子，不是吗？这是在我们刚刚搬进去的那个时候商量好的，我应该得到那座房子。后来，我想搬出那个房子，努力盖自己的房子，我自己买了房子。因为我放弃了由我的父亲第一任妻子留给我们家的在R城市的房子，我通过放弃那座房子，才得到这座房子的。而且，也应该是这样，我的哥哥已经在家里的帮助下建造了自己的房子，而母亲没有给我帮助，因为她说：“你会得到这座房子的”，不是吗？但是我不想有一天走到临终的母亲身边——她总会有这么一天，然后说：“你总是说，我会得到这座房子，哪里写着呢？”于是她就去了公证处，在那里写了遗嘱，上面确定了，我将得到这座房子，并且估计如果我买下我的那部分，要花多少钱（深吸了一口气）。这对我来说总归是有好处的，这座房子属于我的那部分所估计的价格，没有已经给我哥哥的那笔钱的数额高。另外，我的哥哥已经盖了房子，他从家里得到的那部分在这些年里也继续升值了，不是吗？他实际上已经得到了他的那部分，不是吗？他自己也说："现在除了钢琴，我什么也不要"。但是，他们又说服了我的母亲，使她修改了遗嘱，用另一种形式得到房子。他们给我打电话，让我来看我的母亲，也是有这层含义。我是事后才想明白的，他们是让我的母亲问我，在我继承这座房子后，会怎么做，然后我说"哦，我卖了它，搬到S城市去"。我在那里没有房子，但是我可以用这笔钱买房子。然后，就因为我现在不再打算住在T城市了，那我对这座房子就没有继承权了，这样相对于我的哥哥姐姐，我在经济上也处于劣势，因为不被偏爱，因此处于巨大的劣势。

卡尔·君特·舒曼一开始打算用论述的模式来回答有关在母亲的生命最后阶段与她见面的问题（"事后"），但是他很快就切换成叙述模式，并且说，最后一次见母亲是他哥哥给他打电话所推动的。这种所转变成的事情陈述模式一直贯穿了整个这段叙述。对所发生的事情的讲述和解释交替进行，并且相互限定。在对背景的陈述中显示了，是什么使有关母亲人生最后阶段的记忆和讲述变得困难：这牵扯到物质上的回馈规则。在有关背景的叙述中，卡尔·君特·舒曼讲到了家庭中世代间的协定，在那里约定了，他将得到作为遗产的T城市的房子，因为他在父亲去世后打理了这所房子，并且和他的家庭及母亲在那里共同生活了很长时间。对此，他要将在R城市的、由他父亲的前妻留给这个家庭的房子给他的哥哥姐姐。当他和他的家庭从T城市的父母家里搬走，像他哥哥一样建造自己的房子的时候，他并没有像哥哥一样得到“家里的帮助”。当然因为这个家庭告诉他，这种帮助扣减在了之后他会得到的家里在T城市的房子上了。他自己在那个时候也采取措施，使得这种约定具有法律效力。于是母亲在公证机构留下了遗嘱，指出她的小儿子只需要向他的兄弟姐妹支付房产估计价格中高于所支付给兄弟姐妹的价格的那部分。而且由于他的哥哥已经从家里得到的那一部分在这些年里也在“继续升值”，并且他的哥哥自己也说，除了钢琴，他什么都不要，这些也让这个约定更具有合法性。这个家庭世代间的协定，不仅是在母亲与儿子之间的，而且也与其他的兄弟姐妹有关，或者说这个约定是所有家庭成员交流的结果。这个协定是在讲述者和他的母亲保持着亲密关系的时候形成的。那么“在母亲临终的时候会怎么样呢”，他的哥哥为什么让他来看母亲是他“事后才想明白的”，他认为哥哥姐姐们有背后的动作。他们问了他对T城市房子的打算，然后他如实地回答，他打算卖了它，然后用这笔收入去他新的家乡城市再置业。卡尔·君特·舒曼的哥哥姐姐用他的这个说法“说服”了母亲，使她“修改了遗嘱”，因为他不再想住在T城市了，那么他就不再对这个房子拥有权利了。因为他做出了与生活在T城市和住在家里的房子相反的决定，那么也就可以理解为是他单方面破坏了所达成的共识。由此所带来的结果就是，在临终母亲的病床前，年长的哥哥姐姐利用他的“不被偏爱”而改变了遗产的分配，使得他处于“巨大的劣势”。

在这个陈述片段中也记录了这样的经历，即在母亲人生最后阶段对母亲的照顾关系覆盖了在早期生活阶段的照顾关系，而且前一种关系的重要性，是通过物质遗产的分配得以体现的。但是，对于讲述者来说，他认为在父亲去世后他的照顾行为，要比哥哥姐姐在病床和临终时的照顾重要得多。卡尔·君特·舒曼所描述的这种被剥夺继承权的体验是非常痛苦的，因为他在父亲去世后的照顾贡献并没有得到承认，他的期望也落空了，他只是得到了义务那部分。在这个讲述段落中，他对物质上的互惠期望，是针对他的母亲和哥哥姐姐所代理的，具有象征意义的家庭住房的。在这里也展示了，母亲人生的最后阶段和有待分配的遗产使得兄弟姐妹之间形成了新的关系。在接下来的进程中，对于卡尔·君特·舒曼而言，家庭的冲突就从母亲那里转移到兄弟姐妹的关系上了。当然，在继续讲述兄弟姐妹之间的冲突之前，还应该对引起这场冲突的介质——物质遗产进行详细的分析。正如我们已经猜想到的，在整个故事中，T城市的房子不仅是母亲生活的中心，而且也在整个家庭中具有象征意义。

物质化的家庭象征“房子”

在卡尔·君特·舒曼的故事中，这个家庭中已经有三代居住在里面的T城市的房子具有重要的意义。陈述者在访谈开始对自己的生平进行叙述时，也提到相应的信息：“我在T城市出生，那里有我外婆的房子，那里也可以说是我们的基石”。T城市的房子对于这个家庭来说不仅是他们的生活和工作的出发点，而且连T城市这个地方，也对这个家庭有着特别的意义，因为那里是这个家庭的情感和家庭历史的根基。在卡尔·君特·舒曼的故事中也特别提到了这个家族的墓地，他的父亲也葬在那里：

我的父亲是在64岁半的时候在D村子去世的，然后他被葬在T城市，那是在我的母亲的父母下葬的墓地上。在那里也埋葬着我的母亲的姐姐及其丈夫。我的名字和母亲姐姐的丈夫的名字一样，他叫卡尔·艾西（Karl Esche）。

在这个讲述段落中，展示了T城市这个地方的意义及与母亲那边家族的密切关联：卡尔·君特·舒曼的父亲是葬在他母亲家族的墓地的，而他自己也和一位姨父有着同样的名字。在这样的背景下，情感上、空间上和最终物质上离开在T城市的房子，都是明显的挑衅。卡尔·君特·舒曼则为家庭的意义结构和身份认同结构带来了这种挑衅。"T城市的房子"不仅因为它物质上的价值，而且也因为承载着大量情感而成为纷争对象。对它继承的问题，也对这个家庭的历史有着很重要的象征意义。在这里记录了一个家庭中对剥夺继承权的解释方面的冲突，它是意味着对从互惠性期望中所产生的家庭中世代间协议的违背，还是代表着对有计划的、与作为家庭历史重要象征的T城市的房子分离行为的破坏？

二、兄弟姐妹关系中的冲突领域

与作为上一代人的母亲之间的冲突也延伸为与兄弟姐妹间的冲突，卡尔·君特·舒曼在另一个意义结构中对这个冲突是进行了讲述的。有关这个兄弟姐妹之间冲突的起源，必须追溯到最初的顺序原则，即兄弟姐妹之间的排行顺序：

我们兄弟姐妹之间的年龄差距很大，但是他们俩之间的年龄差距却很小，他们结成一派，我是那个最小的，跟他们相比，我总是，总是没有被公平地对待，或者没有被同样的认真对待，不是吗？到今天还是这样。

由于兄弟姐妹在年龄上的差别（哥哥比他大4岁，姐姐比他大6岁），形成了哥哥姐姐针对他的阵线同盟，他与哥哥姐姐是疏离的，而且处在一个边缘化的位置上。在日常的理解中，最小的孩子往往由于“最小孩子的效应”会得到父母和兄长姐姐的格外关注，从而在家里赢得能和很多好处联系起来的位置，但是在卡尔·君特·舒曼这里却是完全相反的效果——

至少在和他哥哥姐姐的关系上不是这样的。兄弟姐妹之间的年龄格局使得哥哥姐姐结成同盟，在这里卡尔·君特·舒曼用了一个比喻，一个常常出现在法学的上下文中的词语——公平。将他个人在家庭中社交格局中的位置，定义为，受到不公平对待和得到较少承认的。年龄的差距让他经历了对他个人的隔离和降等，这是在他整整一生都没有能够克服的。兄弟姐妹之间的关系格局在这里是从家庭体系的角度被引入的，从而对与哥哥姐姐实质的冲突——即有关家庭遗产的继承问题——避而不谈。那么，通过什么样的方式能够实现家庭内部的“公平”呢？这个充满冲突的兄弟姐妹之间的关系格局，在母亲去世后仍在继续延续：

我在那个时候还与我的哥哥姐姐保持联系，尽管发生了那么恶心的事，我还在和他们维系着关系。但是，我也几乎和他们没什么可谈的（深呼吸），啊，是的。后来我有一次被我的哥哥邀请，他在施瓦比亚汝拉山（Schwäbische Alb）买了房子，我在那住了两三天。借这个机会，我问他，他为什么要那么做。他说“不是我一个人做的”，然后他又说，“而且是你把我牵扯进来的”。哦！从那之后我就越来越疏远这种关系，现在我已经不和他来往了，和我姐姐也不来往了。因为我知道她在这件事里也有份，没有我姐姐，我哥哥是没法成功的。这些事几十年来一直困扰着我，我不得不说，我现在每天还都会想到它。（深吸一口气）可能就是这样的，这些属于我的生活。但是，也许我现在不应该继续这样了，就当这段历史没有发生一样，不是吗？现在我也已经老了，是的，年轻时候的那些关系我不应该再保留了，是的，我现在不再那样了。我从那里面走出来了。而且从这个意义上来说我应该感到满意，不是吗？是，当通过这种方式失去了兄弟姐妹（深吸一口气），也是很令人伤心的，不是吗？

尽管哥哥姐姐破坏了有关遗产分配的协定是令人“恶心”的，但是卡尔·君特·舒曼一开始仍然和他们保持着联系，他感觉与他们深深地“联系”在一起。兄弟姐妹的关系在他的体会是不由他决定的，在那里面，主要是并非自己想要的联系，而且自己也几乎无法影响和控制这种关系。在这个讲述片段的开始。记录着与之相应的矛盾心理，在这种矛盾心理中，卡尔·君特·舒曼不能确定，他应该如何对待一方面是联结在一起的感觉，另一方面又是失望的情绪。与有关和母亲在一起居住的阶段冲突升级的叙述类似，在这里也出现了冲突滋长出来、联络淡了下去的局面。而后，哥哥“有一次”邀请他去施瓦比亚汝拉山做客，卡尔·君特·舒曼利用这个聚会的机会，开始了开诚布公的谈话。在问到哥哥那么做的原因时，他的哥哥强调，不是他“一个人”做的，而是他的姐姐也参与其中。在这里又再一次讲述了有关家庭体系中联盟的经历。另一方面，他的哥哥又说，他这么做，是因为他自己也是卡尔·君特·舒曼的牺牲品，是卡尔·君特·舒曼将他“牵扯进来的”。因而，在这个叙述片段中讨论了过错的问题：在家庭内部谁是凶手？谁是牺牲者？卡尔·君特·舒曼在这个场景中看到，他不仅要面对哥哥姐姐针对他的共同行动，而且还要面对他自己给哥哥姐姐带来了危险的指责，他们只是对此进行了防卫。这种说法对卡尔·君特·舒曼所有的意义结构产生了威胁。在他被迫面对这种肯定会对他产生影响的指责的时候，他关系历史中的情感框架受到了颠覆。哥哥的这番话将他作为这样的当事人，即在回顾家庭历史的时候，可以看到他只是通过自己的人生发展，首先满足自己的需求，因此他自己在家庭系统中是负有“过错”的。哥哥姐姐主要将他对母亲的照顾贡献，看作是获得能够确保对母亲产生影响的权力位置的表现。在这里展示了对亲近的寻求、在父亲去世后最先守在母亲身边的这些行为，在哥哥姐姐那边是如何被视为界限的逾越行为的，在这些行为中，家庭内部的给予和获取失去了掌控，而且由于没有哥哥姐姐的介入，使得这种给予和获取的关系向有利于卡尔·君特·舒曼的方向移动。与哥哥姐姐有关遗产的冲突和与之联系在一起的、对他在家庭中的身份认同的攻击，给他在“几十年”里都带来了沉重的负担，直到今天依然如此，尽管他已经停止了与他们的来往。在这个叙述片段的结尾，卡尔·君特·舒曼接受了这段令人痛苦的经历，因而他总结说，来自家庭的痛苦折磨属于他的生活，对他来说是隐含在他人生发展的可能性中的。他正通过“我现在不再这样了。我从那里面走了出来”，而使得自己能够“继续”走下去，而且抛弃年轻时代在家庭中的家系方面和象征意义上的位置。卡尔·君特·舒曼通过对他的最终导致被剥夺继承权的身份，认同发展过程的回忆，将这个过程看作是使得力量得以解放的过程，在这个过程中，他被从“家庭”的关联系统和顺序系统中扔了出来，而这样的发展过程也为他提供了机会。

在家庭关系破裂后，在卡尔·君特·舒曼的故事中，父亲的人格拥有了重要的功能，从而将父亲与母亲和哥哥姐姐区分开来：

访谈者：当您想到母亲的时候，您会责备她吗，因为她如此强烈地被您的哥哥姐姐所影响？

卡尔·君特·舒曼：哦，这件事我不怪罪她。她的个性软弱，可以说，她没有强有力的个性特征。……但是，我可能也感到恶心的是，在我搬走的时候，她很遗憾地说“如果你住在这里的话，一切都会是另一个样子”。但是当这种恶心的感觉消失后，我认为这实际上也是符合逻辑的（深呼吸），如果现在从感情层面来看的话，不是吗？是，感情层面只是事情的一个方面，现在我认为这没问题了。但是，我不会对我的孩子这么做的，是的，不会的。嗯，我也想过，如果我的父亲还活着的话，这些就不会发生，不是吗？而且有意思的是，我的哥哥姐姐其实只是跟我的母亲联系，而父亲对他们来说，完全不是一个他们能施加任何影响的人。

在问到当母亲修改了遗嘱后他与母亲的关系时，卡尔·君特·舒曼从母亲讲到哥哥姐姐，然后又说到父亲。首先，他免去了母亲的过错，因为他认为由于母亲的“个性软弱”，所以不想把剥夺他继承权的过错怪罪于她。此外，他（在“这种恶心的感觉消失后”）承认母亲行为的情感逻辑，从而认为母亲的行为是合理的，因为这是对应他当时所做出的行为的，所以从“感情的层面”来看是“符合逻辑”的。因而在这里，卡尔·君特·舒曼也承认了他自己对于代际之间协定的破坏：这是一种照顾和情感与物质物品的交换关系，而他通过中断了与母亲的情感破坏了这种交换关系。尽管如此，讲述者还是强调了，情感层面只是“事情的一个方面”，而且明确指出，这要与对世代间的关系以及与之相关的继承关系区分开来。他用了好多年才形成这样的想法，现在他要从另一个角度来看待这些事件。因而，他也形成了对世代问题的观点（他自己不会对他的“孩子”这么做的）。如果一个“家庭”要顺利运转，它的基础是贯穿父母老年的所有阶段，直至他们去世的世代间关系，正如卡尔·君特·舒曼所要构建的，这种世代关系不应该在子女这里只有情感逻辑发挥作用，而父母也往往应该是冷静地对待子女的。因而，“繁衍”在这个上下文中，具有了这样的特征，即它出现在具体的代际关系历史的发展过程中。

当与家庭中的遗产继承的活动拉开距离后，卡尔·君特·舒曼形成了这样的想法，即他的父亲可能会阻止这种不公平的遗产分配。虽然没有详细说明，但是这里，卡尔·君特·舒曼讲到的是在公平的观念下的行为。他将母亲的行为归为遵守感情原则，这种原则允许在情感关系发生变化和与之联系在一起的照顾关系也发生变化的时候，可以用与之前已经和子女所约定的不同方式分配遗产；与之相反，他将父亲的行为归于理性原则，以卡尔·君特·舒曼的故事为背景来看，这个原则是会按照家庭协议上面的约定在孩子之间分配遗产的。卡尔·君特·舒曼也将这种原则看作是符合道德的坐标系，并且他的父亲在事后被他当作积极的重要关联人。进而，他指出，他的父亲与他哥哥姐姐的关系也是不同的。他们只与母亲保持密切关系，而父亲则是展现了不会受“任何影响”。对家庭中关系结构的重新组织是从过去的视角到现在视角的过渡。尽管这些人格结构和关系格局是存在于过去的，但是现在将生发出新的意义。

三、对家庭历史的重新定位

在与母亲和兄弟姐妹的冲突后，在卡尔·君特·舒曼的故事中出现了对家庭历史的重新定位，他是通过对父亲的价值体系的发现以及父亲的人生与自己的人生相比较来进行这种新定位的。正如即将看到的那样，重新定位主要是涉及到性关系和职业这两个具有重要意义的领域。卡尔·君特·舒曼详细介绍了他父亲的生平。1888年出生的父亲从14岁开始就已经在新教的神学院接受神学培训了。在神学院毕业后，他通过了选拔[①]，获得了到大学进行神学学习的奖学金，而且这也包括在其他大学的几个学期交流学习。在第一次世界大战的时候，父亲参军了。在父亲快30岁的时候，他因为受伤而住进了战地医院，在那里他结识了一名护士，并且很快就与她结婚了。战争结束后，父亲在新教神学院开始了他神学方面的职业生涯，

①这是一种法国的选拔程序。

成为一名神父，不久之后，他的儿子出生了。而父亲的第一任妻子，因为患上了所谓的西班牙型流行感冒[①]于1918年去世了。在一个单身男人独自抚养着一个幼儿的情况下，父亲“迫切地想再次结婚”。他在第一任妻子去世6年后与卡尔·君特·舒曼的母亲结婚了。[②]

性关系和世代关系

与父亲的积极关联，尤其是与对父母或者说母亲的关系的评价降低联系在一起的，在接下来的叙述中得到体现：

访谈者：好的，在您回忆的时候，在您讲到您父亲的命运的时候，您一直把他看作一个老人。

卡尔·君特·舒曼：是的。

访谈者：但是实际上他没有那么老。

卡尔·君特·舒曼：没有，只有64岁。

访谈者：没错，那么最后几年到底是什么样子的，他是什么样子的，你们的关系又是什么样子的？

卡尔·君特·舒曼：哦，他是，他是一个非常雄心勃勃的人，是这样

---

①西班牙型流行感冒是在1918年至1919年间发生的全球性流行性感冒传染事件，是由一种称为西班牙型流行性感冒所引起的传染病，曾经造成全世界约10亿人感染，2500万～4000万人死亡（当时世界人口约17亿人）；其全球平均致死率为2.5%～5%和一般流感的0.1%比较起来较为致命。其名字的由来，并不是因为此流感从西班牙爆发；而是因为当时西班牙有约800万人感染了此病，甚至包括西班牙国王，所以被称为西班牙型流行性感冒。而在西班牙则称此为法国型流行感冒。——译者注

②父亲第一次婚姻中所生育的儿子作为士兵死于第二次世界大战中。

的人。他的婚姻是没有爱情的婚姻，不是吗。婚姻对于他而言，母亲扮演着女管家的角色，对于教区而言，母亲是神父的妻子，而对于父亲而言，她是女管家。他也没有多少时间和我们在一起，没有什么时间和子女一起度过，而且事实上也基本不关心我们。（深呼吸）他们那代人都是这样。和后面的人不一样。（深深地吸了一口气）是的（长长地出了一口气）。

对于在关于父亲的回忆中他总是一个“老人”这个问题，卡尔·君特·舒曼没有直接回答，而是首先谈到了访谈者所提出的“命运”这个概念。对此他谈到了两个方面，它们都体现了父亲的人生的特征：一方面，父亲是一个“非常雄心勃勃”的人。这个描述在对父亲职业生涯叙述的总结以及指出与叙述者自己作为管理者的职业生涯的相同之处时，又再次提到过。另一方面，卡尔·君特·舒曼强调父亲与母亲的关系是“没有爱情的婚姻”。由此所产生的结果是，母亲对于父亲而言只是“女管家”，对于教区来说则是“神父的妻子”。而且，父亲对于他的孩子也是“完全不关心”的。卡尔·君特·舒曼通过指出父亲属于历史中的另一代人，他们在总体上与后来的人不一样，从而将这种情感上的克制合理化了，也就是用修辞的战略进行了世代划分。在这里明显地体现了对父母之间关系的情感特征的低评价。针对接下来有关对这对夫妇情感特征判断的追问，卡尔·君特·舒曼详细叙述了他父母之间的关系：

访谈者：您认为，他是不是从根本上非常怀念所建立的第一个家庭？

卡尔·君特·舒曼：我想是这样的。他从来没有说过，但是在他的办公室里（深呼吸）常年挂着一些照片，我想一直到最后，我不太清楚，但是无论如何那里面有他的第一任妻子的照片，那是挂在他正对面的墙上。嗯，是的。在他站起身的时候，他会叹息道“这就是七件东西”，不是吗？这一定是在说，他真正爱着的女人不再存在了，而现在只有一个女管家在他身边，和她除了性关系之外什么都没有。不是这样吗？

在这个叙述片段中，卡尔·君特·舒曼描绘了一幅场景，讲到他的父亲是如何重视与第一任妻子的关系的，这种状况一直持续到父亲生命的终点，并且也一直一如既往地决定着他的日常生活。这体现在父亲的第一任妻子的照片就“挂在”他办公室里“他正对面的墙上”。卡尔·君特·舒曼通过讲述父亲在站起来的时候感叹“这就是七件东西”，[①]而形象地描绘出来这种失去所带来的悲伤和感觉。卡尔·君特·舒曼通过对他父亲的回忆，也从中理解了与父亲的第一任妻子不同，父亲与母亲“除了性关系之外什么都没有”。母亲又一次被降等为“女管家”，而且也贬低了她的性关系。在这里既记录了在男人特性方面，自己与父亲是完全一样的，而且也产生了父子两人对婚姻中的性的价值的共同观念，即它的价值，要高于作为家庭中另一个重要的关系特征的代际关系。由此在父亲去世后，自己与母亲的情感中断也具有了合理性。卡尔·君特·舒曼在他与父亲之间所勾勒出来的相同性，不仅是在对职业和遗赠方面的价值观上，也与背离母亲这个人有关。

---

①“七件东西”可能出于谚语“收拾好你的七样东西”。这句谚语的含义是，每个人都有七件重要、应该随身携带的东西。

在卡尔·君特·舒曼的故事还讲述了他与父亲另外一个相同之处，即心理上的脆弱性：

有关上学（长出一口气），有关上学，我先是在E城市的N村子上的小学，之后是在E城市上了中学，一直上到5年级，然后我参加了国家考试，正好被我父亲上过的那所神学院录取了，在S村子待了两年，在那里我病得很严重，所以就又去了U城市，在那里一直待到1950年的圣诞节。但是我必须摆脱一切，什么事情都不能做，有整整一年我从一切事情中脱身……我对那段时间耿耿于怀，在那段时间里我也不能上学了，我还在医院里住了六个星期，正好也是我父亲以前所住过的精神病医院，那里对我很有帮助，我必须这么说，要不怎么会有我今天的样子？然后是毕业，之后我当了学徒，而后又在大学读了三个学期，我对大学的学习一直不能上手，而后我想起来在G城市的医院里一位主任医师说过“中学毕业他们还能胜任，继续去读大学的话就很困难了”，大致如此。是的，可能走入实践工作中会更好一些。

卡尔·君特·舒曼在这里讲述了他的职业发展历程，他是在与父亲同样的地方起步的。但是，17岁的时候，由于他心理上“很严重”的疾病，他必须有一年“从一切事情中脱身”。他还在医院里住了六个星期，而那家医院也正好是父亲之前因为抑郁症住过的医院。叙述者通过这些勾勒了父亲与儿子几乎一致的人生道路，而且两个人都有精神方面的疾病——虽然在这里没有详细讲述其中的原因。卡尔·君特·舒曼在所读过的学校和所住过的医院方面与父亲有双重地点上的一致性，因而在这里突出了父亲和儿子在生活道路上的共同性，与此同时，卡尔·君特·舒曼后来的教育经历，也标志着他与父亲不同的职业道路。父亲凭借着神学专业的大学教育而进入了学术职业领域，与父亲不同，他在“对大学的学习一直不能上手”之后走入“实践工作”中。人生中的转折点是被一所精神病医院的主任医师的建议所引导实现的，这位医生认为他是不具备大学学习能力的。在这里涉及到了与家庭之外的专家系统交流，而对于讲述者而言，这在他的回忆中占有重要的位置。与之前所发表的评论“那里对我很有帮助”结合起来，在这里第二次对精神病医生的工作——从回忆的视角中——给予了积极的评价。与机构化照顾体系的关联被当作与家庭中积极沟通的对立面。医生在他的疾病方面给予了很多的帮助，并且对他的未来也做出了正确的估计，因为之后他在事业上非常成功：

八年之后我又搬到了B城市，我住在那里，也在那里发展了我的事业，总体来说，在事业方面我做得非常好，可以说，是获得了成功，在我离职时，总负责人讲到了我的成就，我的妻子大为感动，“你做了这么多，我完全没有想到”，不是吗?

对于卡尔·君特·舒曼而言，对他自己的职业发展道路的讲述是意味深长的。一方面，通过在这段讲述所暗含的与父亲的比较，使得他与父亲进一步靠近了。尽管他的职业道路与父亲的不一样，但是他“发展”了他的“事业”，而且获得了“成功”。满意之情和积极的评价也在他的离职欢送会上由他的妻子表现出来了，他的妻子表达了对他工作的赞许，而且认为那甚至是超出她想象的。在这里记录了焦点的再次转移——从原生家庭转向核心家庭。另一方面，在这里也展示了，卡尔·君特·舒曼认为他自己的妻子所扮演的角色，是与儿子眼中母亲之于父亲的角色不一样的。在这个自己所建立的家庭中，讲述者看到的是另一种关系格局。

四、将老年看作机会

卡尔·君特·舒曼所讲述的经历对他自己关于老年阶段的设想有什么影响呢？首先可以确定的是，讲述者对于这方面的问题是用“我们的视角”来回答的，也就是包含了他和他的妻子。配偶关系在对人生最后一个阶段的计划中是作为主要关系的。对于这对夫妇来说，无论是在现在还是在将来，他们的自有住宅都是非常重要的：“我们在这里已经住了36年了，不再想从这里搬走了”。因而在这里强调了，在这对夫妇失去遗产后，或者说失去了T城市的房子之后，他们建造了新的、尽管是比较小的房子，现在他们不想再放弃它。卡尔·君特·舒曼描述了他们的住处，他们住在一片森林旁边，在那里他们可以牵着狗散步，而且友好的邻里关系也是对他们没有实现自己大房子梦想的补偿；在他们不再能够自己照顾自己的时候，他们首先会打算去养老院。对于卡尔·君特·舒曼而言，老年应该是一个远离家庭冲突的，令人感到满足的阶段。

他与他妻子之间只在养老院的形式上有一点小的分歧。他的妻子更喜欢规模小一些的养老院，因为在那里人们“恰恰能够和较少的人结成真正的关系”，与之相反，卡尔·君特·舒曼自己更倾向于更大一些的养老院，因为在那里会“有更多令人兴奋的地方”。在这里记录了由于兴趣的差异而可能产生的冲突意识，卡尔·君特·舒曼与他的妻子在沟通的过程中，共同关注并处理这些分歧。

他与他的妻子达成的共识是，在他们到了需要照顾的时候，他们要住在他们子女的附近。但是，与两个女儿的家庭生活在一个屋檐下的做法是被排除在外的，因为这样“会过于亲密，而且至少对孩子们造成了限制”。鉴于舒曼夫妇与母亲共同生活的经历，他们都明确地认定，世代间的关系只有在与老一代保持一定的空间距离，也就是说不是共同生活在一个家庭中，才有可能和谐。年轻的一代需要他们自己的自由空间，而在与年长的一代共同生活的情况下，晚辈那一代要比长辈们付出更多的努力去适应。在这段论述中，强调了两个世代自我发展机会的重要性。尽管在老年阶段，世代关系被看作是非常重要的，并且为此要付出努力。例如付出搬家的代价（在这里请参照在互助性照顾模式中的安吉拉·维特的故事），但是卡尔·君特·舒曼还是将“受到限制”作为一个不允许被逾越的界限标记了出来。“自主性”导向同时是与私密性导向联系在一起的：

访谈者：您认为一个家庭是以什么为核心基础的？

卡尔·君特·舒曼：哦，那是随着时间的不同而变化的。当孩子还小的时候，他们依赖父母，当孩子长大了之后，父母就老了，父母依赖孩子，不是吗？历来如此。（深吸一口气）人们的身边有一个像家庭成员一样的人，是非常美好的，不是吗？我无论如何都拿我的哥哥姐姐没有办法，在这种局面下，我们现在是这种情况，（深吸一口气）但是如果历史不是这样的话，我们之间也还是这样。我没法与他们特别亲近，因为我们有太多的不一样，不是吗？他们非常保守、讲求政治上正确，或者在各种情况下，都是中产阶级那一套（深吸一口气）。是的。但是，当我和我的孩子在一起的时候，我总是说“我的兄弟姐妹”，我对他们像兄弟姐妹一样，是的，现在不再有什么妈妈和爸爸了。他们对我们有很大的改变，而我们也将我们的人生经验贡献给他们，他们也从自己的人生经历里给我们帮助，他们属于另一代人，他们帮助我们理解年轻的一代是什么样子的，是的，仅仅通过他们另一种状态的存在，就对我们理解年轻人有帮助。

在有关他对“家庭的核心”的观点的问题上——在这里“核心”这个词隐含着积极的特征，卡尔·君特·舒曼首先提出的是依赖性这个要素。在他举他对他哥哥姐姐的依赖性这个例子之前，他先说到了在儿童时期和老年时期代际之间的依赖性和所产生的、与之相关联的角色互换。“依赖性”对于卡尔·君特·舒曼而言，完全是家庭的中心特征。在这个层面上，他指出家庭的情感潜力就是通过这种方式表现出来，即有一个人能紧紧地站在自己的身边。

之后，他将他的哥哥姐姐作为与这种家庭的积极特征的对立面引入到讲述中：“我无论如何都拿我的哥哥姐姐没有办法”，展示了将自己放置在讲述中心的叙述视角，并且将和哥哥姐姐之间负面的经验普遍化。而且除了围绕着物质遗产的冲突之外，他无法“与他们特别亲近”，还因为他们之间有着很多非常大的差异，这些差异尤其是存在于政治价值观方面。兄弟姐妹之间的差异通过这种方式，进一步支持了上述的无法相处的观点。在讲述者看来，亲疏的局面也是以政治观点为媒介而得以形成的，或者说，是通过政治方面的观点的不同，分析了家庭内部为什么会形成亲疏的关系，并且附带地也使兄弟姐妹之间的差异合理化了。与此同时，在这里还指出了家系关系中可以感知到的脆弱性，因为政治方面的相反见解不仅使得这种关系变得阴暗，而且可能在讲述者看来，它还会形成无能为力的局面。接下来，卡尔·君特·舒曼讲到了与自己成年子女的共同生活。他与他们建立了“像兄弟姐妹一样”的关系，这不仅是一种承诺，而且也是一直在这么实施的。在这种关系中，尽管子女们还会称呼父母为“妈妈和爸爸”，但是放弃了依赖性。卡尔·君特·舒曼在这里，通过对于原生家庭的经历的含蓄对比，指出他与自己子女的关系不仅是亲近的，而且也是平等的。在这样的相处中，他们能够从各自不同的生活经验中相互学习。特别是作为父母的一方也因此有了了解年轻一代的机会。在卡尔·君特·舒曼看来，随着世界的变迁和时间的流逝，他能够用和子女的往来代替与兄弟姐妹的关系。因而，在这里，他建构了一个有些似是而非的状态：一方面他们是以兄弟姐妹的形式相处的，而另一方面，他们相处的内容又是关于两个世代的不同生活经历的，这通常在兄弟姐妹之间是不可能的，因为兄弟姐妹之间通常不会出现“年长的”一代和“年轻的”一代。这个在代际关系中所存在的不同时性在这里被当作关系资源，它的价值就在于尽管有“另一种状态的存在”，但是也产生了帮助、沟通和亲近，在那里面不包含不对称性。

将这个陈述片段作为一个整体来看，会发现它的结构是相当高度复杂的，而且同时又是矛盾的。首先引人注意的是，在这里积极和消极的对立面不断地交替出现。当然，卡尔·君特·舒曼正是通过这种划分等级的方式，从而能够将他的代际关系和同代间的关系中正面的和负面的经历整合在一起，并且从时间的角度上使它们协调起来。这段关于父母与子女关系中人类学意义上依赖性的讲述的辩证基本结构，通过在兄弟姐妹关系中的社会政治方面的社会化所产生的不同作用，而发展成为世代间沟通式的交换过程，从而使得卡尔·君特·舒曼能够发展出对家庭的理解，在那里“亲近”和“平等”拥有中心地位，而对于疏离和差异的经历将要么通过交流使之产生用途，要么就根本不在家庭中存在。

总体来看，在有关老年阶段的整个陈述单元中，一直贯穿着积极的基本导向。这表现为：所描述问题的状况一定是与解决方案以及与之相关的从感觉他治的结构中的脱离联系在一起的。因而，对于讲述者而言，通过反思和他人格的继续发展，退休阶段的特征是：“在退休后已经发生了很多”。通过将父亲与哥哥姐姐区分开来，从而找到自己的经历与父亲的经历有很多重要的相同之处，而在这里，他又通过对老年形象的设计，成功地与父亲区分开来。这个状态被讲述者描绘为“令人感到舒服的”。

访谈者：嗯，您的父亲现在对您来说是什么样子，在已经过了这么长时间之后。

卡尔·君特·舒曼：嗯。

访谈者：当您想起他的时候，会浮现出什么画面。

卡尔·君特·舒曼：哦，我现在首先感觉非常舒服，我到目前为止已经比他更老了。这样我就可以小看他一些了（笑），因为在这个期间里我的确，我多大年纪了？我的确有了比他多十年的生活经历了，不是吗？（深吸一口气）我在这段时间里确实非常遗憾，他没有能活得更久一些，我也没有能够和他建立关系，不是吗？没有去接近他，也没有改变这种冷漠的关系，但是，现在这个阶段已经过去了，不是吗？事情已经是这个样子了，关键是我现在是更年长的了，比他要年长，必须要想到，现在我们是在2007年，如果他还活着，他现在已经119岁了，哦，只是因为这一点。

在面对这里的追问时，讲述者首先是叙述了自己的感觉。他没有描绘父亲的“画面”，而是首先讲到自己的感觉，那是“非常舒服”的。这是胜利者满意的感觉，因为仅仅是他比父亲多了十年的生活经历，就使他现在能“小看”父亲了。在这里，卡尔·君特·舒曼指出了老年的一个维度，不是他要反对的维度，而是能为他所用的维度。这会产生自然而然的差异，允许叙述者高于他的父亲，却不会引起家庭中的冲突。生活经历在这里是定量的数值，而不是定性的数值。接着卡尔·君特·舒曼继续说，为什么超过他的父亲对他来说是重要的，正如那段有关他自己的生活和父亲生活的相同之处对他来说是重要的讲述中所体现出来的那样，在这里，也表示了在过去他非常希望与父亲亲近。他在很长时间里一直后悔，他没有从自己这方面建立与父亲的关系，没有积极地结束那种“冷漠的关系”。但是，现在这种愿望已经属于“过去了”的“阶段”了。在年轻时代的那种“冷漠的关系”实际发生的时间和现在这种舒服的感觉切实产生的时间之间，他“在这个期间”一直承受着不能改善与父亲关系的痛苦所带来的折磨。在这里要明确的是，尽管有着糟糕的家庭经历，但是他仍然相信关系是可以塑造的。

在时间中所积累下来的年龄是可以作为一种潜力的，因为它可以通过自然而然的方式改变家庭内部关系的层次。通过在年龄方面对父亲的超越，讲述者将所有给他带来负担的家庭关系都抛在了身后，现在只是去关注家庭的未来，在那里不再是原生家庭的规则发挥作用，而是他自己的构建才是有效的：

我的妻子经常在高兴的时候每天都给孩子打电话，至少每周要煲两次电话粥，她们能谈多久就谈多久……但是我不太喜欢在电话里交谈，不是吗。嗯。这对我来说太不够了，对我来说太抽象了，太单薄了。我喜欢见到她们，和她们一起吃饭，和她们一起去散步，应该这样，这才是实质。

在这个陈述段落中，再一次表现出卡尔·君特·舒曼与他的妻子在对待代际关系方式上的不同。差别和区分的角度体现了在重视家庭关系方面不同的习惯风格。卡尔·君特·舒曼清晰地叙述了自己对于与孩子的关系的价值观念。他的妻子更看重数量，她会经常而且尽可能长时间地与孩子们通电话；而卡尔·君特·舒曼相反，他不喜欢打电话，而喜欢有着比打电话更复杂的互动的共同活动。这是世代间关系的“实质”。卡尔·君特·舒曼明确地指出了世代间相互关系清晰的标准，而且在这里有着悦耳的画外音，即这是他现在的和将来生活的底色。

总体来看，卡尔·君特·舒曼的故事的显著之处是，作为老年人的老年阶段还没有出现。这一方面体现在，讲述者只是远距离地经历了他母亲人生的最后阶段；另一方面，“老年”这个人生阶段呈现着各种各样的含义，它被不同的关系所带来的不同状况所改写着。从卡尔·君特·舒曼与他子女的关系——他们几乎是兄弟姐妹的关系——来看，老年阶段的特征应该是削平年龄差异的过程，而且这也体现在与他父亲的关系上，因为在年龄上，已经自然而然地超越了父亲。对于讲述者而言，“老年”首先是改变的机会。有关中心冲突这个问题，记录了在家庭动力结构的内部，讲述者既是行为人也是受害者。讲述者开诚布公地讲述了家庭关系的破裂，并且也展示了大量的使自己行为合理化的努力，这些贯穿着整个故事。这也体现了自陈式故事的特性。在卡尔·君特·舒曼的故事中，有趣的是，他对自己的老年的令人愉快的展望。他从被剥夺物质继承权的令人痛苦的经历中，转向了对非物质东西的关注。在这里所表达的“关系知识”就是避免给子女造成精神负担。但是，另一方面他也维护着非常密切的世代间的关系，这可能是与他最初的对家庭中亲近的寻求是有关的。充满冲突的照顾模式在这里展现了从原生家庭中离开，而转向自己建立的家庭。这个照顾故事重新阐释了，对于家庭来说什么是重要的。

第二节　从家谱体系上被剥夺继承权：马海可·斯达克（Mareike Stark）的故事

正如将要展示的，在这个充满冲突的照顾模式中，在这个家庭中剥夺继承权的介质表现为不被承认。在接受访谈的时候，马海可·斯达克63岁

（出生年份：1944年），在两次婚姻后守寡。她有一个32岁的、在第一次婚姻中所生育的女儿。她是从事秘书工作的母亲的唯一一个孩子，母亲在与丈夫离婚后，独自抚养她长大。她的父亲（出生年份：1918年）是位医生，在离婚后再次结婚，之后又有了四个孩子。她与父亲在很长的时间里一直保持着松散的联系。在中学毕业后，马海可·斯达克在鲁尔区（Ruhrgebiet）上大学学习哲学。大学毕业后，她当了几年老师，之后由于失业，她在20世纪80年代重新读书，后来成了一名记者。在接受访谈的时候，她在新教的教堂管理机构做新闻发言人。马海可·斯达克的丈夫在2002年的时候，因为突发心脏病而去世。在她的丈夫去世后，她加强了与80多岁的父亲的联系。她经常去探望她的父亲和父亲的第二任妻子。父亲在最后的20年里，因为糖尿病和心血管疾病而受到很大影响。他88岁的时候在医院去世，这是在访谈的前一年。马海可·斯达克在她第二任丈夫仍然在世的时候，只是偶尔与父亲有联系。一方面是空间上距离比较大，但主要是她认为："他当时处境困难，但是我也很困难啊，他给我的生活中带来了很多难处，为什么他现在老了、病了，我就要去照顾他呢。"由于父亲并没有对她承担其作为父母的职责，因而没有理由要她作为子女去照顾老年的父亲。但是，在她的丈夫去世后，她开始与她的父亲加强了联系，因为她开始将父亲"作为与自己相关的非常重要的一部分"了。这样的靠近是一步步实现的，因为她首先必须得到父亲的信任和认可。讲述者回忆了一次家庭聚会，在那里，她打算演奏笛子，但是，在聚会之前，她的父亲对她的音乐能力提出了质疑，并且问她，她是否练习好了。她回答说"是的"，然后又回去练习了好几次，最后客人们非常喜欢她的表演。在这里显示了，对于马海可·斯达克而言，父亲与女儿的互动是一个挑战。尽管父亲年事已高，而且患有疾病，但是她所面对的独裁般的要求，不仅是与她的能力有关，而且她还必须在新家庭的环境中表现和证明自己的交流能力。在后来的故事中，在她得到她父亲的承认之后，演奏笛子成为父母与子女关系的重要媒介，并且贯穿了父亲最后的人生阶段。音乐是她接近父亲的独特的入口，使她在微乎其微的表现机会中赢得了胜利。因而马海可·斯达克在看望因中风而躺在医院病床上的父亲时，也带去了笛子：

我仔细考虑怎样才能够真正触碰到他，于是我又带上了我的笛子，而且还带了一张CD，是亨德尔奏鸣曲（Händelsonaten），这样能够陪伴他。后来，我第一次，在我人生中的第一次看到我的父亲哭了。在我吹笛子的时候，他坐在房间里，坐在他的轮椅上，我想这是他还拥有的、唯一的表达感情的方式了，他哭了。应该是因为高兴而哭，我想应该是这样的。每次想起来，这也让我很感动。我还记得，当我在回家路上的时候，当我做了这一切之后，我在S城市，是在S城市的中央火车站，在中央火车站登上火车之后，火车开动了，行驶过一座座桥梁，将它们留在后面，越过那些河流，我感觉到一种轻松的感觉，于是想“哦，上帝，我现在做到了。我成功地做到了”。我每次想起来都有一种轻松的感觉，好像那个场景刚刚发生过。

从这个讲述段落中，可以清楚地看到，马海可·斯达克对看望她的父亲做了精心的准备。她思考由于父亲的年纪和突发而来的疾病，还能用什么方式能够“触碰到”他，她最终决定通过演奏笛子，用高标准的音乐表演来实现。因而，这里显示了在对已经高龄的父亲接触的设计上，马海可·斯达克对自己有着很高的要求。她并不是直接出现在父亲面前的，而是做了准备并且有着相应的规划。因而，尽管她的行为完全是为了父亲、并且针对相对于他的年龄的需求和可能性，但是通过强有力的准备和通过将音乐作为媒介，也体现出了这种亲近不是自然而然产生的，而是要通过准备和计划。与在家庭聚会中的那次笛子演奏一样，这一次也是她计划的结果。她的笛子演奏不仅触碰到了父亲，而且在某种程度上触动了他，马海可·斯达克第一次看到父亲哭了。在年老体衰的状态下，父亲无法以其他的方式表达，在这里，对于女儿来说，情感层面变得透明可见了，这是她从来没有从父亲那里体验过的。尽管如此，直到今天她还不能确定，父亲的眼泪到底意味着什么。马海可·斯达克思考过，是否这是喜悦的眼泪，对此没有确定的答案；但她能够肯定的是，她所做的这件事给父亲带来了深深的情感触动。这种关系上的不对称性和她与父亲接触的私密性及密集性，都产生了与父亲的亲近，这是之前在这种世代关系中不存在的。她也指出，拜访父亲对于她来说意义重大，因而她也付出了巨大的努力。在回程的火车上，随着与父亲的空间距离不断增加，也随着诸如跨越河流的桥梁这样的标识符号的数量越来越多——这些都发生在她离开父亲回自己家的路上，她感觉到一种越来越强烈的轻松感和释放感，她的拜访“成功”了，她做成了这件事。尽管在照顾中，付出的努力与互助式照顾模式有显著的相同之处，但是在这里同时也记录了，尽管拜访是积极的，但是并没有体现出常态性和惯例性的特征。在这里产生了筋疲力尽的感觉，因为老年的父亲越是没有表达自己的能力，马海可·斯达克就会产生越大的控制和处理父亲感觉的责任，因而尽管讲述者也被深深地打动，但是也只有在回家的路上、随着空间距离越来越远，才能将这种筋疲力尽感抛在身后。在这段叙述中，确立探望能够进行下去的首要条件，是要能够控制局面，而不是将自己交付出去。

从家谱上剥夺继承关系

在父亲去世前一年，他联系了马海可·斯达克，向她提议——用讲述者的话来说——一个“项目”，马海可·斯达克指出这是一件让她感到备受屈辱的事情：

在一个初夏的长周末我去了P城市。是的，他在之前给我打了电话，说想要向我介绍一个项目，我大概了解了这个项目。这是一个与我有关的项目，因为他在电话里对我说：“我买了一本圣经”，然后说“你的书法很漂亮。人们在圣经上可以写上他的家庭成员。你写字很好看，所以当你过来的时候，你是否能够帮我做这件事情”。就是这样。但是，那里只有留给一个家庭的地方。那里只有留给四个子女的地方（笑），就是这样的，但是我还是做了一切。我还是去做了。他把整个家族的资料给我，他把他的家谱、还有他的父母留下的家谱都给了我。在家谱上记录着他的父母还有祖父母，还有他妻子的父母，我也将这些誊写到了圣经上，还从家谱中抄写下来了他的兄弟、他的姐妹和所有的纪念日、他们的生日是什么时候，也包括他在第二次婚姻中所生育的四个子女。但是，那里没有留给第五个孩子的位置，那个孩子在出生后只活了几个小时、没有几个小时就死掉了，但是他的妻子还是把他记录在了家谱上，只是在这里，在这个记录中不再有他的位置，我在这里也没有位置。我的确觉得这让人感到一点儿都不舒服，因为他只是仔细看了我的誊写，而根本没有进一步想这样的做法是不是真正合适。我还是做了这件事，我把那些都抄写上去了，而且当他看到的时候，他很满意，他说“噢，你做得很漂亮”，只是这样。

马海可·斯达克讲述到，她在一开始就以疑惑的态度面对父亲的打算。这段记忆对于讲述者来说是痛苦的，因而她在最开始没有说明，这个项目对她来说意味着什么。在整个这段叙述过程中，她都在不断地努力寻找恰当的措辞。在叙述中，讲述者在陈述事实和对此评价之间来回摇摆，并且逐字逐句地复述了父亲在电话里的提议。电话里，父亲请她在她下一次探望的时候，在他购买的家族保留的圣经上，按照家谱顺序誊写家庭成员的姓名。他之所以请她来做这件事情，是因为她的书法很漂亮。父亲通过补充说明这件工作对他来说意义特殊，从而使得这个项目成为父女相处的一个机会，而且主要是与家庭的其他成员无关的。接下来，马海可·斯达克感到讲述无法进行下去，因为这个方面对她来说是非常痛苦的，她苦笑着继续讲述。在圣经上，只留给了一个家庭和他们孩子的位置。根据父亲给她的家庭资料，马海可·斯达克既将父亲的岳父岳母和父亲的父母以及父亲兄弟姐妹的姓名和他们的纪念日誊抄了上去，而且也将出自父亲第二次婚姻的子女的资料抄写了上去。马海可·斯达克多次强调，“我还是去做了”，并且由此也强调了她在做这件事情的时候巨大的不情愿和克制。马海可·斯达克指出，在家族圣经的家谱上不仅只有留给一个家庭的位置，而且也只能在上面写上四个孩子的资料。因而，这使得第二任妻子的在出生后不久就去世的孩子的资料无法写在上面了，讲述者自己的当然也不可能。一个死去的孩子和她自己由此被排除在家庭的谱系之外，讲述者在叙述中，通过将自己放在死去孩子的后面，并且通过努力用不带感情色彩的和就事论事的语气，将这种排除在外所带来的情感上的影响表达了出来。这些在马海可·斯达克看来有什么象征意义，引起了她什么样的情绪，这些她都没有与她的父亲交流过。只是在她自己的内心里，她确定，父亲的行为是只重视结果的，虽然表扬了她，但是没有考虑过，“这样的做法是不是真正合适”和是否“一点儿都不令人感到舒服”。家族的圣经是家庭文化重要的物质载体，它使得家庭的过去能够在未来保留下来，并且展示家庭成员和他们的位置，因而没有被收录在家庭圣经的家谱中，就象征着马海可·斯达克被排除在家庭的家系结构之外了。这也可以理解为被从家谱上剥夺了继承权。通过自己按照父亲的要求，在家族圣经上誊写家谱，就使得父亲将女儿排除在外的这种行为得到了女儿的承认，父女双方在这个问题上达成了共识。因而，这在象征层面上，再一次重复着马海可·斯达克在她人生的早期时所体验过的，被排除在家庭关系之外的经历：

他和我的母亲去了户籍登记处，在那里，父亲的一个朋友给了他们一份事先准备好的合同，上面写着当他和她结婚之后，她必须立即同意离婚。我的母亲带着那份合同去找了一位律师，给他看了这个合同，他说，在他所有经手的案件里，还没有经历过这种情况，诸如此类。母亲也没有别的办法。他就这样做了。他在F城市通过了大学毕业考试，然后去了前线，之后看到了我，我还是个孩子，应该说是个婴儿，但是这对他来说毫无作用，他没有一点儿被打动，也没有接受与我的母亲的关系。母亲一直努力地工作着。在三年后，他们正式离婚了。

马海可·斯达克讲述了，她的父亲和母亲结婚是为了让她作为婚生子来到这个世界上。当然这是通过一个合同得以保证的，合同上规定母亲在结婚后必须同意立即离婚。因而，在这里父亲给马海可·斯达克带来的，是与她通过自己之手所誊抄的家谱一样，是把她从父亲那边的家谱链条中排除出去，之前父亲是通过一个合同解除了她母亲与他的关系。在这对夫妇之间的约定是非常少见的，在这个故事中，马海可·斯达克通过讲述母亲去了律师那里，律师对她说，在他看来这是一个罕见的情况，而对此加以强调。父亲完成大学学业后，在战争的最后一年参了军。尽管他看到了还是婴儿的马海可·斯达克，但是这对他有关断绝与母亲关系的决定没有任何影响。这是一个给马海可·斯达克带来很多伤痛的确认。这进一步意味着，母亲必须努力照顾自己和她的孩子，并且在一两年后完全实现之前的离婚承诺。通过这段她对早年与父亲关系的体验的故事，也许是她从她母亲那里得知的这段故事，展示出父亲没有感受到与马海可·斯达克的情感上的联系，而父亲在他人生的终点又象征性地前进了一步，将她从家族谱系中划掉了。对于马海可·斯达克来说，一直不可知的是，她对于父亲而言究竟存在着什么意义。她向老年的父亲所做的再次接近的努力，也并没有改变她的地位。在被符号性地从家谱中排除在外之后，马海可·斯达克还是一直陪伴父亲直到他去世。在父亲生命的最后，他在治疗中风的医院里住了一段时间之后，搬到了养老院。在马海可·斯达克去拜访父亲的时候，她仍然做出与父亲状态相符的举动。在这里，她回忆了父亲的妻子与之相反的行为：

他非常虚弱，坐在轮椅上，身体向前倾着，向桌子那边倾斜着，他总是想睡觉，哦，是一直成天地睡着，他醒着的时候很少。他还能认出我来，向我点头，说“嗯”。……他的妻子（笑）在那段时间里一直沉浸在对很久以前和他在一起的美好日子的回忆中。她讲道“啊，你的父亲那个时候也是一个很棒的小伙子”。她开始讲述旧日的时光，讲到她是如何结识他的。事后我有的时候会问，这样好吗？这样做的确是合适的吗？我也想过，当某个人身体上已经很虚弱了，但是当别人讲起他的时候，他还是会听在心里面的。这就是我最后一次见到还在世的父亲的情形。

在这段讲述中，马海可·斯达克首先形象地描写了父亲糟糕的健康状况，这意味着，这个阶段给她留下了很深的印象。尽管很虚弱，但是他还能认出她，并且向她打招呼。与马海可·斯达克不同，父亲的妻子并没有做出与临终者境况和需求相适应的举动。讲述者以和她保持着嘲讽性距离的方式讲述到，父亲的妻子是如何“一直”执著于父亲在年轻时代的形象的，她勾勒了那些“美好的日子”，而恰恰没有意识到当下的临终情境。她对马海可·斯达克强调说，在她认识他的时候，父亲是怎样一个“很棒的小伙子”。这首先对马海可·斯达克而言是一种挑衅，因为正是由于与这个妻子的结识，父亲在那个人生阶段不再留在她和她母亲的身边了，而是转向了新的家庭。这些想法是马海可·斯达克不愿意继续想下去的。但是，这里也显示出，她一直感受到在她和新的家庭之间一条清晰的界线。其次，在讲述者看来，这些讲述不是面对临终的父亲恰当的举动。通过对那段积极主动的、为另外一些人带来利益的人生阶段的回忆，通过不去谈论现在这个消极被动、年老体衰的并且对于周围人来说往往是不愉快的人生的最后阶段，而且也通过含蓄地对此进行贬低，从而将即将去世的人排除在外，他不再被看作是有价值的了。因此，在临终父亲的床前的交谈，与其说是“与”他一起进行的，不如说是“关于”他的。她与她的父亲最后一次见面，可以看作为她对于父亲照顾成功的结束。在这里展示了，她的照顾是高于父亲妻子的照顾的，并且也看低了这对夫妇的关系。讲述者因而做出了正面的总结：

我已经感觉到，从我这里实现了和解，我在这个过程中是主动的，也就是一切都偿清了。我对自己也的确感到惊讶，对自己在所有发生的事情中的做法感到非常惊讶。相对来说，我现在，相对在这当中没有太大的情绪波动。没有这些事情，我可能还不能演奏得这么好。有的人即便会非常投入在其中，非常伤心，感觉到一切，但是在这种情况下什么也做不了。但是，我实际上是相对，是的，是很酷的，今天可以这么说（笑）。

对于马海可·斯达克而言，在父亲的人生最后岁月中对他的照顾，是一个完成了“和解”和“清偿”的过程。她“主动”地完成这些，这是

"从我这里"出发的，而父亲在其中不发挥作用，父亲的行为不处于中心。尽管受到了屈辱，但是讲述者对于父亲的照顾没有中断，而是继续进行下去了，因为这对她的人生是重要的。由于她在情感上参与得较少，因而她与那些要面对痛苦折磨的人是不同的，她以更高的视野和"酷"的方式来面对这一切。正是由于她在与父亲的人生最后阶段，以这种保持一定距离的独立行为方式，来处理与父亲的关系，因而她在父亲去世之前，实现了从他治的纠缠中脱离出来，从而能够面带笑容地进行回忆。

对于自己老年的期望领域

马海可·斯达克的女儿出自她与第一任丈夫的婚姻中。在女儿出生后两年，她与这任丈夫离婚了，带着女儿搬到了母亲家，母亲那个时候还在照顾她自己的母亲。因而四代女性同堂的家庭就形成了。在马海可·斯达克上班的时候，她的母亲帮她带她的女儿。在她结识第二任丈夫之后，她又搬了出去，而女儿一直由其外祖母来照顾。她的新伴侣是她所居住社区的牧师，她在他的"有关感恩节的非同一般的布道"中爱上了他。音乐和艺术是他们的共同兴趣领域，将这对夫妇紧密地联系在一起，而且他们之间的关系是"他们人生的挚爱"。在接下来的讲述中，叙述了因此出现的家庭冲突：

马海可·斯达克：是的，如果没有她的帮助，一切都不可能，尤其是不可能成为记者。……如果没有她，一切都不会像现在这样好。

访谈者：你们是非常了不起的女性之家。

马海可·斯达克：是的，是的。所以当我后来再一次去寻找我的幸福的时候，当我说我必须去寻找我的幸福的时候，我的母亲非常失望。是的，就是这样的。是她们两个人都很失望，她们联合起来对付我（笑）。

访谈者：噢，不会是这样吧。

马海可·斯达克：不过现在这一切都过去了，过去了，因为现在我的丈夫已经不在了，所以过去了。我有时会想，也许这是我和她们再次亲近的机会。我想可能会与女儿再次靠近，随着时间会越来越亲近的、会越来越好的，她会从她那边就这么做的。她应该是会有被孤零零地抛弃的感觉。当然，今天我知道的很多事情主要是关于我的母亲的，而不是直接关于她的。她大部分时候会讲到我的母亲，她会跟我讲母亲的事情。但是经过了这些，我能够接受，当事情是这样的时候，人们必须迫不得已地接受（笑）。

在这个讲述片段中，马海可·斯达克指出，她所作出的为了一个男人而离开母亲和女儿的家的决定，让母亲和女儿直到今天还不能释怀。她希望特别是能够与女儿重新靠近。在与第一任丈夫离婚后，如果没有母亲帮助她照看女儿，她是无法应对的。正是这样的照顾使得她能够开始她的记者生涯。而尽管访谈者强调了这个四代女性同堂家庭的特殊之处，但是讲述者立即叙述了自己从这个家庭的离开。讲述者从来没有放弃这样的打算。

由于马海可·斯达克离开了母亲和孩子——她的女儿那个时候13岁，而去与新的丈夫一起寻找他们的“幸福”了，因而母亲和女儿两个人联合起来对抗她。和她的父亲为了建立新的家庭而抛弃了她的母亲相似，讲述者也抛下了自己的女儿。与在卡尔·君特·舒曼的故事中所记录的一样，在马海可·斯达克的故事中，她只是以不同的方式，但同样形成了性亲密关系高于世代亲密关系的局面，而这在家庭关系中导致了冲突。在接下来的叙述中，马海可·斯达克指明，重新建立世代间的纽带是多么困难。当她作为女儿面对自己的父亲的时候，她主动开始了与老年的父亲的联系，并且努力实现和解，与此同时，她也寄予女儿同样的希望。马海可·斯达克承认这要慢慢来，这对于女儿来说是困难的，因为讲述者指出，女儿会有“被孤零零地抛弃的感觉”，这种距离感一直是通过当她与女儿见面的时候，女儿总是在讲叙述者母亲的事情而得以体现。

在被问到对自己老年的设想时，马海可·斯达克除了提到保持健康、尽可能长时间地自己照顾自己、成为一名自由撰稿人以及继而成为作家的愿望之外，首先是希望有个外孙或外孙女。这不仅是她自己的愿望，也是她母亲的愿望，她的母亲也想当上曾外婆。在问到，她是否想过搬到挪威（Norwegen）去，也就是她的女儿因工作原因所生活的地方的时候，马海可·斯达克说，她不再想离开德国北部，不仅是因为她的母亲住在这里，而且也因为她的丈夫葬在这里：“当我需要时，我可以马上就开车去到那里，是的，在那里我可以得到依靠，我把那里看作是我们共同生活的一部分，在那里我又能对生活有所理解”。在丈夫去世后，探望他的墓地成为重要的起始点和仪式，并且给她以支撑。通过这样的行为，她一如既往地寻找着夫妻关系中的“亲密”，尽管已经有死亡横亘在中间。

综观马海可·斯达克的故事，其中展示了充满冲突的照顾模式，在这个故事中，本是自然而然的世代间关系由于新建立的夫妻关系而被打破。

讲述者不仅被动地承受着被她的父亲象征性地剥夺了继承权，而且她自己也主动地破坏了她与女儿之间的世代关系。这个故事与卡尔·君特·舒曼的故事一样，都是对于家庭历史的发展路径和与其相关充满冲突的解释的自我断言。在那里，必须通过努力才能获得对自己在世代关系中位置和角色的理解。马海可·斯达克在访谈结束时引用了戈特弗里德·贝恩（Gottfried Benn）[①]的诗句来概括她由于关系破裂而产生的自身生活形式和关系形式的多元化——“通过多种形式来描写，通过我和我们，还有你”。马海可·斯达克将老年阶段和无助的生活状况更多地看作一种可能性，藉此能够产生新的世代之间的彼此靠近。

第三节　拒绝家庭中的世代合同：卡琳·迪特里希（Karin Dietrich）的故事

与卡尔·君特·舒曼和马海可·斯达克的故事不同，在卡琳·迪特里希的故事中，叙述者所遇到的并不是被剥夺继承权的问题，而是她自己中断了与家庭的联系。在接受访谈的时候，卡琳·迪特里希50岁（出生年份：1956年）。她离婚了，和两个未成年的孩子住在租来的房子里。她自己和她的儿子都有身体上的残疾。她是因为髋骨的关节炎而不能正常行走，而她的儿子则是有听力障碍。她完成了社会福利工作的职业培训，在接受访谈

①戈特弗里德·贝恩（1886—1956年），德国诗人，作品具有强烈的表现主义色彩。主要作品有《陈尸所和其他诗歌》、《肉》、《瓦砾》、《双重生活》和《静态诗》等。——译者注

时，处于失业状态。卡琳·迪特里希有一个比自己小六岁的妹妹。她的父亲（出生年份：1929年）是机械师，她的母亲（出生年份：1926年）是家庭主妇。在访谈前四年，卡琳·迪特里希的母亲因为癌症，在经过将近一年的护理后去世了，享年76岁。她的父亲一开始独自住在他们自己的房子里，而后住进养老院，在那里很快就去世了，享年75岁。这发生在访谈之前两年。

卡琳·迪特里希的故事是从对这场戏剧舞台搭建的讲述开始的，在这个舞台上发生了所有意义重大的事件，并且由此能够草草地勾勒出相互之间的关系结构：

访谈者：现在我想请您，慢慢地、尽可能详细地讲述您的母亲在人生最后阶段的情形。您可以从您注意到她变得虚弱了、病情加重了开始。

卡琳·迪特里希：好的。

访谈者：您自己是怎么做的，你们之间的相互关系如何，也都是我感兴趣的。

卡琳·迪特里希：我和我的母亲关系不好。这些已经都逐渐结束了，我也对此感到平静。几乎可以说，我和我的母亲完全没有关系，也没有情感上的联系。我清楚地知道母亲生命的最后阶段是从什么时候开始的，那是2001年，我的儿子住在医院的时候。我的儿子在放假前读小学三年级，放假的时候，孩子们去我的父母那里过假期了，在假期的最后一个星期我的母亲也开始生病了，真的病得很重，然后她住进了医院。她在她的一生中都在不停地抱怨，她总是说，她糟糕透了，她就要死了，诸如此类的，这总是她的话题。但是，这次她真的很糟糕了，之后很快确诊她得了肠癌，治不好了。我的妹妹是护士，在那个时候管理着医院肿瘤科的护理部门，她之前在大学读的专业是法学。她立即决定，尽快把母亲接回家中。主要是我的妹妹来照顾母亲的。因为她们之间有非常紧密的关系，而且情感关系也是这样，所以当我知道母亲的病情的时候，一开始自然是很震惊，但是很快这对我的震动就像一个正常人听到这个消息所产生的焦虑那样。而后我很清楚，我不会对此做任何事。我说过，我准备照顾我的父亲，我和他有着更好的关系，直到今天当我想起他的时候，还是会觉得很温暖，我也很想念他。但是我的母亲，我并不想念。

卡琳·迪特里希从叙述她和她母亲之间关系的质量开始了她的故事。她与母亲“关系不好”，但是这些“都逐渐结束了”，而且她对此感到“平静”。因而这个故事似乎在这里就已经结束了，但是在这里又加入了新的鉴定：她与母亲“完全没有”关系。这重新开启了压力场，卡琳·迪特里希接下来被迫要去证明这个压力场的合理性，而且这也使卡琳·迪特里希的故事成为一个对情感活动进行描摹的故事。很显然，她并不太愿意讲述她与母亲之间关系的故事，而是更愿意讲起自己的故事。她故事的中心题目在这里已经显现出来了，即世代之间的关系和在那里面所产生的疏离或者说分离。

与上段已经表明人们之间的冲突历史的抽象的前言相反，接下来是对于母亲人生最后阶段起点的非常具体的叙述。在那个时候，卡琳·迪特里希的孩子和母亲同时住进了医院。卡琳·迪特里希的孩子之前的假期是在她的父母那里度过的，这说明尽管在这段叙述的开头所强调的糟糕的世代之间的关系，但是在家庭内部还是有经常性的往来的，在这个家庭中，外祖父母也与他们的外孙们有着密切的关系，或者说他们承担着照顾的工作。母亲的重病从假期的最后一个星期就开始了，而且很快被确诊为无法治疗的肠癌，这次真正的重病被作为母亲之前一贯行为的对立面——母亲“在她的一生中”都不仅“抱怨”身体状况，而且还总是说快要死了。对此，讲述者指出，母亲这种状况对她而言，已不是母亲对自己命运悲惨的预言了，而是母亲不断提到这个问题却从来没有相应行动的结果。卡琳·迪特里希在其他地方还讲到了母亲的行为：“如果她之前就做些什么的话，现在她应该还活着，但是她就是愿意继续扮演着‘我不行了’的角色”。由此，在这个故事里就出现了意味着自己采取主动的、巩固自己健康行为的“自我照顾”与接受作为痛苦患者的社会“角色”之间的紧张关系。这也是涉及到了个人化和集体化之间，或者说自我照顾和对由他人来决定照顾的要求之间的张力关系。接下来，从讲述者对母亲病史的内心想法，转到了按时间顺序发生的事件之上，在这里“妹妹”被引了进来，她在整个访谈文本中都一直被称为“我的妹妹”，即用她在家谱中的位置来指代她，而从来没有被用她的姓名称呼过。通过对妹妹从法学专业的大学学习转为护士的职业培训、现在是肿瘤科护理者负责人的职业发展历程的讲述，有力地说明和强调了妹妹在家庭中医疗事务上的重要作用。正是因为如此，妹妹做出了决定——在这里并不清楚卡琳·迪特里希在多大程度参与了这个决策——“尽快把母亲接回家中”，然后“主要”由妹妹来照顾母亲。除了专业知识这个正式的原因之外，卡琳·迪特里希还指出妹妹与母亲不仅有非常密切的关系，而且也有紧密的情感联系。由此，妹妹与母亲的关系就构成了讲述者自己与母亲关系的对立面，并且这种差异是涉及到关系质量上的差异，这是在这个讲述段落的开始就提了出来的，而且也是导致紧张的姐妹关系的原因。与她的妹妹不同——她通过对母亲的诊断而能积极地帮助母亲，而卡琳·迪特里希对这个消息的反应是“很震惊”。但是，她对于重病这个消息的震动就像一个“正常的人”听到这个消息所引起的震惊一样，而不是像一个“女儿”应有的那样，这让她立即清楚，她“不”想为照顾母亲做“任何事”。正如在这里所展现的，防御性的情感反应以及与使得这种防御具有可信性和合理性关联在一起的行动决定，贯穿在卡琳·迪特里希的整个故事中。

尽管如此，卡琳·迪特里希还是在考虑了对母亲照顾之后，提出了同代间和代际间关系合同的建议，在那里规定了在她与妹妹之间对于照顾父母的分工。她建议，她的妹妹应该来照顾母亲，而她将照顾父亲。姐妹之间分工的中心依据是她们与父母的情感关系的特性。与她和母亲的关系不同，她不仅在过去与父亲有着“更好的关系”，而且直到在父亲去世后的现在，当她想起父亲的时候，还是会觉得“很温暖”。在这个叙述段落中，卡琳·迪特里希提及了她的父母、孩子和妹妹。因而，在这个段落里是论述和讲述片段的混合，在这样的叙述中展现了主观的印象和对家庭中其他成员的描写。这种表现方式的主要模式已经很清楚了，即一个场景或他人的行为会被加以描述，并且也会将自己对此的感觉和反应补充进来。观察式的和评价式的态度主要是用于划分界限。

在故事接下来的发展中，展示了母女之间糟糕的关系是从儿童和青少年时代就开始的。

卡琳·迪特里希只勾勒出了两个场景，那是在她的人生中，她感觉到母亲关心的时候：

在我的生活里，总的来说，我能记起来的只有两次有被关心的感觉。第一次，是当我［我那个时候已经16岁了（叹气）］，当我的手指被冲压机压着了、回到家中的时候，母亲用她的手抚摸了我的头。另一次是，我在打暑期工，但是我不想再在邮局工作了，她说，我不应该放弃。除此之外，我没有从她那里感觉到感情。我是说积极的感情，而总是拒绝的。

卡琳·迪特里希在这个段落中所描述的场景都发生在她的青少年时期。在那两个场景中，她都表现出了坚强，既没有被疼痛，也没有被自己所打倒，而且在这两个时刻她从母亲那里感觉到了不是已经习以为常的“拒绝”，而是“感情”。在这里可以清楚为什么卡琳·迪特里希说她与母亲没有良好的关系了，因为在她的讲述中可以看到，母亲的行动和反应是完全不恰当的：对于手指被压伤做出的是抚摸头的反应。在这个例子中，体现的是对女儿伤痛的疏远反应。而在第二个场景中，则完全看不到情感成分，相反母亲表达的是不要中断在邮局继续工作下去的要求。这里展示了，在讲述者的童年时期和青少年时期，母亲对于她的“照顾”是非常不完整的。相反这个原生家庭的经验空间是以身体上疏离的反应和对成就以及自我控制的重视为特征的。

在这里所记录的父母的行为，更多的是以传统的、培养男孩的教育观念为导向的。这一点从卡琳·迪特里希对自己在兄弟姐妹之中自我定位的上下文中可以看到："我必须说，我是三明治孩子，我有一个哥哥，他在出生的时候死了，那是在我出生前两年，所以我多多少少是一个用来安慰父母的孩子，但却不是他们所希望的继承人，他已经死了，而我只是一个女孩"。在这里可以看到，在卡琳·迪特里希的故事中，传统观念也有着非同一般的重要性。它体现在家系结构上，并且对世代间的关系有着决定性的影响。仅是因为她的性别，她的父母对她感到失望。从她将自己描述为"安慰父母的孩子"当中可以看到，她将自己作为完全是服务于父母的情感需求，而并不是能够有自己的要求的孩子。

尽管如此，对卡琳·迪特里希而言，她一直努力去改善与母亲的关系仍然是重要的。因而，她曾经给她的母亲写过一封信，在那里她表达了她对于缺失来自母亲的爱的伤心："我在信上告诉她，我一直没有将她看作母亲，但是我非常愿意将她看作为朋友，我敬佩她的天赋和能力，我觉得她很了不起，但是我却从来没有感觉到她对我的爱"。讲述者通过这封信表明了，从很早开始，她就对与母亲的关系做出了重新解释。这是因为她尊重母亲的"能力"，而且愿意结成朋友关系。但是由于这些都没有触碰到关系的情感层面，因而她没有把母亲"看作母亲"。她建议要建立关系的基础，不是情感的基础，而是实实在在的基础，这个提议意味着母女之间应该有长期密集的讨论过程。此外，在这封信中，还对"母性"的问题进行了字面意义和内涵意义的探讨。总之这封信传达了与母亲展开讨论的努力，与此同时也展现了与在家谱体系母亲位置上的母亲已经形成的疏离。但是，这个与母亲开始对话过程的尝试并没有被母亲所接受，相反，母亲说"我能给她的已经不能再多了”。此外，母亲在全家展示这封信，并且卡琳·迪特里希估计母亲在那里找到了支持。卡琳·迪特里希痛苦地总结了这个尝试：“我已经很清楚了，对于这种关系我不能再更清楚了。我不会再做什么了，在我被这么对待之后，在我因此被嘲笑之后。我不会再这么做了”。卡琳·迪特里希希望通过这种形式，重新塑造与母亲的关系没有成功，相反关系变得更加恶化了。她很失望地说了最后的结果：“我不再挽住她的胳膊，或者做出类似的举动，和她告别时也不再亲吻，我很清楚了，我不会再碰这个女人”。讲述者将对她母亲的失望以身体为媒介表达了出来。母亲在这个探讨和疏离的过程中，从生育关系或家谱体系上，“母亲”的地位经过“朋友”变成了“女人”。

老年阶段的“照顾”是家庭中的冲突领域

讲述者所感受到的糟糕的世代间关系和讲述者对这种关系的反思性分析之间的紧张关系，在母亲人生的最后阶段再次发生了新的变化。在这里不仅出现了讲述者与母亲的冲突，而且也有与妹妹的冲突：

我在那段时间没有回家去看她。她从医院出来后，就回了家。她到我这里来了两次，我想至少是一次。我记得那是在11月。那个时候她的状况已经很不好了，她爬上了楼，她的确爬了很高的楼梯，到了我这里。我记得很清楚，她坐在那个位置，就是放靠枕的地方，我坐在她的对面，我有一种感觉，她已经有了死亡的印记。我能够从她的脸上看到。我会经常给她打电话，但是我妹妹规定，不能够跟母亲说她得的是绝症，但是我的看法不一样。我想跟她谈论这些。我也想跟她把在这个房间里发生的事情说清楚。但是我不被允许这么做。我被非常严格地禁止这么做。因而当我和她打电话的时候，我非常不确定，总是在想，我跟她说什么呢？

这个讲述段落叙述了母亲人生的最后阶段，这里清晰地展现出来，卡琳·迪特里希坚持自己的计划不去照顾母亲。她讲到，她没有回家探望母亲就是对她态度的证明。但是，母亲不管自己非常糟糕的健康状况，还是独自来到了讲述者这里。卡琳·迪特里希在叙述中承认了母亲的努力，并且非常具体地描述了母亲费了很大的劲儿来看女儿的艰难。在这段陈述中只讲到了感官上的印象，即当卡琳·迪特里希与母亲面对面地坐着时，她看到了母亲身上的死亡印记，但是没有描写两代人之间的交谈。在这里也清晰地指出了讲述者的立场：她在面对面的过程中感觉到了什么，并且承认，她想说出她的感觉（对母亲的死亡的感觉），想在没有考虑到母亲需求的情况下[1]——恰恰是在这个非常不对等的时刻，扩大成功的互动范围。但是，她还是经常给母亲打电话的，并且希望能够和母亲谈起一些重要的话题，例如即将到来的死亡和之前的矛盾。讲述者再一次想努力“说清楚”。但是由于她的妹妹规定，并且“禁止”告诉母亲有关她的疾病的最终结局，因而在她与母亲的接触中就隐藏着巨大的困难，她不知道，她应该和母亲谈些什么。之后，母亲又一次住进了医院，而母亲与女儿最后的会

①在这个地方显露出有关如何处理他人的死亡的复杂的道德伦理问题，也就是说在知道即将死亡的这个真相的权利和告知真相的义务之外，还有在只剩下很少的共同相处的时光时，如何衡量临终者继续活下去的需求的问题。这种左右为难的困境在卡琳·迪特里希故事中所描述的父母与子女的关系下变得更加尖锐。

面也是一个消极的过程：

我们在那天晚上接到电话，大概是七点钟，说，我的母亲快不行了，她想再见一见所有的人。因为第二天还要上学，所以我为孩子做了决定，他们不过去了，我自己去。我搭乘了出租车去那里。一开始，我和妹妹单独与母亲待在房间里，我的母亲，知道我来了。她在最后的时刻一直神智比较清楚。她知道我来了，但是她根本不看我。她一直看着我的旁边，只和我妹妹说话，我妹妹站在她身边一直在流着眼泪。然后，我母亲想起身坐到椅子上，她对妹妹说："有你真的太好了"。我就像空气一样。她一直问"克罗斯曼（Grossmann）们在哪儿呢？"那是指她的两个姐妹，她也没有问到我的父亲。只有她的姐妹来不来是她所关心的事。我感觉到，如果她的姐妹在这里的话，对她来说就足够了，也就是，只要她们三个在一起就够了，而我们所有人都可以离开了。是的。我觉得这个房间的气氛是非常压抑的，我非常想做些别的。我很想点上蜡烛。我也想轻轻地放着音乐。我愿意在那样的氛围下进行告别，我想让房间里的氛围适合于告别，想有适合的空间。但遗憾的是这些都是不可能的，因为一切，所有的一切都是由我妹妹来决定的。她控制着这些。没错，她是护士。[……]然后，我妹夫来了，他把我父亲和姨妈接来了。他们来了，我记得非常清楚，所有的人都站在床边的什么位置。母亲的妹妹站在床头的左侧，她的身边是母亲的姐姐。我的妹妹站在床头的另一侧，旁边站着我的父亲。我则站在我父亲的旁边，我的妹夫站在门边。所有的人都在痛哭，气氛很愚蠢，那个时候我想"在这里难道你们不能控制一下吗，我到底为什么还在这儿？"我觉得自己在那里毫无意义，而且也是多余的，然后我就走出了房间，因为我不能再忍受了。我的父亲也跟着我走了出来，紧接着我的妹妹也跟了出来，她对我们说“别在这儿吵架”。我的父亲只想对我表示抱歉，他把我转过身来，面对着他。这让我，是的，让我很感动，我在那一刻觉得我的确和父亲是一体的。那个时候我感觉到，他和我的感觉是完全一样的。我们两个人都觉得自己是多余的。我们必须在这里表演，但是这么猛烈地表现，并不是我们的戏。我想继续走开，因为我想这个时间“不会发生什么。她还不会死掉”。我非常清楚。冷酷无情但是很清楚。然后所有人都认为应该给我钱。我觉得这傻透了。他们把钱塞到我手里，我宁愿我的妹夫说“现在我送你回家”。

在这个段落中，卡琳·迪特里希讲述了他们是如何最后一次与母亲告别的。由于从医院打到她家里的电话，联系到了她和她的孩子们，因而她从家庭的经验空间出发用了“我们”。由于那是晚上，而孩子们第二天还要去上学，于是她违逆了母亲的心愿，决定自己独自去医院，而不带两个孩子一起去。从她孩子的角度着想这种导向贯穿着卡琳·迪特里希的整个故事。孩子们如何经历她母亲的疾病和临终，对她来说是非常重要的：“我对孩子的操心要比对我母亲的多得多。我的孩子会怎样面对这些？在我的孩子如何对待死亡这个问题上，我已经做了很多，比如给他们读书等。”通过书籍的指导，卡琳·迪特里希希望在对母亲去世这个问题上的反思和理性的对待，能够对孩子们产生教育意义。对于那天晚上没有带孩子去医院的决定让讲述者挣扎了很久，让她有“很多个不眠之夜”。因为要考虑与自己后代的关系，因而对老年父母的照顾使得卡琳·迪特里希感到非常沉重，在这里也记录了所谓“夹心一代”在对父母的照顾和对自己孩子的照顾之间所产生的情感上的错综复杂。

当她到了医院之后，一开始只见到了她的母亲和妹妹。母亲直到去世都是“神智比较清楚的”，“知道”讲述者的到来。尽管如此，母亲的注意力一直放在讲述者的妹妹身上。人们可以再次清晰地看到妹妹的悲伤，因为她泪流满面地站在母亲的身边。而卡琳·迪特里希的被隔离、被贬低和她的一切努力都是徒劳的感觉，通过指出母亲只是和妹妹说话，说自己因为有她感到高兴而得以表达。卡琳·迪特里希通过很多层面明确地展现出，直到父母和子女关系的最后一天，母亲的轻视和与之联系在一起的家庭的紧张关系仍然存在着：通过目光（“一直看着我的旁边”）、通过没有被纳入谈话（“对我妹妹说话”）、或者通过在母亲的病床边每个家庭成员的位置。卡琳·迪特里希描绘了，她的母亲在最后一次见面时，将感情联系的高低等级表现了出来。除了讲述者的妹妹之外，首先重要的是母亲自己的姐妹，母亲一直在询问她们是否来了。根据讲述者的理解，她的父亲和她自己则完全不需要过来，因为她的母亲根本不关注他们。

她与家庭活动的疏离使得讲述者想要发展出另外一种情境，在那里“告别”的视角处于中心位置。通过“蜡烛”和“轻轻地放着音乐”而使得“房间里的氛围”适合告别。但是，临终者的感觉和愿望，是与讲述者希望积极构造临终过程的想法相反的。处于中心位置的告别——即使临终者与生命的告别，也是家庭成员与临终者的告别——一直是黯淡的。讲述者所设想的告别仪式由于她的妹妹而变得不可能，因为她的妹妹“控制着一切”。讲述者不仅对于母亲，而且也对于其他的家庭成员做出负面的评估，这不仅是针对他们对待讲述者的态度，而且也针对他们对待临终情境的态度。对于“所有的人都痛苦”和“气氛很愚蠢”的贬低性描述，记录了讲述者与家庭联系以及与其他人感情的强烈疏远和分隔。由于卡琳·迪特里希觉得自己的到来是“毫无意义的”和“多余的”，因而她离开了病房。这也是从回忆当中展现了自我断言中与家庭相对立的视角。但是，离开那个房间并没有摆脱妹妹的控制，因为当父亲紧跟着她也离开房间之后，妹妹没有理由地指责他们不应该在这里争吵。正如卡琳·迪特里希所强调的，与妹妹所说相反的是，父亲不是要与她争吵，而是要向她表示抱歉，因为父亲把她转过身来。这个行为和通过妹妹所表达的其他家人的共同指责在这里唤起了与父亲紧密相连的强烈感觉。对应于和父亲是一体的感觉，卡琳·迪特里希以“我们的角度”讲述了她和父亲的共同印象，即她的父亲和她都将这次家庭的团聚体验为一场“戏”，是他们根本不想参与演出的一场戏。通过以“戏剧”做比喻，讲述者指责了其他家庭成员在临终母亲床前的不真实的举止，他们在那里的表现，主要是为了自己的地位和自己的利益。在这个认识的基础上，卡琳·迪特里希决定不仅是离开这间病房，而且是完全离开医院。这个决定通过她的猜测，即这次聚会与母亲的去世无关而变得强烈了。她对在这个情境下自己估计的总结是“冷酷无情但是很清楚”的。因而，她一方面指出，她自己非常清楚，她的这种感觉，与母亲临终这个事件并不相匹配；而在另一方面，她认为，她不仅仅是为她自己做出了明确的行为、对她母亲的状况做出了明确的判断，她的行为也给了其他家庭成员一个机会，让他们去思考，自己到底在做什么。但是，这个决定并没有使她能够从她的家庭那里赢得自主性，这个讲述片段是以对卡琳·迪特里希的羞辱结束的，因为“所有的人”都想给她回家的路费。她将这个行为看作是不恰当的同情的表现，而她宁可由她的妹夫开车送她回家。在这里体现了一个矛盾的态度：一方面是要从家庭的戏剧中退场，而另一方面又希望这种退场有象征着亲近的姿态陪伴着。在这段文本中记录着，在卡琳·迪特里希看来，与家庭的会面是如何一步一步地走向了情感的高潮。尽管父亲在这里仍然构成了积极的对立面，但是这些情境仍然被感觉为不能忍受的，而对于讲述者而言，唯一的出路就是逃离。她的战斗是与家庭的正面交锋，这一点尤其是通过“戏剧”这个词的语义表现了出来。与此同时，她对这个经历做出了非常敏感的反应，因为在那个晚上之后，她感觉非常差，并且她因此患上了风湿性关节炎，其病源是心因性的。

在这个关系故事的发展过程中，卡琳·迪特里希从母亲的去世体验到解脱：“在我这里没有摆母亲的照片，因为我儿子在他的房间里摆了母亲的照片。我不想那样做。我根本不想念她。相反，自从我的母亲去世后，我的肩膀也平整了很多”。尽管卡琳·迪特里希在她的一生中都一直在努力从这种代际关系中解脱出来，但是现在母亲去世后，已经出现了主观感觉的改善，而且也再次体现在了身体上。尽管如此，由于她儿子的房间摆放着母亲的照片，因而母亲并没有从卡琳·迪特里希的重要关系的视野中消失，而是通过儿子与外祖母的关系而潜在地存在着。[①]

①在这里暗示着冲突的可能性，因为根据越来越成熟的有关祖父母与孙辈关系的研究（请参照例如Brake/Büchner，2007年），父母的位置一直是被反思的。特别是在祖父母与父母的冲突的情况下，孩子（即便在祖父母去世后）会成为解决这种冲突的调节者。正如接下来将要展示的，孩子在姐妹之间的冲突中也扮演着调停的角色。

破坏协定

在母亲去世后，父亲又活了两年。当父亲越来越需要照顾的时候，姐妹两人所商定的对于照顾父母的分工就应该生效了。但是，卡琳·迪特里希并不能履行这个约定：

访谈者：在之后没有几年您又失去了您的父亲。

卡琳·迪特里希：是的，但这是可以预见的。我的父亲完全不想再活下去了。我们有一个独栋房子，是一个很老旧的房子，他希望我们中有一个能够搬到这个房子里来和他一起住。但是，无论是我的妹妹还是我都不愿意。因为这完全是不可能的，也不现实。他之前总是说——是我的母亲一直这么告诉我们的，如果她不在了，“我就自杀”。而后他一直说：“我要上吊自杀，因为你的母亲已经不在了，而且没有人搬到这个房子里来，我要上吊自杀”。而我也一直对他说：“那就去吧。我没法阻止你，那你就去上吊吧。”

和其他的讲述段落一样，在这里卡琳·迪特里希也是从一个强有力的引言进入叙述的。她父亲的去世是可以预见的，因为他不想再活下去了。他的打算是，两个女儿中有一个搬回家里的老房子和他一起住。但是，无论是讲述者的妹妹，还是讲述者自己，都出于不同的原因而不能实现这个计划，搬到那个房子里去住对于卡琳·迪特里希而言是不可能的。与这个拒绝相伴而来的，是父亲活下去的意愿的耗尽，这一点由卡琳·迪特里希提供，引用了父亲的惯用语而得以证实。父亲已经说过，他会对于母亲的去世做出自杀的反应，他自己也的确说过，他要上吊自杀。与母亲总提到死亡不同，父亲面对所出现的局面——他的妻子去世了，而且没有孩子搬回来——明确地说出了他的死亡方式。而卡琳·迪特里希在那个时候对父亲的答复是，他可以这么去做，因为她没法阻止他。这里打开了一个家庭经验领域，在这个经验领域中，一方面是“死亡”或者说“自杀”表现为这个家庭的日常套话，因而卡琳·迪特里希不再对此感到恐惧，而是在那个时候，已经准备好从特别是由父亲所引起的依赖局面中解脱出来，并且拒绝承担责任；另一方面，她把父亲的宣告看作是有效的，并且用来解释父亲的死亡。父亲在母亲去世后先是独自居住，母亲的姐妹给予他她们力所能及的照顾。之后，她们不再想照顾他了。他在自己生活了一段时间后，搬到了养老院，因为他不再能“独立生活”了。但是他在养老院里也没有站住脚：“他很快就放弃了，然后很快就生病了……但是他拒绝一切治疗措施”，因而很快就去世了。在这里父亲去世的责任被完全归于他自己，尽管他曾经经常说到了，在母亲去世后他自己没有办法独立生活。父亲的无助并没有使卡琳·迪特里希努力去履行家庭中世代间的约定，尽管她有着童年关于父亲的美好回忆。卡琳·迪特里希讲了一个这方面的例子，描述了在她青少年时期有一次从露营地回到家中的情形：“我飞快地冲到家里，重重地怕了一下他的胳膊，并且说‘嘿，老哥们儿’。那个时候我看到了他脸上的表情，他当时在思考，他是不是应该指责我，还是将这个动作看作是朋友间的互相拍打，只是这一记有些重了点。他最后选择了后者，尽管那的确很疼。”卡琳·迪特里希在这里讲到了他的父亲并不像母亲那样是一个严肃、缺乏爱的人。而且在这段关于父亲的叙述中，也形象地记录了充满孩子气的内容，这与在有关母女关系的上下文中的保持反思的距离完全不同。与之相应的是，她与父母的关系在父母双方去世之后也是不同的："当我去墓地的时候，我总是站在——我注意到——父亲躺着的那一边。因为我有感觉，能够感觉到他就在近旁。对于我的母亲，我的感觉是，她对我来说是根本不存在的。"卡琳·迪特里希直到在访谈的时候，也非常明确地表达了在身体层面所表现出的感情上不同的亲密性，并且她通过去墓地探望父母将这种关系仪式性地继续保留下来了，但是尽管如此，对她来说，自己照顾自己是重要的家庭原则，这一点对于她的父亲同样适用，因而这个原则使得家庭内部世代间的协定被破坏了。她对家庭中世代间协定的破坏，也影响到了她与妹妹之间的关系，而妹妹曾经履行了这个协定：

我的妹妹告诫过我，我应该照顾我的父亲。但是，这没法实现（叹气），在技术上也不现实。很简单，我没有汽车。而且也因为——我一直没有跟我妹妹正式地说过，后来大概是在宣读遗嘱的时候，我跟她说了，我怕她。但是，她也告诉我，她也怕我。只是说了这些，但是没有说怕我的原因，没有说哪里怕我。而我很清楚，我可以做饭和做其他我愿意做的，但是我好像一直做得不对。我怎么才能把事情做好呢？就连我有一次周末带我的孩子去那里，我也好像把一切都做错了。这些阻碍了我，我干脆什么都不做了。

在这段陈述中，卡琳·迪特里希讲到了她没有能够照顾父亲的操作性和社会性的原因。她缺乏必要的移动性，因为她没有汽车。但是更重要的是，她害怕她的妹妹，害怕她不能满足妹妹在照顾父亲方面的期望，她感觉到，她所做的——例如为父亲做饭和带着孩子在周末来看望父亲——在妹妹的眼睛里却总是“错的”。关于家庭文化不同的理解，在这里被作为讨论的对象，清晰地呈现在了冲突的前沿阵地，而且也导致了封锁的态度。这种拒绝也延伸到外孙们与他们外祖父的关系上，因为由于卡琳·迪特里希的封锁行为，他们也不再能见到外祖父了。她利用宣读遗嘱与妹妹面对面的机会，与她交流了这种感情上的冲突。在那时她知道，不仅她自己害怕她的妹妹，她的妹妹也害怕她。但是，虽然她自己解释了害怕的原因，而她的妹妹却没有这么做。因而，至少在对姐妹之间冲突的解释这个问题上，过错被算在了妹妹的头上。

在这个讲述段落中，也讲到了，卡琳·迪特里希完全是出于对被羞辱的恐惧，才没有能够照顾父亲的。在这里展现了情感的层级关系：对于被批评的害怕是被认为要高于对父亲的担心，或者说与父亲密切联系在一起的感情。讲述者与妹妹的关系是权力上的冲突关系，这种权力关系中，一开始她是与父母关系的领路人：“有很长一段时间他们总能去看滑稽音乐剧表演，是我送给他们的票。后来我的妹妹也跟我学着这么做”。在父母去世后，姐妹之间的关系又有了改善：“我又和我的妹妹说话了”。这个再次走近的原因是因为讲述者的孩子们。因为妹妹自己没有孩子，卡琳·迪特里希的儿子将得到现在由妹妹住着的父母的房子。

因而，卡琳·迪特里希的孩子是她自己在这个家庭的资本，通过她的孩子，这个家庭能够延续下去，她对此的理解是：“好的是，我有孩子，而我的妹妹恰好没有，这就是使得我们最终又团结起来的原因，否则的话，我可能已经不在F城市了，我可能也不再与我的妹妹联系了”。在对保持下来的姐妹关系的根基观察上，也完全贯穿着自我断言的模式，并且讲述者与妹妹保持着距离。在这里，孩子是使得姐妹之间的关系能够维持下去的家谱方面的原因：只有通过孩子才有了进行联络的基础，否则的话，卡琳·迪特里希可能已经换了生活的地方，而且不再与妹妹有联系，这里强调了在另一种情形下，她将自己中断这种关系。

对自己的照顾

有关自己的老年，卡琳·迪特里希的设想是，住在给老年人特别设计的房子里，或者和同龄人住在一所公寓里。有关这个问题她已经向“灰豹”（“Grauen Panthern”）咨询过了。这个预防措施主要是基于这样的想法，即避免她与孩子之间的角色互换：“我不想对于我的子女而言，我又成为了孩子。……父母和孩子的角色一直保持不变”。她作为母亲的角色，再一次显示出是重要的，而且她不想通过子女可能会做出的照顾行为，而使她的角色发生改变。这是对家系中位置和角色的确定，而这对于照顾的形式有着决定性的意义。卡琳·迪特里希说“我打算为人们所做的付报酬”，通过这个做法，就将情感成分从护理性的照顾行为中抽取了出来，并且转为并不是建立在长期关系历史基础上的关系中。但是，因此对经济上可能的依赖也是显而易见的。对于作为母亲的身份定位，是与对连续性的某些设想联系在一起的。下面这段陈述清晰地显示了，讲述者与她孩子的关系是有着特殊地位的：

可能也是由于我的一生都一直是独自一人的。我实际上打算自己过自己的生活，直到生命的结束。我只过了四年婚姻生活。也许也是因为如此吧。我要过自己的，而且是由自己决定的生活。在我力所能及的范围内。

卡琳·迪特里希在这里将自己描写为她的“一生都一直是独自一人的”，而且也打算“直到生命的结束”都这样做。由于至少十年来，她一直和她的子女生活在一起，而且由于孩子的年龄，这样的局面在未来还将继续，因而在这里，记录了对“独自一人的”状态的理解并不是指社会概念上的，而是与关系的对称性这个问题紧密地联系在一起的。当人们在抚养孩子的时候，人们也可能仍然是独自一人的状态，这就是卡琳·迪特里希的说法所隐含的意思。对于未来而言，独立性和依赖性的问题仍然很重要。有关独立性和自主性的问题，同时也与独自一人的状态与孤独性这些层面联系在一起，这也涉及到了不再产生向她倾斜的不对称和充满冲突的关系，或者说，避免将她在父母那里经历过的权力继续用在她的子女身上。这不仅与老年的人生阶段有关，而且也是与在这个段落里作为例子的婚姻有关的。通过这种方式，使得对老年的规划也是以摆脱不情愿的关联为导向的，而且也为此前所讲述的充满冲突的关系历史提供了意义和连续性。在这里，父母的地位应该是与独立性紧密联系在一起的，而且尤其是在家庭的环境中不应该放弃这种独立性。通过后来补充说到的“在我力所能及的范围内”，反映了卡琳·迪特里希在这个问题上也思考过，对于自己的照顾的设计，应该是处在自己的社会和物质条件力所能及的范围内。

总体来说，卡琳·迪特里希的故事展现了由她自己主要是针对她的妹妹所发展出来的、对父母家庭中世代间照顾合同的破坏过程，这个失败既是因为她并不拥有实现这样的照顾所需要的资源，而且也是因为，她关于照顾和对待临终问题的家庭文化的设想没有得到实现。

第四部分

结论

前面所呈现的定性研究，探索了女性和男性在老年阶段家庭的世代间照顾这个问题上的释义模式和关系模式。在这里，有关照顾的故事，既展现了家庭关系结构中关系定位的形式，也分析了在家庭领域中的主体内心隐秘的特性。这里区分了三种照顾的模式。本项研究的第四部分，是对调查结构综合性的讨论，因而在第七章中会对三种照顾模式进行总结性的呈现。在第八章是以这个分类为基础，展开一些系统性的思考，从而形成对于晚年世代间关系教育学层面的理解。第九章，是通过反思对于家庭中世代间照顾的理解和社会的期望从而结束第四部分。

第七章

对照顾模式的综述

家庭的凝聚力是通过符合道德的制度得以实现的，这些制度一方面应该被继续保留、并在未来尽可能地得以继续发展；另一方面，它们也组织安排了家庭成员相互之间的关系以及每个家庭成员在家庭中的位置。

三种照顾模式呈现了对于家庭中世代间关系的自我解释和社会解释的常规结构，它包括了关于私人和私密空间的观念和看法，在这里，也可以看到不同的情感特性和反思方式。因而，在互助型照顾模式、矛盾心理的照顾模式和充满冲突的照顾模式中，有关老年、世代间关系、知识层面以及有关过去与未来之间的关系层面，是以完全不同的方式组织在一起的。顺着研究问题和所选择研究方案，在这里构建出涉及七个核心范畴（请参照表二）的三种照顾模式，并再现了相应的照顾故事：在这些故事中，可以清晰地看到完全不同的家庭中的经验领域，而对于世代间照顾故事的讲述，就是置身于这样的背景中的（“家庭的经验领域”的范畴）。在这些照顾故事中，明确地显示出家庭中主体化的形式。讲述者要确定自己在与其他家庭成员关系中的位置，并且这个定位的过程，也同时反映了在家庭空间中主体化的过程。在家庭亲密领域中的代际关系的结构，反映了“主体内心隐秘的特征”（请参照Reckwitz，2007年：第122页）（“世代间关系模式”的范畴）。三个模式也清楚地反映了对于什么是照顾、照顾应该以什么形式在家庭中出现的不同理解。（“照顾的模式”的范畴）。这里，对于什么是“老年”以及特别是生命最后一个阶段在家庭世代关系中意味着什么的理解，都仍然是没有完全确定的（“老年的形象”的范畴）。在互助型照顾模式、矛盾心理的照顾模式和充满冲突的照顾模式的照顾历史中，都显示出不同的维度，也就是说每种类型都有自己在结构层面、具体层面的特性和变异形式（“类型的维度”的范畴）。在有关照顾问题方面的家庭的经验空间，与期望领域之间的压力场中自我塑造的特殊实践活动，将在有关照顾的家庭文化框架下重新展开。这是对于时间上张力关系的处理技术，也就是用特殊的方式组织过去、现在和未来（“在家庭的过去和未来之间的自我塑造”）。与之相关的是这些故事的表现方式。讲述者对面向作为陌生人的访谈者讲述的组织安排，体现了讲述者再现家庭和老人时的习惯性方式以及他们在有关这些问题的社会讨论中的立场（“叙事性的自我呈现”的范畴）。

表二：照顾的模式

	互助型照顾模式	矛盾心理的照顾模式	充满冲突的照顾模式
家庭的经验领域	符合道德的制度	个性化	断裂和新开始
世代间关系模式	年龄的差异或者说生活状况的差异	不同世代的差异	家谱体系带来的差异
照顾的模式	照顾（集体的、地点和身体上的靠近）	模拟和超越	家庭中的世代间协定
老年的形象	老年作为紧急状况和挑战	老年、临终和死亡作为客观存在的经验领域	老年作为可以任意处置的协商对象
类型的维度	同情型、限制型和棘手型的团结互助	通过因战争失去父亲、心理疾病和教育差异而产生的对父母的陌生感	从物质上被剥夺继承权、从家谱体系上被剥夺了继承权和自己剥夺继承权
在家庭的过去和未来之间的自我塑造	在经验领域与期望空间之间塑造自我	调节性和补偿性的自我塑造	分层级的自我塑造
叙事性的自我呈现	生成和交流有关老年的知识	探寻自己和他人的身份认同	自我断言

互助型照顾模式

在互助型照顾模式中，对于家庭、老年阶段和世代间关系的认知、思考、感觉和评价构成了中心知识，它能够更新对家庭的规范和价值标准——也就是所谓保障家庭成员的互助和团结的家庭榜样——的确立、并且不断形成这些规范之间新的关联。家庭的凝聚力是通过符合道德的制度得以实现的，这些制度一方面应该被继续保留、并在未来尽可能地得以继续发展，另一方面，它们也组织安排了家庭成员相互之间的关系以及每个家庭成员在家庭中的位置。因而，这些制度既向照顾者、也向被照顾者展示了关系正常运行应该遵守的一定规则。例如，这些制度使得被照顾者可以知道自己将在多大程度上融入家庭生活，或者说接受照顾者所提供给他们的融入的机会。这一点在海因里希·黎曼的“限制型的照顾”故事中体现得尤其清楚。而对于照顾者来说，他们所面对的问题是如何通过对自己生活的极大调试，从而能够应对需要照顾他人的生活状况，安妮特·科勒的“棘手型的照顾”故事则记录了这一点。照顾故事在这里主要体现了在家庭关系格局中的定位问题。指导定位的基础是，家庭中的他人，首先要被看作为家庭成员，被看作是这个共同体中一个完整的人。“老年阶段”被当作一种特殊的紧急状况，在这个阶段需要家庭成员的帮助。这个紧急局面必须由集体共同面对。因而“照顾”并不是与某些具体的人或者某些具体的关系联系在一起的，而是指向处于家庭共同体之中的个体生活状况。它的内涵是根据老年人身体上和社会性的需求对其进行照顾和护理的行为。

家庭中其他成员将从与他年龄相关的规范中清楚地看到，由家庭所做出的将老年人融入到家庭系统之中的帮助行为或者努力，因而世代间的关系是通过年龄差异这个媒介得以表现的。在年龄差异的世代间关系模式中，将在血缘—身体的亲密领域构建世代间的关系。空间上的接近，使得年长的一代最后的生命时光可以被分为不同的阶段。这些是体现了共同忍受痛苦和对老年的紧急状况进行管理的多个阶段。在这种照顾模式中，世代间关系根据参与者不同的生活境况，而在整个生命历程中不断地发生着变化。在整个生命历程中，照顾是相互的、也是经过组织安排的。在这里，是老年问题决定了家庭的生活状况，也因此决定了世代关系的类型和形式，因而也特别对世代间的照顾有着重要的决定意义。作为家庭系统中紧急状况的老年阶段所带来的挑战，将转化为组织活动系统的问题，而在组织活动系统中，无论是照顾者还是被照顾者，都处在多重关系之中。家庭关系的网络型特征非常显著。

与有关“世代间的团结互助”的常用定义不同，在这里的“世代间的团结互助”展现了这样的关联，即“照顾”并不只意味着父母辈与子女辈之间的双重关系项目，而是其他的家庭成员和生活在这个家庭中的人，也都被算作是照顾集体的成员。①由此所形成的集体性的身份认同（“我们的视角”），在故事中既通过共同做出有关护理的决定共同采取护理行为，也通过共同对错误负责和对其做出批判性的处理而清晰地显现出来。

为了能够保障对“老年阶段”这个紧急状况进行最好的管理，不断地产生有关老年的知识是互助型照顾模式的重要组成部分。有关老年的知识

①在这样的关联下也展示了，所提到的来自波兰的护理人员不仅是出于经济上的原因而成为优先选择，而且也是因为她们能够更好地适应家庭中的原则。她们在某种程度上也成为了家庭成员。

包括，如何组织对老年人的照顾，或者是有关如何与健康系统和护理系统机构打交道的知识；也包括医疗方面的知识，或者是涉及到生命最后阶段的法律方面的知识。有关老年的知识，也包含对隐私领域的认识，诸如老年阶段会产生羞耻感的情境有什么含义？应该如何处理？有关老年阶段的知识是从特殊的和普遍的层面生成的，因为这些知识不仅涉及到老年的父母融入家庭的可能性，而且也探讨了对医院里医疗和护理活动的改善这方面的问题。

这些知识将会对个体自身的对于照顾的观念产生影响，而且也引起有关改善机构化护理系统在政策方面的思考。因而，“照顾”不仅与家庭紧密相关，而且也将被提升为一个社会—政治的，或者普遍性的问题。提供养老保障的社会机构将成为辅助性的系统，它将是对家庭照顾系统的补充和支持。这个系统一方面由于它缺乏与家庭照顾关系相适应的关系而受到批评，因而，对于这个体系的希望就是，有关照顾的、家庭中的原则能够在机构化照顾关系中找到切入点。另一方面，通过在过去和未来之间自我塑造的重构性作用，这个系统也展现了其在社会发展中的可能性，它将被纳入个体的生活设计中，而且与家庭的组织形式协调一致。在这样的背景下，访谈的情境，可以被看作是在回忆中更新和评价自己有关老年的知识，并且能够为未来的照顾需要继续发展这些知识的时刻。对于互助型照顾模式的叙述是面向访谈者的，在这个叙述过程中，讲述者敏锐地关注到并讲述了与世代间照顾和老年阶段相关的特定问题。

在生成有关老年的知识之外，对于团结互助价值的重视，也带来了关于实现老年人的生活状况的融入性的社会条件和家庭条件的讨论。世代间关系本身在所叙述的故事中只是排在第二位的动机。因而有关父母年老阶段的照顾故事在讲述者自己的人生中是一个可以被清晰地划出界限的领域。对于这个人生阶段的叙述，有着明确的起点和终点。在延伸到其他的人生阶段的时候，只是为了证明互助型的照顾模式是具有厚实的前提条件基础的，而且应该在不同的背景下实施。在考虑自己未来的老年阶段时，也主要是以继续保持团结的互助型照顾形式为导向的。正因为如此，在经验领域与期望空间之间的关系中记录了处于这两者之间的自我塑造模式，在这当中涉及到了自己家庭的生活方式将尽可能广泛地得到改造，从而能够使家庭中互助型照顾文化和社会的要求保持一致。为了维护珍视家庭团结一致的价值观，必须对那些能够有助于在社会环境发生变化的情况下，使家庭的榜样继续在后代那里发挥作用的可能性进行检验。因而，亲疏就特别与本土化原则和共同的日常生活实践这些问题紧密地联系在了一起。

在互助型照顾模式中，与村庄、宗教、性别和社会经济条件这些生活环境之间的关联，被清晰地呈现了出来。一方面，这种照顾模式有必要从这样的环境格局中脱离出来，例如要去适应社会对于灵活性的期望；但是另一方面，这些环境要素是实现这种照顾形式空间上、时间上、人员方面和经济方面的资源。

矛盾心理的照顾模式

在矛盾心理的照顾模式中，世代间的照顾，是引发矛盾心理和情感的问题。在这个照顾模式中，一方面家庭和世代间的关系往往都具有重要的意义；而另一方面，在家庭照顾的领域中，也一直被认为是有欠缺的。对于父母老年阶段的回忆，唤起了对于父母感到陌生的感觉。产生这种陌生关系的原因，是来自于家庭之外的要素，这些要素深刻地影响了对家庭的内部空间以及特别是对父母某一方身份定位的感觉。这些影响因素可能是因为战争原因而失去了丈夫的母亲，或者是因此而失去了父亲的状态，也可能是父母一方的心理疾病、或者是世代之间巨大的教育差异所构成的。这些因素体现了文化上的经验领域，讲述者更强烈地体验到父母是锚定在这样的经验领域中，而不是在普通的家庭经验领域中。通过这种方式，在矛盾心理的照顾模式中的代际间关系模式展现了世代间的差异：这意味着，家庭的不同世代分别属于不同的文化。不同的社会文化关联，主要被体验为强烈的个人化的过程。这样所产生的结果就是，尽管共同属于一个家庭，但是首先必须对他人的身份定位进行开发。这又导致了这些照顾故事中的定位过程，是在双重代际的视角下进行的。

不同的社会化过程，尤其强烈地影响了对个体的需求和情感的感知，而这种感知在依赖性和老年阶段这个背景下扮演着重要的角色，它促使在照顾这个领域中的陌生感以及接近他人的困难出现。因而从这种照顾模式中产生了尽管付出了很大的努力，仍然不能够认识并满足他人需要这样的结果。而且由于种种差异，使得“照顾”的过程无法成为代际关系中双方都满意的一个阶段，因为照顾者和被照顾者的愿望、期望和需求都是不同的。由于这种发散性，在矛盾心理的照顾模式中的“照顾”，首先被构建为一个调解性的行为。但是，这个调解的过程并不是只在家庭中交流和讨论的过程，而主要是指主观地处理这种代际间陌生感觉的过程。“照顾”在这里表现为对于另一世代的他人身份定位进行探寻的过程，也是寻找自己的身份认同和共同的关系历史的过程，通过这些过程，来对共同的一象征性的一家庭的经验领域进行构建。因而，对于这个照顾类型而言，模拟性的活动和对家庭的超越活动，是在家庭的过去和未来之间对自我进行塑造的过程，并且持续地建构代际之间的连接点和共同的经验。在这里，一方面叙述了模拟性的活动，例如回到父母出生的地方，或者通过心理治疗“从而发现有父亲在身旁会是什么样子”；另一方面，这里也出现了模拟性讲述的形式，在这些陈述中，通过不再将自身的自我作为中心，从而使得将认知和感情的视角转移到“陌生”父母的位置的努力得以实现。直到进行访谈的时候，这个过程仍然在继续着，在这样的叙述式的寻找过程中，讲述者在探寻与父母的关系，并且辨明父母的人格特征。

在模拟性的活动当中，儿童时期和青少年时期扮演着重要的角色。这两个时期对各个阶段都发挥着影响，在这两个时期里，成长中的孩子依赖着父母的照顾，因而这两个时期被确定为陌生关系的开端，也就是说，在这些故事中，这段时间被建构为第一次产生有关父母的陌生经验领域，是陌生体验覆盖了父母与子女之间关系的关键时刻。在模拟性的叙述框架中以及在代际之间相互的陌生关系这样的背景下，年老的父母在讲述者儿童时代和青少年时代的表现被非常生动地描绘了出来，在这个过程中，与父母的关系再一次被探寻。在模拟性的活动中，不断地尝试理解这样的关系领域，即在这个关系领域中，父母没有“走近”子女的需求。例如，在鲁道夫·哈特曼的故事中，纳粹时代和第二次世界大战是这个故事历史性的经验领域。母亲全力以赴地组织向西方的逃亡和保护子女不被迫害，在这个过程中，由于她没有关注到孩子特有的依赖性和对帮助的需求性，因而父母与子女关系中的陌生关系就得以形成了。正如母亲在讲述者的儿童时代，在他的照顾方面没有能够做出恰当的举动一样，讲述者也没有对老年时期母亲的需求做出合适的反应。这种（社会文化方面的）陌生贯穿了他们之间世代关系的全部过程，并且形成了代际间的关系模式。

在家庭的经验领域中，在由于战争而失去父亲的这个次属类别的背景下所产生的世代间的矛盾心理，尤其显著地体现在与母亲的陌生关系方面。一方面，特殊历史时期的影响导致了世代间的疏离，而另一方面，去世的父亲则成为关照这种公开情感的承担者。尽管这些父亲们与纳粹有着很深的牵连，但是在描述中他们还是以有“良好的品质”的面貌出现的（请参照Seegers，2009年：第74页）：他们不仅承担着对自己家庭的照顾，而且也关照着他们周围的社会环境，并且因此被很多人所尊重。这里展示了，就连纳粹主义和战争这些主题也被纳入到对自己和家庭的照顾历史的构建当中。一方面，通过这样的构建传递了如果不是因为历史的原因、如果不是正因为如此而失去了父亲，家庭中的有关照顾的文化应该是另一个样子——更重视照顾——的想法。联系到纳粹主义和战争是为了解释家庭中的缺失，而指出家庭中的欠缺，是用于指出家庭成员在纳粹主义和战争中的牵连，是一定历史条件下的产物。另一方面，对于家庭历史的讨论，是在主体化过程这个背景之下的，正如已经阐述了的，在这个过程中，符号化过程扮演着重要的角色。符号化的过程涉及到家庭世界的形成，这是对在实际世代关系中的陌生感的调整和补偿。值得注意的是，在父母一方患有心理疾病和代际间存在教育背景差异的这些案例中，世代间差异的关系模式也体现出非常类似的形式。而且在这里，讲述者对于父母的矛盾心理在有关照顾的领域中得以清晰的体现，通过模拟性的过程，能够持续地追溯产生这种心理的各种不同的经验空间，并且能够不断地接近另一个世代。

在矛盾心理的照顾模式中，对于衰老过程的观察较少，而是将临终和死亡放在关注的中心。临终和死亡被看作为客观存在的经验领域，并且通过超越的过程在高度象征性的意义层面对它们进行处理。在这里形成了宗教的和心灵层面的感觉，例如将生与死和大自然的循环联系起来，在这个过程中通过冥想来对自己的因果循环进行分析，或者将跳舞作为能够与逝者建立联系的活动。

托马斯·马克（Thomas Macho）[①]将超越的过程理解为孤独的文化性工具，即它是主动引发感知自我、呈现与自己关系的一种策略（请参照Macho，2000年：第2页）。这种超越也表现为一种潜力，即将生命最后的阶段，作为自己的精神层面意义生成的源泉。超越是一种方式和路径，通过这种方式，对于差异性和与人生最后阶段相关的矛盾心理的感知变成了对整体宇宙和和谐的体验。在矛盾心理的照顾模式框架下的模拟和超越，在符号化的层面中，加强了世代之间的连续性和结合能力。它们也是在家庭中的自我塑造活动，自身塑造的过程是对矛盾心理的调整和补偿。

但是，在一个家庭之中所体现出来的文化方面的经验领域的差异，也蕴含着其他的含义。与在互助型照顾模式之中不同，在矛盾心理的照顾模式中，“家庭”不被看作是与社会影响相对立存在的，或者说也不是从它

①托马斯·马克（1952年—　），奥地利文化学家、哲学家。主要著作有《生活是不公平的》、《仪式化的动物》和《死亡的隐喻：边界体验中的逻辑》。——译者注

的角度试图对社会性机构产生影响的一个集体性的机制。相反，每个家庭成员都被看作是独立地处于社会发展的进程当中的，社会的发展构成了他们的人生历程，当然个体也能够参与到对社会的建构之中。因而，不仅他人的经验领域，而且讲述者自身社会性的经验领域，例如，职业生涯或者1968年的运动，都对照顾的界定发挥着重大的影响，因为这些领域也都和家庭中的经验领域一样，有着相应的私密度。相应于这种私人生活和公共生活的混合状态，在对于自己老年的未来设计中，就不得不动用“新”的形式。这种设计将自我组织或者联合会的形式，或者说在同代人背景下的另一种支持形式的实施作为尽可能主要的组成部分。受访者对他们老年的设计中尽可能重要的一部分，是在与其他老人共同组成的自我组织中得以实现的。在有关照顾的问题中，同代间的关系、朋友关系的重要性被明确地阐述。这种朋友关系是对于在讲述中所描述的世代间关系的理想的补充，而世代间的关系尽管是重要的关系，但是也被描绘为体验到陌生感的生活实践。朋友关系是在有关生活方式的问题上各自有着自己的日常生活结构，并在其中找到与各自为营相反的团结一致，而且朋友关系也是经历了一定的时间阶段，它们是可以“投射”到未来的（请参照Schobin，2008年：第39页及其后页）。在对自己老年的构想中，也描绘了一个机构化的运动，它将继续加强提供给老年人传统福利社会的服务，或者说为他们提供多元化的服务，而这些供应都是以独立自主性和参与发表意见为导向的。因而，这些计划都首先是在世代间差异的关系模式的背景下形成的：

对未来的设计也是与后代之间消极地划上了界限，将他们的差异性排除在外。这个划分界限的行动是基于一些论据的，例如缺乏可靠性，因为成年子女在其他的关联中又形成了其他的义务或者是猜想，同龄人能够更好地讨论自己所承受的痛苦。家庭中世代间的照顾无法实现与需求相配套的照顾，这一点不仅体现在与上一代人的关系之中，而且在与下一代人之间的关系中也可以看到。因而，在这里展现出，只要世代关系是在家庭历史的背景中得以确立的，那么对于与父母一代的代际间的陌生关系符号化的处理也有着实现延续性的功能，但是并不因为如此，代际间的差异就会缩小，相反，会被提炼为陌生感。后代也主要是“另外的”对象，也是处于“陌生化”（请参照Reckwitz，2008年：第98页）的逻辑过程中的，因而后代对于老年阶段建构的共同讨论既不是所希望的对象，也不是有意义的。

对于与需求相匹配的世代间照顾不可能性的想法，可以通过引入后殖民时代的理论体系中的差异化概念而得以详细的解释，在这个概念中，“模拟”被当作是用于在自己和他人之间寻找身份定位的活动（请参照Bhabha，2007年）。在模拟性的寻找过程中，讲述者试图去靠近非西方化的、陌生的、他人的差异性，并且不断地形成自己内心深处对于这个他者的想象。但是，在这个过程中所展现的不是接近，而是差别，是超越具体情境的和不可逾越的，因为这种陌生感是巩固自己身份认同所必需的（请参照Wimmer，1998年：第108页）。在矛盾心理的照顾模式中，也勾画出了努力形成世代之间的一致性以及与此同时消除差异性的关系模式。矛盾和困惑的状况，使得通过模拟的过程重新确定与他人的关系变得必要，而这种矛盾心理和困惑状态的出现是因为有关照顾的问题。一方面，讲述者在涉及到对于父母世代的照顾问题时，抱怨着世代之间的陌生感；但是与此同时，在另一方面，他们也通过同样的观点——即不同的世代根植于不同的经验领域之中——强调了与下一代人之间的差异。这意味着，在模拟性的过程中，陌生的关系再一次被放置到自己的自我之中，因而完全没有实现靠近。也就是说，实际上与父母的疏离被确定为自我。亲近和亲密则被定义为由同样的需求、经验和感觉所产生的一种存在状态。因而，在这个模式中的“照顾”，首先是指在家庭内部在被理解和理解这个问题上的相互配合。

矛盾心理照顾模式的一个结构特征也体现在社会经济层面上。在这个照顾类型中，不仅首先可以找到在物质上有保障的学者——对于他们而言，老年阶段完全没有经济层面的问题，而且也由于家庭成功的再生产背景，在这里也展示了后代的社会—经济地位，因而这里的世代间关系，主要是在情感特性这个层面中进行分析的。在这个类型中经常出现的离婚现象也与之有相关关系。由于讲述者出于不同的原因对一些关系感到“陌生”，因而他们会与这些感到不满意的关系保持距离、并离开这种关系，这样的关系模式不仅用于伴侣之间的关系，而且也用在世代关系中，或者说为夫妻关系所构建的关系模式也找到了投射到世代间关系之中的入口。

充满冲突的照顾模式

在充满冲突的照顾模式中，所实现的或者一直不断地实施着的与原始家庭的决裂以及在自己所建立的家庭中，用“另外的”世代关系形式建造和扩建一个“新的”家庭文化是中心内容。在与父母世代的关联中形成了家庭的经验空间，在这里面，世代间的信任从孩提时代就已经被打破了，因为在父母与孩子之间不存在自然而然的和没有前提条件的关怀。这些故事的讲述者在回顾家庭的过去时，都与他期望中的身为“母亲”“父亲”“兄弟”“姐妹”或者“子女”的家庭中的他者不一样，因而感到失望。换言之，他人对自己的照顾并不代表情感因素。家庭被体验为一个家谱体系中的次序关系，通过它形成了家庭成员之间的关系，既形成了成员之间的权力关系，也成为关爱和照顾——几乎是很原始的照顾——的资源。家谱体系所决定的位置，被认为是从根本上决定了世代间的关系。因而，对于充满冲突的照顾模式而言，其显著的关系模式就是在这种关系模式中，对于家庭中他人的认知，主要就是对他在家谱体系中位置的认识。

在充满冲突的照顾模式的框架中，父母人生的最后阶段是这样一个生命阶段，即在这个生命阶段中，应该对家庭的家谱关系顺序进行最后一次的商讨，或者说是管理。在这种世代关系中情感负担非常重，而且充满了情感上的冲突，这些都将转移到“小小的”家庭中世代间的合同上。因而，世代间的照顾具有了工具性的特征。①家庭中世代间的合同是一种修改家谱中的格局的可能性，也使得在一定程度上施加影响成为可能，从而通过契约形式的社会关系，在家庭关系之外，确立另外一种角色期待和互助期待，并且满足家庭成员对于物质上和象征意义上的认可的需要。“老年”和“照顾”是可以任意支配的，也是可以在家庭中进行协商的对象。但是，世代间的合同没有成立或者说最终被认为是没有实现的。②在这项研究的范

---

①将照顾作为交换品这种想法中，可以看到充满冲突的照顾模式与许多世代间的冲突有着密切的联系，在这些冲突里面世代之间在价值观和/或利益方面的对立是主要原因（请参照例如Heinzel，2004年；Höpflinger，2003年）。

②可以想象家庭中世代间的合同也是能够成功的。但是，在访谈样本范围内，这些合同从回忆的角度来看，被认作是失败的。

围内，重构了三种不同的中断合同的形式：这些家庭中世代间的契约要么将物质遗产（卡尔·君特·舒曼的故事）、要么将家谱中的归属关系和承认（马海可·斯达克的故事）、或是将对家庭中义务关系的规定（卡琳·迪特里希的故事），作为对老年父母照顾的等价物。例如，在从家谱关系上剥夺继承权的情况中，成年的、并非目前的婚姻中所生的女儿，希望通过对老年父亲的照顾，从而使得作为父亲的生物关系上的女儿也能够得到与父亲的婚生子女同样的承认。家谱体系下的关系模式体现了这样一种代际关系，即在这种关系中，对互惠期望——也就是对于家庭中作为“母亲”“父亲”“子女”的他人做什么的期望——的满足是非常重要的。由于家庭中的给予和接受之间的平衡在关于老年时期的照顾这个问题上也没有得到实现，因而从原生家庭的环境中摆脱出来的行为就会加强。这一点也体现在通过对关系分成不同的等级层次，而在家庭的过去和未来之间塑造自我。在这里，建立在性亲密基础上的夫妻关系，在层级上要高于家谱体系中的关系，或者/以及自己孩子的等级要高于父母的等级。对于关系格局的重新整理，是为了在家庭成员中公平地补偿所失去的家庭资源。但是，这种补偿没有成功，因而这种冲突，尤其是在父母去世后就转移到其他家庭成员身上，特别是转移到兄弟姐妹之间的关系上。

在充满冲突的照顾模式中，分层级地从原生家庭的背景中脱离出来以及对家庭历史的改写，是为了重新建立自己的、之前一直处于隐藏状态的关系连接。在这里，叙述从对有关父母生命最后阶段的讲述，一直延伸到对家庭历史中重大背景的讲述。那些充满痛苦的努力，也在这些叙述中展现了出来。回忆带来的痛苦以及对这些事件的重新体验，正如瓦尔特·本雅明（Walter Benjamin）[①]所描述的，是“拦住叙述的洪流的水坝”（请参照Benjamin，2007年：第197页），在对这个类型的故事的叙述中，表现为谈话的中断和停顿以及努力寻找对故事正确的措辞和表达。而且在面对访谈者的叙述形式，也是采取了必须进行自我断言的姿态。持续进行的释义、重新解释和划分界限的过程是清晰可见的，这些都是为了形成与家庭历史的联系。在这个过程中，也牵扯到了与家庭成员之间的关系。例如，在卡尔·君特·舒曼的故事中，背离母亲、转向父亲和超越父亲，都是在自己生活经历的框架下实现的，而他的生活经历仅是根据所到达的年纪就已经超过了父亲。在卡琳·迪特里希的故事中，通过母亲从“母亲”经过“朋友”而最终成为了“女人”，而完成了自己与母亲关系的改写。在这个持续的解释、疏离和划清界限的过程中，也涉及到了与家庭中遗产有很大不同的其他事物。而在马海可·斯达克的故事中，展现的是如何通过个人致力于艺术和文化，而与作为大家庭原生家庭的景象形成对比的。与此同时，在充满冲突的照顾模式的故事中，也清晰展现了，摆脱原生家庭或者从那里解放出来，是与经济的、文化的和社会地位上的损失有着多么密切的联系。因而，家庭中资源潜力的重要性，在不再能够把握它的时候非常清晰地展现出来了。

与这个照顾模式不同，讲述者把自己未来的老年阶段看作是相对容易应对的挑战，因为在自己所建立的家庭中消除了原生家庭的背景。自己未来的老年则被看作是机会。一方面，这是一个没有父母的、并且因而从与

①瓦尔特·本雅明（1892—1940年），德国马克思主义文学评论家、哲学家。重要著作有《机械复制时代的艺术作品》、《单向街》和《德国悲剧的起源》等。——译者注

之联系在一起的冲突中解放出来的人生阶段，卡琳·迪特里希讲到了她身体上所表现出来的变化——她在母亲去世后身体变得“笔直了”。另一方面，老年通过年龄而占有优势，因为老年也往往是与不断增多的人生阅历和与之相关的自主性和独立性联系在一起的。尽管如此，在家谱体系的关系模式中，“家庭”仍然是一个重要的相关领域，因为在对于自己的老年的设想、尤其是对在老年时期自己与子女的关系进行设计时，会探讨这个问题。与原生家庭中被感觉为是他治的关系不同，在那里世代关系会被塑造成其他的形式。

第八章

对家庭中世代间照顾的类型的系统性思考

不同世代之间的关系模式，是与对老年人生阶段不同的解释联系在一起的。但是，在世代照顾中最根本的要素是，世代照顾是用于形成家庭的延续性和世代间关系的延续性。

在对家庭中世代间照顾的分类基础上，世代化能够在两个方向上展开：首先，有关照顾的故事显然是讲述人生经历特殊的叙事形式。有关照顾的故事是个体的自我在社会的关系格局中形成的过程。因而，有关照顾故事的组织原则，就是在对他人的照顾、他人对自己的照顾以及自己对自己的照顾之间的张力关系。在家庭关系之外，家庭之外的关系和其他的机构性照顾关系也对（自我）确定位置非常重要。在每种情况中，关于照顾的叙述都是以这种方式组织在人生经历的讲述中呈现出来的关系历史，即讲述者自己在所讨论的照顾经历中的位置是令人信服的。这些关系形成之后也是对未来照顾的涉及基础，或者说对未来照顾关系的设计，是建立在对自我和他人的定位基础之上的。

这样一种模式——在这个模式中，社会关系结构中的定位是以叙事的方式进行的——也指明了惯习化的过程，也就是说，展示了伴随一生的社会紧密领域之中的关系结构。在这里，也可以清晰地看到，在不对称的世代间关系的背景下，所发生的主体化的过程，这个过程表现为对待亲近与疏远、自主性与依赖性、责任与义务、革新与传承的不同方式。

通过对照顾故事的陈述，主观地走入家庭主体间文化的过程也被清晰地展现出来了。对于照顾的叙事阐明了对待身体上和情感方面亲近领域主体化的形式以及在如何对待自身利益和对方利益方面主体化的形式。在社会性关系结构中的位置确定，是在社会文化模式的框架下进行的，因而相应的有关照顾的主体化形式，也总能够给出有关照顾位置在年龄、种族、性别和阶级等范畴中的社会性结构化的信息。

其次，在照顾的模式中，可以清晰地看到在成年时代较晚时期出现的三种不同的代际关系模式，也是在社会性关系格局中的三种不同的定位过程。在这里分别确定了，在充满冲突的照顾模式中所出现的家谱体系下的关系模式，在矛盾心理照顾模式中世代差异的关系模式以及在互助型照顾模式中涉及到年龄或者说生活境况差异的关系模式。对有关在成年晚期出现的这些世代间的关系，应该是以什么为基础的这个问题的思考中，人们会尝试将这些关系模式系统化，从而得出以下结论。①

充满冲突的照顾模式显示了，当世代间的关系意味着家谱关系上的差异的时候，当对家庭成员的认知主要是以父母与子女的关系或者说家谱体系上的关系为基础的时候，世代间的照顾就会与大量的麻烦联系在一起。在家谱关系的修辞学框架中所涉及到的，是家庭中的身世关系和与之联系在一起的家庭遗产问题、所属关系和承认以及由在家谱关系中的身份位置所决定的优势和劣势。这项研究揭示了，在世代关系的最后阶段——也就是父母世代的老年时期——中的这些冲突，几乎无法从感情层面加以解决，而且即便它们以家庭中世代间的合同形式出现，实际上也很难以理性的方式进行处理。与此同时，充满冲突的照顾模式的故事也展示了，这些故事也是在兄弟姐妹关系中巨大的伤害历史和忍受痛苦的历史，因为在这些故事中清楚地显现了对于物质的、有象征意义的和社会性的遗产争论。在另外两种照顾模式中，家谱关系的修辞学也总是出现在对家庭历史中特别具有争议的领域进行描述的时候。可以任意安排的“作为子女的存在”和

①在发展心理学中，世代关系的这个阶段被描述为“第三个分离和个性化的过程”（请参照Perrig-Chiello/ Höpflinger，2008年：第180页）。这个分离过程如果成功完成的话，则在理想的情况下就进入了“作为子女的成熟”这个阶段（请参照同上出处：第181页）。

“作为父母的存在”，也指出了存在于世代间关系之中的，实现了的和没有实现的互惠性的期望，而且这些期望直到成年的晚期都是非常重要的。在充满冲突的照顾模式中，没有被实现的和被打破的有关父母世代应付出的照顾的期望是尤其被关注的，因而成年子女将给予父母的照顾看作是负面的。家谱关系的修辞学所勾勒的“亲密”是与家庭中的照顾文化联系在一起的，这种照顾文化，是以世代之间及同代之间在社会层面和物质层面中的公平为基础的。

在矛盾心理的照顾模式中，世代差异和与之相应的自我定位及他人定位的关系模式，被清晰地展现出来了。世代化的过程是通过将家庭中的他人归于另一个代际、从而对其进行感知和分类的过程，在这个过程中，强调了由于历史性的或其他生活历史的发展路径而为家庭成员带来了完全不同的生活历史的印记。因而，在世代差异的关系模式中，在家庭的内部关系里，对家庭成员形成认识和产生陌生感的过程是不断交替进行的。老年时期的照顾是一个特别涉及到个人情感和需要的地带，在那里探讨并产生矛盾心理，因为在这个领域，由于不同的经验世界、意义世界和需求世界，代际之间的理解被看作是尤其困难的。世代差异的关系模式是与这样的修辞学联系在一起的，即一方面这种关系的目标是使得世代间的疏离合法化，因为不同的经验空间导致了不同的需求文化，也使得“照顾”对于所有的参与者来说并不具有相同的含义；另一方面，这种世代关系的修辞学，也通过将家庭成员之间不同的行为方式和利益上的对立，与社会变迁或不同的经验空间的背景联系起来，从而实现去个人化。与家谱关系的修辞学不同，世代关系的修辞学所体现出来的，并不是面对其他世代的“固定不变的”定位，而是一个尝试着相互理解、寻找着连接点以及标记出差异性和不同之处的定位过程，这个定位过程被看作是积极的、而且是家庭的资源。在世代差异的关系模式的框架下，涉及老年阶段的问题时，一方面从回忆的角度来看，讲述者甚至愿意给予父母更多的照顾；但是另一方面，通过对参与者在需求结构上的差异性的感知，又从根本上认为那样做并不是很有意义。为了实现满足情感要求的关系，有关照顾的文化应该是青睐于同龄人之间和朋友之间关系的，并且建立照顾自己的文化。

最后，在互助型照顾模式中年龄差异的关系模式是这样的，它是在家庭中、他人的特殊生活情况下——例如在这里的老年阶段——对他者进行感知并解释，但是这个他者也被限定在他特殊的生活境况下。因而，“老年阶段”在最理想的情况下，表现为一个普遍的现象，与它相关的问题较少地存在于照顾者和被照顾者之间的关系中，而是出现在将不同的人生阶段——各种家庭成员所处的人生阶段——连接起来的组织层面。年龄差异的修辞学，使得将不同的生活状况及其所反映的界限联系起来、并加以整合成为可能。与之前所描述的修辞学中所体现的双重关系视角不同，在这里，对于处于他自己的生活境况里的家庭中他者的感知，并没有沿着双重（代际）关系的视角展开。相反，在这里所展示的是集体的视角，即很多人参与其中。这是一个较少关注于关系，而是将注意力放在照顾事务层面的修辞学。因而，在这里对照顾的规范中同时可以找到对于被照顾的人和提供照顾的人的约束。

以家谱关系的差异为基础的关系模式和释义模式下的世代照顾，体现了在家庭的背景下紧密关联、身份和归属性的重要性；建立在世代差异基础上的关系模式和释义模式里的世代照顾，则指出了社会文化方面的特性的重要意义；而在以年龄差异为基础的关系模式和释义模式中的世代照顾，则指明了在一个家庭中的世代之间与生活状况有关的不同之处以及跨越这种差异的困难性。在三种惯习模式中，无论是家谱关系的修辞学，还是世代关系的修辞学以及团结互助的修辞学，都是以代际关系中的难题为探讨主题的。年龄差异的修辞学一直处于这样的背景之中，即在这里涉及到了从照顾者的角度对世代间照顾的回顾，或者对新的照顾文化的建立。

与对不同的照顾模式和它们的修辞学重新构建联系在一起的是这样的问题，即在这个基础上，能够形成什么样的有关处于那些家庭背景中世代关系的理论。[①]显然，通过这些照顾故事，能够重新构建而形成世代关系的内在逻辑。不同世代之间的关系模式，是与对老年人生阶段不同的解释联系在一起的。但是，在世代照顾中最根本的要素是，世代照顾是用于形成家庭的延续性和世代间关系的延续性的。因而，从总体上来看，在这里展现了，有关照顾这个题目是整个的人生历程中一个具有很强情感性的题目，其情感的强烈程度要大于有关老年的话题。这个题目提出了关于自己与他人的关系和他人与自己的关系这些问题，而且最终也提到关于自我关系层次的问题。

① 例如，“世代之间的战斗”这个概念可以用来理解家谱关系下的释义和关系模式，在这种关系中，出现了类似于父母和子女关系中的身份地位和与之联系在一起的权利和义务。

第九章

家庭中的世代间照顾和来自社会的期望

世代间照顾的组织形式和实践形式，是将团结互助的价值观作为其根本规范的。而未来这种形式的世代间照顾的规模，会在一定程度上随着下列变化而缩小：作为集体承担照顾的家庭成员的数量变少、家庭形式的多元化、由于移动性的要求而使得联络频率的降低，有关承受能力和合理性这些问题在家庭关系中变得更重要。

人生的最后阶段——在21世纪这通常是一个高龄的阶段——是一个“世代间关系格局中的新变量”（请参照Höpflinger，2010年：第147页）。在这里所呈现的定性研究的结果显示，在回忆的过程中，老年的人生阶段，首先是从世代之间和家庭成员之间的关系这个角度进行反思的。在这里，关系中的哪些层面被强调以及哪些情感和意义范畴与之相联系，都是各有不同的。“世代间照顾”以普通的形式被编织到家庭历史复杂的结构中，同时也以特殊的形式被纳入父母与子女之间关系的复杂格局中。在世代照顾中展现了多种多样的照顾方式：作为护理和使老年人融入生活的照顾、在一致性和相异性的压力场域中对身份认同和对自己及家庭中其他成员人格形象的关照以及对于物质层面、社会层面和文化层面的家庭遗产的关心。尽管在不同的照顾方向中，老年都具有其特殊的功能，但是，在所有的模式类型中，都清晰地体现了一个减少对老年人代际间照顾的趋势，也就是说，在这里总体上来说，自己已经做出的照顾，要多于自己在未来所期望得到的照顾，因而，在这里明显地体现出来的，主要是在对于后代对自己照顾的期望上巨大的克制。“世代间照顾”是将家庭的过去和未来结合在一起，从而保证和产生在家庭世代关系上的延续性。这个生产的过程是在多个领域中进行的，需要每个家庭成员将自己的很大一部分的时间资源、情感资源和反射性的资源用于家庭领域。

在形成对后代给予照顾期望时的克制，首先可以通过在照顾模式框架下所重构的有关世代间照顾的关系模式和设想加以解释。在这里，可以清晰地看到，并没有“这个”特定的世代间照顾存在，世代间照顾是镶嵌在不同的意义范畴之中的。护理意义下的和对他人的照顾意义下的“照顾”，存在于互助型照顾模式之中。因而，在这里，无论是家庭的过去，还是家庭的未来，无论是其他家庭成员，还是自己，其出发点都是尽可能将家庭成员所处的各种生活状况，融入到家庭中的照顾文化之中。世代间照顾的组织形式和实践形式，是将团结互助的价值观作为其根本规范的。而未来这种形式的世代间照顾的规模，会在一定程度上随着下列变化而缩小：作为集体承担照顾的家庭成员的数量变少、家庭形式的多元化、由于移动性的要求而使得联络频率的降低、有关承受能力和合理性这些问题，在家庭关系中变得更重要。

在矛盾心理的照顾模式中，世代间照顾涉及到对代际之间陌生关系的处理。与给予具体的护理——不仅已经给予了具体的照顾，而且有时候也愿意给予大量具体的照顾——不同，在这种照顾模式中，探索并且跨越世代之间的差异以及需求方面不同的努力，被认为是对于家庭的持续存在至关重要的。因而在这里显示出，这种核心为符号化过程的世代间照顾，使得在家庭内部再现家庭中的他人和陌生感成为可能。象征性形式的世代间照顾的规模，因为以下原因而收缩：由于一个家庭中的不同世代的生活世界对于双方来说都是陌生的，因而不再可能出现模拟性进入的过程。而且因为这种世代间关系自身的一个特征，即“照顾”不被认为是有意义的，因而这也会使得收缩的趋势成为对未来的设计。

在充满冲突的照顾模式中，护理意义下的照顾实际上是一种等价交换。世代间照顾所涉及的问题是，家庭中的情感资源和物质资源如何分配。因而在这种情况下，家庭资源对于当事人的重要性越低，世代照顾的规模也相应的会越小。

其次，对于后代期望的减小也是产生在这样的背景之下的，即在访谈记录中可以看到，老年问题，总体上不再是世代之间所交流的话题。受访者的子女一代不是以独立的当事人的形式出现在受访者对未来的设想之中的，也就是他们既不是照顾他人的人，也不是将不照顾他人的人。在访谈中，有关成年子女一代的观点问题，受访者只是给出了一些对于他们孩子的看法的猜测。例如，在访谈中，并没有讲述世代之间针对不同观念进行探讨的谈话。生命的老年阶段显现为一个主要是个人，或者说与婚姻伴侣和生活伴侣进行计划的人生阶段。

存在于其中的一个原因是，所谈及的有关自己在老年可能出现的依赖性以及对于家庭中的他人与之相关的期望和愿望，在社会层面被认为是令人感到羞耻的话题。[①]在这种背景下，讲述者必须将自己的未来理解为对独立自主的自我设计。因而，在这里也出现了将自己的老年也规划为独立于国家的照顾机构的趋势。所谈论到的国家机构性的帮助，主要是为了使得在家中养老成为可能，或者是与以互助网络的形式组织起来的老年项目相关的。因而在这里通常是为自己的老年阶段寻找个性化的壁龛。人生最后的阶段是被设想为到目前为止的人生历程的延续，或者说，它记录了人生最大年龄的传记。高龄和可能具有依赖性的老年阶段，主要是以个性化的方式加以准备的，而且是按照目前所经历的人生阶段的愿望和需求进行设计的。将高龄以及具有依赖性的人生阶段交由机构来负责，也不属于在这里的对老年阶段的规划，因而只在一次访谈中，提到了诸如病人的决定权

①由于访谈者也是属于“更为年轻”的下一个世代，因而这种羞耻感变得更强烈了。

这样的已经形成标准化的方式。

最后，通过对老年的设计这个敏感的话题，可以清楚地看到在（后）现代社会普遍存在的对未来的不可支配性。在这项研究中，这一点体现在主体化的过程中，在这个过程里，不仅强调了未来的偶然性，而且也已经对关于未来的想象进行了推理性的调整。

除了有关未来的认识，关于自己在老年阶段产生依赖的可能性及其不同层面的认识，也是间接地表达出来的。这些认识被依赖的感觉所覆盖，而这种感觉是从家庭关系的纠葛中产生的。因而，这些认识主要表现为隐含的知识的形式。在访谈中只是反思了自己对照顾的观点可能会随着在老年阶段不断增加被照顾的需求而会发生改变的可能性。对于依赖性的不同层面的认识，是通过有关父母世代的画面中得以再现的，例如一幅有关在母亲的住处摔碎在地上的鸡蛋的画面——母亲由于她视力上的障碍而没有能够注意到这些，因而就任由这种情形在家里存在。或者这方面的认识，也是通过对自己的一些失望和忍受痛苦的过程的叙述而传达出来的。例如，当母亲不再能咽下特别为她做的饭菜的时候，或者尽管努力给予照顾，但是却被母亲抱怨为不够的时候，或者是当母亲意识到死亡临近、却不愿意在世代之间谈论这个问题的时候。总体看来，对于世代间关系塑造的反思所获得的知识，要比有关老年的知识更加清晰明确，在反思性知识中包含了在老年阶段的自我依赖性、对帮助的需求性和变化性的不同层面。

这项研究构建了不同形式的世代间照顾模式，每种模式都是根植于在生命历程中对家庭关系的经历基础之上的。当人们将这项研究的研究结果用于对护理政策——它通常遵循辅助性的原则、而家庭对老年阶段的支持帮助被认为是优先选择的——的思考时，这样的反思往往止步于它导致社会不均衡性增加的潜在可能性，因为照顾和护理都是以个人的人生变迁以及特别是家庭中的生命历史和关系历史的兴衰沉浮为前提条件的（请参照Dammert，2009年）。特别是当在互助型照顾模式中老年阶段的来自家庭的团结互助所带来的社会性的支持潜力，是否能够与家庭中的照顾设想相互协调一致，成为一个重要的讨论议题的时候，在充满冲突的照顾模式中，则显示出这样的维度，即在老年阶段的给予照顾这个问题，是与遗产安排的法律性保障联系在一起的。在三种照顾模式中，尤其是在矛盾心理的照顾模式中，都格外重视面对临终和死亡的处理方式。因而，从中可以得出这样的假设，即有关老年的问题是从老年的终点，即从临终和死亡那里找到它在个人和社会的讨论中的重要意义。

从照顾的故事中，也可以明确与性别有关的一个引人注目的特点。一方面，很难找到男性受访者参加访谈；但是，另一方面，愿意参加访谈的男性受访者，对于这个题目往往比女性受访者抱以更大的乐观态度和兴趣。对此的一种解释可能是，在照顾和家庭的框架下对自己进行定位，对于女性来说，要比对于男性来说更稀松平常一些，而且也正因为如此，当男性揭示自己现在的私人空间和对自己未来的老年阶段的设计时，他们也会感觉到一种与性别有关的耻辱感。

在这项研究中，对不同年龄的女性和男性进行了采访。但是，模式类别的划分既不是根据性别的类型，也不是根据年龄的分类而进行的。对年龄进行划分的意义，并不是在于通过由此所划分的不同群体而形成不同的惯习风格，而主要是意味着对于老年人的世代间照顾在21世纪初的德国仍然继续展现出在这里所描绘的多种多样的形式。但是，值得思索的是，由于生活世界的多元化，对于矛盾心理的照顾模式而言，在私人领域的“有调节作用的自我塑造”是否不再具有普遍的重要意义。模拟性的处理可能在诸如所谓的拼接式组合家庭的框架下才是重要的，因为它恰恰能够将未知的和陌生的经验领域结合在一起。

这项研究考察了站在十字路口上的家庭的和社会的对待老年及世代间关系的新形式的结构。这项研究并没有给出如何在政治上支持家庭中的照顾，或者如何从代际关系中塑造家庭中照顾的方案。但是，清楚的是，在对有关辅助性系统的生产能力的讨论中，必须要对不同的代际关系模式和有关照顾的基本取向区别看待。

致谢

这个项目是在乔治–奥古斯特–哥廷根大学（Georg-August-Universität）的德国研究联合会–研究生院（DFG-Graduiertenkolleg）“世代历史”研究项目的框架下产生的。我非常感谢获得了研究资助，从而使我能够在由诸多教授和学者所构成的激发学术灵感的环境中探寻我所选择的研究题目。在这里，我特别要衷心感谢在这个项目的所有阶段都给予了我持续、有力的陪伴和帮助的玛格丽特·克劳尔（Margret Kraul）[1]博士、教授。我也要特别感谢里贾纳本·迪克斯（Regina Bendix）博士[2]、教授和彼得·安海特（Peter Alheit）[3]博士、教授。在与他们的对话和在他们的专题研讨会上对我项目的讨论中，我收获了很多建议和认识。

我要感谢我的家人、朋友和许多新老同事，他们给予了我无尽的鼓励，以使我能够完成这个项目。

---

①玛格丽特·克劳尔（1945年—　），德国教育学家、德国哥廷根大学教育学教授。主要著作有《私立学校：一个地区发展的首要实地考察》、《科学的政治忠告》等。——译者注

②里贾纳本·迪克斯（1958年—　），德国哥廷根大学欧洲人种学教授。主要著作有《民俗学指南》、《夜晚：通往另一个世界的道路》和《听、读、看、摸：欧洲童话故事比较》。——译者注

③彼得·安海特（1946年—　），德国教育学家、社会学家。主要著作有《文化与社会》、《日常生活》和《市民文化》等。——译者注

文献索引

Adolff, Frank/Mau, Steffen (2005): vom Geben und Nehmen. Frankfurt a.M., New York, Campus.

Alheit, Peter (2000): Biographie und “modernisierte Moderne” : Überlegungen zum vergeblichen “Zerfall” des Sozialne. In: Zeitschrift für qualitative Bildungs-, Beratungs- und Sozialforschung, I, 131-150.

Alheit, Pete (2005): Biographie und Mentalität: Spuren des Kollektiven im Individuellen. In: Bettina Völter/ Bettina Dausien/ Helma Lutz/ Gabriele Rosenthal (Hrsg.): Biographieforschung im Diskurs. Wiebaden, VS Verlag für Sozialwissenschaften,21-46.

Amann, Anton (2008): Alternsforschung aus soziologischer Sicht. In: Ursula Klingenböck/ Meta Niederkorn-Bruck/ Martin Scheutz (Hrsg.): Alter (n) hat Zukunft. Wiebaden, Deutscher Studien Verlag, 30-53

Amrhein, Ludwig (2004): Die zwei Gesichter des Alterstrukturwandels und die gesellschaftliche Konstruktion der Lebensführung im Alter. In: Gertrud M. / Wolfgang Clemens/ Harald Künemund (Hrsg.): Lebensformen und Lebensführung im Alter. Wiebaden, Verlag für Sozialwissenschaften, 59-87.

Amrhein, Ludwig/ Backes, Gertrud M. (2008): Alter (n) und Identitätentwicklung: Formen des Umgangs mit dem eigenen Älterwerden. In: Zeitschrift für Gerontologie und Geriatrie, 41(5), 382-394.

Andresen, Sabine (2005): Spannungsfelder der Geschlechterdifferenz und ihre Bedeutung für das Verhältnis von Pädagogik und Ethik. In: DetlefHorster/ Jürgen Oelkers (Hrsg.): Pädagogik und Ethik. Wiebaden, VS Verlag für Sozialwissenschaften, 110-131.

Andresen, Sabin. Diehm, Isabell (2006): Einleitung. In: Sabin Andresen/ Isabell Diehm (Hrsg.): Kinder, Kinderheiten, Konstruktionen. Erziehungswissenschaftliche Perspektiven und sozialpädagogische Verortungen. Wiebaden, VS Verlag für Sozialwissenschaften, 9-21.

Anonymus (2007): Wohin mit Vater? Ein Sohn verzweifelt am Pflegesystem. Frankfurt a. M., S.Fischer Verlag.

Ariès, Phlippe (1987):Geschichte des Todes. München, Carl Hanser.

Attias-Donfut, Claudine (1991): Die Abhängigkeit alter Menschen: Familiale und gesellschaftliche Versorgung. In: Zeitschrift für Sozialforschung und Erziehungssoziologie, II(4): 355-374.

Attias-Donfut, Claudine (2000): Familialer Austausch und soziale Sicherung. In: Martin Kohli/ Marc Szydlik (Hrsg.): Generationen in Familie und Gesellschaft. Opladen, Leske+Budrich, 222-238.

Backes, Gertrud M. (1997): Alter (n) als "Gesellschaftliches Problem" ? Zur Vergesellschaftung des Alter (n) im Kontext der Modernisierung. Opladen, Westdeutscher Verlag.

Backes, Gertrud M. (1998): Individualisierung und Pluralisierung der Lebensverhältnisse. In: Zeitschrift für Familienforschung, 10, 5-29.

Backes, Gertrud M. / Clemens, Wolfgang (1998): Einleitung: Alter (n) und Gesellschaft im Strukturwandel der Modernisierung. In: Wolfgang Clemens/ Gertrud M. Backes (Hrsg.): Altern und Gesellschaft. Opladen, Leske+Budrich, 7-23.

Balzer, Nicole (2004): Von den Schwierigkeiten, nicht oppositional zu denken. Linien der Foucault-Rezeption in der deutschsprachigen Erziehungswissenschaft. In: Norbert Ricken/ Markus Rieger-Ladich(Hrsg.): Michel Foucault: Pädagogische Lektürn. Wiebaden, VS Verlag für Sozialwissenschaften, 15-39.

Beck-Gernsheim, Elisabeth (1994): Auf dem Weg in die postfamiliale Familie-Von der Notgemeinschaft zur Wahlverwandtschaft. In: Ulrich Beck/ Elisabeth Beck-Gernsheim (Hrsg.): Riskante Freiheiten. Frankfurt a.M., Suhrkamp, 115-138.

Becker, Helmut (1985): Freiheit und Selbstsorge. Interview 1984 und Vorlesung 1982/ Michel Foucault. Frankfurt a.M., Materialis Verlag.

Bengston, Vern (1990): Families and Aging: Diversity and Heterogenity. In: Robert Binstock/ Ethel Shanas (Hrsg.): Handbook of Aging and the Social Sciences. San Diego, Van Nostrand, 263-287.

Benjamin, Walter (2007): Erzählen. Frankfurt a.M., Suhrkamp.

Benjamin, Jörg R. (2000): Ethnomethodologie. In: Uwe Flick/ Ernst von Kardorff/ Ines Steinke (Hrsg.): Qualitative Forschung. Ein Handbuch. Hamburg, rowohlt, 118-136.

Bertram, Hans (1996): Familienwandel und Generationsbeziehungen. In: Hans Peter Buba (Hg.): Familie: Zwischen gesellschaftliche Prägung und individuellem Design. Opladen, Westdeutscher Verlag, 61-81.

Bertram, Hans (2009a): Nachhaltige Familienpolitik und demographische Entwicklung. In: Zeitschrift für Pädagogik, 55(I), 37-55.

Bertram, Hans (2009b): Zur Zukunft der Familie. In: Soziale Praxis, sonderheft 9, 15-31.

Bhabha, Homi (2007): Die Verortung der Kultur. Tübingen, Stauffenburg Verlag.

Bien, Walter (1994): Eigeninteresse oder Solidarität. Beziehungen in modernen Mehrgenerationenfamilien. Opladen, Leske+Budrich.

Bien, Walter/ Marbach, Jan H. (2008): Familiale Beziehungen, Familienalltag und soziale netzwerke. Ergebnisse der drei Welllen des Familiensurveys. Wiebaden, VS Verlag für Sozialwissenschaften.

BMFSFJ (2002): Vierter Bericht zur Lage der älteren Generation Berlin.

Bode, Sabine (2007): Die vergessene Generation. Die Kriegskinder brechen ihr Schweigen. München, Piper.

Bohnenkamp, Björn/Manning, Till/Silies, Eva-Maria (2009): Argument, Mythos, Auftrag und Konstrukt. Generationelle Erzählungen in interdisziplinärer Perspektive. In: Björn Bohnenkamp/ Till Manning / Eva-Maria Silies (Hrsg.): Generation als Erzählung. Neue Perspektiven auf ein kulturelles Deutungsmuster. Göttingen, Wallstein.

Bohnsack, Ralf (1998): Rekonstruktive Sozialforschung und der Grundbegriff des Orientierungsmusters. In: Dirk Siefkes/ Peter Eulenhöfer/ Heike Stack (Hrsg.): sozialgeschichte der Informatik. Wiesbaden, Deutscher Universitätsverlag, 105-121.

Bohnsack, Ralf (2005): Standards nicht-standardisierter Forschung in den Erziehungs- und Sozialwissenschaft. In: Zeitschrift für Erziehungswissenschaft, 8 (Beiheft 4), 63-81.

Bohnsack, Ralf (2006a): Orientierungsmuster. In: Ralf Bohnsack/ Winfried Marotzki/ Michael Meuser (Hrsg.): Hauptbegriffe Qualitativer Sozialforschung. Opladen&Framington Hills, Verlag Barbara Budrich.

Bohnsack, Ralf (2006b): Hauptbegriff Qualitativer Sozialforschung. Opladen&Framington Hills, Verlag Barbara Budrich.

Bohnsack, Ralf (2007a): Rekonstruktive Sozialforschung. Einführung in qualitative Methoden. Opladen&Framington Hills, Verlag Barbara Budrich.

Bohnsack, Ralf (2007b): Die dokumentarische Methode und ihre Forschungspraxis: Grundlagen qualitative Sozialforschung. Wiesbaden, VS Verlag für Sozialwissenschaften.

Bohnsack, Ralf (2007c): Typenbildung, Generalisierung und comparative Analyse. Grundprinzipien der dokumentarischen Methode. In: Ralf Bohnsack/ Iris Nentwig-Gesemann/ Arnd-Michael Nohl (Hrsg.): Die dokumentarische Methode und ihre Forschungspraxis. Opladen, Leske+Budrich, 225-253.

Bohnsack, Ralf (2007d): "Die Mehrdimensionalität der Typenbildung und ihre Aspekthaftigkeit", Jahrestagung der Kommission Erziehungswissenschaftliche Biographieforschung der Deutschen Gesellschaft für Erziehungswissehnschaften (Herrsching).

Borkovec, T.D. (1994): The nature, functions and origins of worry. In: Graham Davey/ Frank Talis (Hrsg.): Worring. Perspectives on Theory, Assessment and Treatment. Chichester, New York, Brisbane, Toronto, Singapore, John Wiley &Sons, 1-33.

Born Claudia/ Krüger, Helga (2001): Das Lebenslaufregime der Verflechtung: Orte, Ebenen und Thematisierungen. In: Claudia Born/ Helga Krüger(Hrsg.): Individualisierung und Verflechtung. Weinhei und München, Juventa, 11-29.

Bourdieu, Pierre (1987[1979]): Die feinen Unterschiede. Kritik der gesellschaftlichen Urteilskraft. Frankfurt a. M., suhrkamp.

Bourdieu, Pierre (1993): Sozialer Sinn. Frankfurt a. M., suhrkamp.

Bourdieu, Pierre (2000): Das väterliche Erbe. Probleme der Vater-Sohn-Beziehung. In: Vera King/ Hnas Bosse (Hrsg.): Männlichkeitsentwürfe. Wandlungen und Widerstände im Geschlechterverhältnis. Frankfurt a. M., suhrkamp, 83-91.

Bourdieu, Pierre/ Wacquant, Loic J.D. (2006): Reflexive Anthropologie. Frankfurt a. M., suhrkamp.

Brake, Anna/ Büchner, Peter (2007): Großeltern in Familien. In: Jutta Ecarius (Hg.): Handbuch Familie. Weinheim, VS. Verlag für Sozialwissenschaft, 199-219.

Brandt, Martina (2009): Hilfe zwischen Generationen. Ein europäischer Vergleich. Wiesbaden, Verlag für Sozialwissenschaft.

Brückner, Margrit (2009): Die Sorge um die Familie-Care im KOntext sozialer Arbeit und öffentlicher Wohlfahrt. In: Neue Praxis, Sonderheft 9, 39-48.

Bude, Heinz (2005): Qualitative Generationsforschung. In: Uwe Flick/Ernst Kardorff/ Ines Steinke(Hrsg.): Qualitiavtive Forschung. Ein Handbuch. Hamburg, rowohlt, 187-194.

Bundesamt Statistisches (2009): Pflegestatistik 2007. Wiesbaden.

Burkart Günter (2008): Familiensoziologie. Köln, Weimar, Wien, Böhlau.

Burkart Günter (2002): Stufen der Privatheit und die discursive Ordnung der Familie. In: Soziale Welt, 53(4), 397-413.

Cancian, Francesca M./ Oliker, Stacey J. (2000): Caring and Gender. Lanham, Rowman & Littlefield.

Carls, Christian(1996): Das neue Altersbild. Illustrationen und Interpretationen zur Inszenierung wissenschaftlicher Aufgeklärtheit in vorurteilsumnachteter Gesellschaft. Berlin, Münster, Wien, Zürich, London, Lit.

Carls, Christian (2007): Wann sind wir alt? Wie sind wir alt?—Paradoxe des Altersbegriffs, Grenzen der klassischen altersbildforschung und Perspektiven für eine neue Debatte um Altersbilder. In: Forum Seniorenarbeit NRW, 17-19.

Clemens, Wolfgang (2004): Lebenslage und Lebensführung im Alter – zwei Seiten einer Medaille? In: Gertrud M. Backes/ Wolfgang Clemens/ Harald Künemund(Hrsg.): Lebensformen und Lebensführung im Alter. Wiesbaden, VS. Verlag für Sozialwissenschaften, 43-59.

Cohen, Lawrence (2003): Senility and Irony's Age. In: Social Analysis, 47(2), 122-134.

Conradi, Elisabeth (2001): Take Care. Frankfurt a. M., Campus.

Dallinger, (2002): Das "Problem der Generationen" : Theorieentwicklung zu intergenerationelle Beziehungen. In: Ursula Dallinger/ Klaus R. Schroeter (Hrsg.): Theoretische Beiträg zur Alternssoziologie. Opladen, Leske+Budrich, 203-235.

Dammert, Matthias (2009): Angehörige im Visier der Pflegepolitik. Wiesbaden, VS. Verlag für Sozialwissenschaften.

Ecarius, Jutta (2001): Familie als Ort der Tradierung und des Wandels von Kindheitsmustern. In: Jürgen Zinnecker/ Imbke Behnken (Hrsg.): Kinder, Kindheiten, Lebensgeschichte: ein handbuch. Weinheim, Müchen, Juventa, 774-787.

Ecarius, Jutta (2008): Familienerziehung und Generation. Empirische Befunde und theoretische Überlegungen. In: Winfried Marotzki (Hg.): Erziehrungsdiskurse. Bad Heilbrunn, Klinkhardt, 155-176.

Ehmer, Josef (2009): Generationen in der historischen Forschung: Konzepte und

Praktiken. In: Harald Künemund/ Marc Szydlik (Hrsg.): Generationen Multidisziplinäre Perspektiven. Wiesbaden, VS. Verlag für Sozialwissenschaften, 59-81.

Elias, Norbert (1982): Über die Einsamkeit der Sterbenden in unseren Tagen. Frankfurt a. M., suhrkamp.

Feder, Ellen K./ Kittay, Eva Feder (2002): The subject of care: feminist perspectives on dependency. Lanham, Maryland, Rowman & Littlefield Publishers.

Feldmann, Klaus (2004): tod und Gesellschaft. Sozialwissenschaftliche Thanatologie im Überblick. Wiesbaden, VS. Verlag für Sozialwissenschaften.

Fietze, Barbara (2009): Historische Generationen. Über einen sozialen mechanismus kulturellen Wandels und kollektiver Kreativität. Bielefeld, transcript.

Fineman, Martha L.A. (2003): Masking Dependency: The Political Role of Family Rhetoric. In: Ellen K. Feder/Eva Feder Kittay (Hrsg.): The subject of care: feminist perspectives on dependency. Rowman & Littlefield, 215-238.

Flick, Uwe (1999): Qualitative Forschung. Theorien, Methoden, Anwendung in Psychologie und Sozialwissenschaft. Hamburg, rowohlt.

Foucault, Michel (1989): Die Sorge um sich. Sexualität und Wahrheit 3. Frankfurt a. M., suhrkamp.

Foucault, Michel (2007): Ästhetik der Existenz. Frankfurt a. M., suhrkamp.

Foucault, Michel (2007): Hermeneutik des Subjekts. Frankfurt a. M., suhrkamp.

Fraser, Nancy (2001): Die halbierte Gerechtigkeit. Frankfurt a. M., suhrkamp.

Friebertshäuser, Barbara (1997): Interviewtechniken – ein Überblick. In: Barbara Friebertshäuser (Hg.): Handbuch Qualitative Forschungsmethoden in der Erziehungswisschenschaft. Weinheim, Juventa, 371-395.

Friebertshäuser, Barbara/ Matzner, Michael/ Rohtmüller, Ninette (2007): Familie: Mütter und Väter. In: Jutta Ecarius (Hg.): Handbuch Familie. Wiesbaden, VS. Verlag für Sozialwissenschaften, 179-199.

Fulda, Daniel (2004): Sinn und Erzählung – Narrative Kohärenzansprüche der Kultur. In: Friedrich Jaeger/ Burkhard Liebsch (Hrsg.): Handbuch Kulturwissenschaften Band I. Stuttgart, Metzler Verlangsbuchhandlung, 251-265.

Garfinkel, Harold (1973): Das Alltagswissen über sozial und innerhalb sozialer Strukturen. In: Arbeitsgruppe Bielefelder Soziologen (Hg.): Alltagswissen Interaktion und gesellschaftliche Wirklichkeit. Reinbeck bei Hamburg, rowohlt, 189-262.

Gebauer, Gunter/ Wulf, Christoph (1998): Mimesis . Kultur-Kunst-Gesellschaft. Hamburg, rororo.

Giddens, Anthony (1993): Tradition in der post-traditionalen Gesellschaft. In: Soziale Welt, 44(4), 445-485.

Gilligan, Carol (1991): Moralische Orientierung und moralische Entwicklung. In: Gertrud Nunner-Winkler (Hg.): Weibliche Moral. Die Kontroverse um eine geschlechtsspezifische Ethik. Frankfurt a. M., New York, Campus, 79-101.

Gilligan, Carol (1996[1982]): Die andere Stimme. Lebenskonflikte und Moral der Frau. München, DTV.

Göckenja, Gerd (2001): Altersbilder und die Regulierung der Generationenbeziehungen. Einige systematische Überlegungen. In: Josef Ehmer (Hg.): Das Alter im Spiel der Generationen. Wien, Köln, Weimar, Böhlau, 93-108.

Göckenja, Gerd (2008): Sterben in unserer Gesellschaft—Ideale und Wirklichkeiten. In: Aus Politik und Zeitgeschichte, (4), 7-14.

Goeschel, Christian (2009): Suicide in Nazi Germany. Oxford, University Press.

Groenhout, Ruth E. (2006): Connected Lives. Human Nature and an Ethics of Care. Lanham, Boulder, New York, Toronto, Oxford, Rowman & Littlefield Publishers Inc.

Gröning, Katharina (2006): Pädagogische Beratung. Konzepte und Positionen. Wiebaden, VS Verlag für Sozialwissenschaften.

Grundmann, Matthias/ Hoffmeister, Dieter (2007): Ambivalent Kriegskindheit. Eine soziologische Analysperspektive. In: Frank Lettke/Andreas Lange (Hrsg.):Generation und Familien. Frankfurt a. M., suhrkamp.

Haberkern, Klaus/ Szydlik, Marc (2008): Pflege der Eltern – ein europäischer Vergleich. In: Kölner Zeitschrift für Soziologie und Sozialforschung, 60(I), 78-101.

Heinzel, Friederike (2004): Generationentheorien und erziehungswissenschaftliche Frauen- und Geschlechterforschung. In: Edith Glaer/ Dorle Klika/ Annodore Prengel (Hrsg.): Handbuch Gender und Erziehungswissenschaft. Bad Heilbrunn, Klinkhardt, 156-174.

Held, Virginia (2006): The ethics of care: personal, political, and global. New York, Oxford University Press.

Hochschild, Arlie Russell (2003[1983]): The Managed heart. Commercialization of Human Feeling. Berkeley, Los Angeles, London, University of California Press.

Hoff, Andreas (2006): Intergenerationale Familienbeziehungen im Wandel. In: Clemens Tesch-Römer/ Heribert Engstler/ Susanne Wurm (Hrsg.): Altwerden in Deutschland. Sozialer Wandel und individuelle Wntwicklung in der zweiten Lebenshälfte. Wiebaden, VS Verlag für Sozialwissenschaften, 231-287.

Hoffmann-Riem, Christa (1994): Elementare Phänomene der Lebenssituation. Ausschnitte aus einem Jahrzehnt soziologischen Arbeitens. Weinheim, Deutscher Studien Verlag.

Hollstein, Betina (2005): Reziprozität in familialen Generationenbeziehungen. In: Frank Adloff/ Steffen Mau (Hrsg.): "Vom Geben und Nehmen" . Zur Soziologie der Reziprozität. Frankfurt a.M., Campus, 187-211.

Honig, Michael-Sebastian (1999): Entwurf einer Theorie der Kindheit. Frankfurt a.M., suhrkamp.

Höpflinger, François (2003): Generationenfrage—Konzepte, theoretische Ansätze und Beobachtungen zu Generationenbeziehungen in späten lebensphasen. Lausanne, Réalités , Sociales.

Höpflinger, François (2005): Folgenn von Langlebigkeit für Gesellschaft und Generationenbeziehungen. Zur Entwicklung der Lebenserwartung. In: Helmut Bachmaier (Hg.): Die Zukunft der Alterngesellschaft. Analysen und Visionen. Göttigen, Wallstein Verlag, 21-32.

Höpflinger, François (2010): Die Hochaltrigen—ein neue Größe im Gefüge der Intergenerationalität. In: Hilarion G. Petzold/ Erika Horn/ Lotti Müller (Hrsg.): Hochaltrigkeit. Herausforderung für persönliche Lebensführung und biopsychosoziale Arbeit. Wiebaden, VS Verlag für Sozialwissenschaften, 37-53.

Huinink , Johannes/ Konietzka, Dirk (2007): Familiensoziologie. Eine Einführung. . Frankfurt a.M./ New York, Campus.

Jens, Tilman(2009): Demenz. Abschied von meinem Vater. Gütersloh, Gütersloher Verlagshaus.

Jürgens, Kerstin (2008): Reproduktion als Praxis. Zum Vermittlungszusammenhang von Arbeits- und Lebenskraft. In: Berliner Journal für Soziologie, 18(2), 193-220.

Jung, Thomas (2007): Die Seinsgebundenheit des Denkens. Karl Mannheim und die Grundlegung der Denksoziologie. Bielefeld, transcript verlag.

Jurczyk, Karin/ Oechsle, Mechthild (2007): Privatheit: Interdisziplinarität und Grenzverschiebungen. Eine Einführung. In: Karin Jurczyk/ Mechthild Oechsle (Hrsg.): Das Private neu denken. Erosionen, Ambivalenzen, Leistung. Münster, Westphälisches Dampfboot, 8-47.

Jurczyk, Karin/ Schier Michaela/ Szymenderski, Peggy/ Lange, Andreas/ Voß, Gunther, G. (2009): Entgrenzte Arbeit – Entgrenzte Familie. Berlin, edition sigma.

Jureit, Ulrike (1998): Konstruktion und Sinn. Methodologische Überlegungen zu biographischen Sinnkonstruktionen. Oldenburg, Universität Oldenburg.

Jureit, Ulrike (2006): Generationenforschung. Göttingen, Vandenhoeck & Ruprecht.

Kajitzke, Laura (2008): Wissen im Diskurs. Ein Theorievergleich zwischen Bourdieu und Foucault. Wiebaden, VS Verlag für Sozialwissenschaften.

Kaufman, Sharon (2005): …And a Time to Die. New York, A Lisa Drew Book/ Scribner.

Kaufman, Franz Xaver (1993): Generationsbeziehungen und Generationenverhältnisse im Wohlfahrtsstaat. In: Kurt Lüscher/ Franz Schultheis (Hrsg.): Generationsbeziehungen in 'postmodernen' Gesellschaften. Konstanz, UVK, 95-108.

Keck, Wolfgang (2008): The relationship between children and their frail elderly parents in different care regimes. In: Chiara Saraceno (Hg.): Families, Ageing and Social Policy. Cheltenham, Northampton, Edward Elgar, 147-170.

Kelle, Udo/ Kluge, Susanne (1999): Vom Einzelfall zum Typus. Opladen, Leske+Budrich.

Kessl, Fabian/ Reutlinger, Christian (2007): Sozial (Raum)—ein Bestimmungsversuch. In: Fabian Kessl/ Christian Reutlinger (Hrsg.): Sozialraum: eine Einführung. Wiebaden, VS Verlag für Sozialwissenschaften, 19-33.

Kinast-Scheiner, Ulrike (2000): Psychoanalytische Beiträg zum Prozeß des Alterns. In: Christian Büttner/ Luise Winterhager-Schmidt (Hrsg.): Gestalten der Familie –Beziehungen im Wandel. Jahrbuch für Psychoanalytische Pädagogik. Gießen, Psychosozial Verlag, 145-184.

Kluge, Susanne (1999): Empirisch begründete Theoriebildung. Opladen, Leske+Budrich.

Knoblauch, Hubert/ Zingerle, Arnold (2005): Thanatosoziologie. Tod, Hospiz und die Institutionalisierung des Sterbens. In: Hubert Knoblauch/ Arnold Zingerle (Hrsg.): Thanatosoziologie. Tod, Hospiz und die Institutionalisierung des Sterbens. Berlin, Duncker & Humblot, 11-31.

Kohli, Martin (1989): Moralökonomie und Generationenvertrag. In: Max Haller (Hg.): Kultur und Gesellschaft. Frankfurt a.M., New York, Campus, 532-555.

Kohli, Martin (1991): Einleitung. Das Feld der Generationsbeziehungen. In: Zeitschrift für Sozialforschung und Erziehungssoziologie, 4, 290-294.

Kohli, Martin (1994): Generationsbeziehungen und soziale Netzwerke. In: Soziologische Revue, 17 (Sonderheft 13), 113-118.

Kohli, Martin (2007): Von der Gesellschaftsgeschichte zur Familie. Was leistet das Konzept der Generation? In: Frank Lettke/ Andreas Lange (Hrsg.): Generationen und Familie. Frankfurt a.M., suhrkamp, 47-69.

Kohli, Martin/Künemund, Harald (2005): Die zweite Lebenshälte. Gesellschaftliche Lage und Partizipation im Spiegel des Alters-Survey. Wiebaden, VS Verlag für Sozialwissenschaften.

Kohli, Martin/ Künemund, / Motel, Andreas/ Szydlik, Marc (2005): Generationsbeziehungen. In: Martin Kohli/ Harald Künemund (Hrsg.) : Die zweite Lebenshälfte: Gesellschaftliche Lage und Partizipation im Spiegel des Alters-Survey. Wiebaden, VS Verlag für Sozialwissenschaften, 176-212.

König, René (1974): Materialien zur Soziologie der Familie. (Köln) Kiepenheuer & Witsch.

Koselleck, Reinhart (1985): Vergangene Zukunft. Zur Semantik geschichtliche Zeiten. Frankfurt a. M., suhrkamp.

Koselleck, Reinhart (2003): Zeitschichten. Studien zur Historik. Frankfurt a. M., suhrkamp.

Krais, Beate/ Gebauer, Gunter (2008): habitus. Bielefeld, transcript.

Kramer, Rolf-Torsten/ Helsper, Werner/ Busse, Susann (2001): Pädagogische Generationsbeziehungen und die symbolische Generationenordnung –Überlegungen zur Anerkennung zwischen den Generationen als antinomischer Struktur. In: Rolf-Torsten Kramer/ Werner Helsper/ Susann Busse (Hrsg.): Pädagogische Generationsbeziehungen. Jungendliche im Spannungsfeld von Schule und Familie. Opladen, Leske+Budrich, 129-156.

Krappmann, Lothar/ Lepenies, Annette (1997): einleitung. In: Lothar Krappmann/ Annette Lepenies (Hrsg.): Alt und Jung – Spannung und Solidarität zwischen den Generationen. Frankfurt a.M./ New York, Campus, 9-17.

Kraul, Margret (2004): "Was will den eigentlich die ältere Generation mit der jüngeren?" . erzihung als Tradierung und Innovation. In: neue Sammlung Vierteljahres-Zeitschrift für Erzihung und Gesellcahft, 44(3), 283-299.

Künemund, Harald/ Rein, Martin (2002): Intergenerational relations and family size: do siblings matter? Opladen, Leske+Budrich.

Lamnek, Siegfried (2005): Ethnomethodologie. In: Siegfried Lamnek (Hg.): Qualitative Sozialforschung: Lehrbuch. München, Weinheim, Belz Verlag, 42-47.

Lange, Andreas/ Lüscher, Kurt (2000): Vom Leitbild zu den Leistungen. Eine soziologische Zwischenbilzanz des aktuellen Wandels von Familie. In: Christian Büttner/ Heinz Krebs/ Luise Winterhager-Schmidt (Hrsg.): Gestalten der Familie –Beziehungen im Wandel. Jahrbuch für Psychoanalytische Pädagogik. .

Lenz, Karl (2009): Persönliche Beziehungen: Soziologische Traditionslinien. In: Karl Lenz/ Rank Nestmann (Hrsg.): handbuch persönliche Beziehungen. Weinheim, München, Juventa, 189-221.

Lettke, Frank/ Lange, Andreas (2007): Schrumpfung, Erweiterung, Diversität. Konzepte zur Analyse von Generationen und Familien. Frankfurt a.M., suhrkamp,14-47.

Liebau, Eckart (1997): Generation—ein aktuelles Problem? In: Eckart Liebau (Hg.): Das Generationenverhältnis. Über das Zusammenleben in Familie und Gesellschaft. Weinheim, München, Juventa, 15-39.

Lorenz-Meyer, Dagmar (2001): Zur Relationalität von Individualisierung und Verflechtung. Eine historische Betrachtung deutscher sozialer (Alters-)sicherungssysteme. In: Glaudia Born/ Helga Krüger (Hrsg.): Individualisierung und

Verflechtung. Weinheim, München, Juventa, 233-257.

Ucius-Hoene, Cabriele/ Deppermann, Arnulf (2004): Rekonstruktion narrative Identität. Ein Arbeitsbuch zur Analyse narrative Interviews. Wiebaden, VS Verlag für Sozialwissenschaften.

Luckmann, Thomas (1980): Religion in der modernen Gesellschaft. In: Thomas Luckmann (Hg.): Lebenswelt und moderne Gesellschaft. Paderborn, München, Wien, Schöningh, 173-189.

Luckmann, Thomas (2002): Schrumpfende Transzendenzen, expandierende Religion. In: Thomas Luckmann (Hg.) : Wissen und Gesellschaft. Ausgewählte Aufsätze. Konstanz, UVK, 139-154.

Lüscher, Kurt (2000): Die Ambivalenz von Generationenbeziehungen – eine allgemeine heuristische Hypothese. In: Martin Kohli/ Marc Szydlik (Hrsg.): Generation in Familie und Gesellschaft. Opladen, Leske+Budrich, 138-163.

Lüscher, Kurt (2005): Ambivalenz—Eine Annährung an das Problem der Generation. Die Aktualität der Generationenfrage. In: Ulrike Jureit/ Michael Wildt (Hrsg.): "Generation" im Kontext. Zur Relevanz eines wissenschaftlichen Grundbegriffs. Hamburg, Hamberger Edition, 53-78.

Lüscher, Kurt (2007): Facetten von Sozialisation: Generationlernen und Ambivalenz. In: Miriam Gebhardt/ Clemens Wischermann (Hrsg.): Familiensozialisation seit 1933—Verhandlungen über Kontinuität. Stuttgart, Franz Steiner Verlag, 27-49.

Lüscher, Kurt (2010): Konstanzer Modul zur typologischen Umschreibung von Ambivalenzerfahrungen und Umgangsweisen. P.1-5,(10.03.2010).

Lüscher, Kurt/ Liegle, Ludwig (2003): Generationenbeziehungen in Familie und

Gesellschaft. Konstanz, UVK.

Macho, Thomas (2000): Mit sich allein. Einsamkeit als Kulturtechnik. In: Aleida und Jan Assmann (Hrsg.): Einsamkeit. Archäologie der literarischen Kommunikation VI. München, Fink, 27-44.

Mannheim, Karl (1970[1928]): Das Problem der Generationen. In: Kurt H. Wolff (Hg.): Karl Mannheim. Wissenssoziologie. Darmstadt, Wissenschaftliche Buchgesellschaft, 509-555.

Mannheim, Karl (1980): Strukturen des Denkens. Frankfurt a. M., suhrkamp.

Marotzki, Winfried (2009): Thematisches Interview. In: Ralf Bohnsack/ Winfried Marotzki / Michael Meuser (Hrsg.): Hauptbegriffe Qualitativer Forschung. Opladen & Farmington Hills, Verlag Barbara Budrich, 153-154.

Martens, Carina/ Scheuregger, Daniel (2007): Reziprozität und Wohlfahrtsstaat. Analysepotential und sozialpolitische Relevanz. Opladen & Farmington Hills, Verlag Barbara Budrich.

Mayer, Karl Ulrich/ Baltes, Paul B. / Baltes , Margret M./ Gorchelt, Markus/ Delius, Julia A.M./ Helmchen, Hanfried/ Linden, Michael/ Smith, Jacqui/ Staudinger. Ursula M./Steinhagen-Thiessen, Elisabeth/ Wagner, Michael (2010): Wissen über das Alter(n). Wine Zwischenbilanz der Berliner Altersstudie. In: Ullmann Lindenberger/ Jacqui Smith/ Karl Ulrich Mayer/ Paul M. Baltes (Hrsg.): Der Berliner Altersstudie. Berlin, Akademie Verlag, 623-658.

Meuser, Michael (2003): Subjektive Perspektiven, habituelle Dispositionen und konjunktive Erfahrungen. Wissenssoziologie zwischen Schütz, Bourdieu und Mannheim. In: Ronald Hitzler/ Jo Reichertz/ Norbert Schrörer (Hrsg.): Hermeneutische Wissenssoziologie. Standpunkte zur Theorie der Interpretation. Konstanz, UVK 121-147.

Meuser, Michael (2006a): Rekonstruktive Sozialforschung. In: Ralf Bohnsack/ Winfried Marotzki/ Michael Meuser (Hrsg.): Hauptbegriffe Qualitativer Sozialforschung. Opladen&Framington Hills, Verlag Barbara Budrich, 140-142.

Meuser, Michael (2006b): Ethnomethodologie. In: Ralf Bohnsack/ Winfried Marotzki/ Michael Meuser (Hrsg.): Hauptbegriffe Qualitativer Sozialforschung. Opladen&Framington Hills, Verlag Barbara Budrich, 53-55.

Meuter, Norbert (2004): Gechichten erzählen, Geschichten analysieren. Das narrativitische Paradigma in den Kulturwissenschaften. In: Friedrich/ Jaeger/ Burkhard Liebsch/ Jürgen Straub (Hrsg.): Handbuch Kulturwissenschaften. Paradigmen und Disziplinen. Stuttgart, Metzler Verlag, 140-156.

Meyer-Drawe, Käthe (2000): Illusion von Autonomie. Dieseits von Ohnmacht und Allmacht des Ich. Müchen, Peter Krichheim Verlag.

Müller, Klaus E. /Rüsen, Jörn (1997): Historische sinnbildung. Problemstellungen, Zeitkonzepte, Wahrnehmungshorizonte, Darstellungsstrategie. Hamburg, rowohlt.

Nagl-Docekal, Herta (1993): Jenseits der Geschlehchtermoral. Eine Einführung. In: Herta Nagl-Docekal/ Herlinde Pauer-Studer (Hrsg.): Jenseits der Geschlehchtermoral. Beiträge zur feministischen Ethik. Frankfrut a. M., Fischer Taschenbuch Verlag, 7-33.

Nassehi, Armin (2004): "Worüber man nicht sprechen kann, darüber muß man schweigen" . Über die Geschwätzigkeit des Todes in unserer Zeit. In: Konrad Paul Liessmann (Hg.): Ruhm, Tod und Unsterblichkeit. Über den Umgang mit der Endlichkeit. Wien, Paul Zsolnay, 118-146.

Nassehi, Armin/ Saake, Irmhild (2002): Kontingenz: Methodisch verhindert oder beobachtet? Win Beitrag zur Methodologie der qualitative Sozialforschung. In: Zeitschrift für Soziologie, 31(1),66-86.

Nassehi, Armin/ Saake, Irmhild (2005): Eine Neubestimmung soziologischer Thanatologie. In: Hubert Knoblauch/ Arnold Zingerle (Hrsg.): Thanatologie. Berlin, Duncker & Humbolt, 31-55.

Nave-Herz, Rosemarie (2007): Familie heute. Wandel der Familienstrukturen und Folgen für die Erziehung. Darmstadt, Wissehschaftliche Buchgesellschaft.

Nentwig-Gesemann, Iris (2001): Die Typenbildung der dokumentarischen Methode. In: Ralf Bohnsack/ Iris Nentwig-Gesemann/ Arnd-Michael Nohl(Hrsg.): Die dokumentarische Methode und ihre Forschungspraxis: Grundlagen qualitative Sozialforschung. Wiesbaden, VS Verlag für Sozialwissenschaften

Neugarten, Bernice C.(1982): Age or Need? Public Policies for Older People. Beverly Hills, Sage Publications.

Noddings, Nel (1993): Warum sollten wir uns ums Sorgen sorgen? In: Herta Nagl-Docekal/ Herlinde Pauer-Studer (Hrsg.): Jenseits der Geschlehchtermoral. Beiträge zur feministischen Ethik. Frankfrut a. M., Fischer, 135-173.

Nohl, Arnd-Michael (2005): Dokumentarische interpretation narrative Interviews.(14.12.2005).

Nohl, Arnd-Michael (2005): Interview und dokumentarische Methode. Anleitung für die Forschungspraxis. Wiebaden, VS Verlag für Sozialwissenschaften.

Nunner-Winkler, Gertrud (1991): Zur Einführung: Die These von den zwei Moralen. In: Gertrud Nunner-Winkler(Hg.): Weibliche Moral. Die Kontroverse um eine geschlechtsspezifische Ethik. Frankfrut a. M., New York, Campus, 9-31.

Overmann, Ulrich (2001): Die Soziologie der Generationenbeziehungen und der histroischen Generationen aus strukturalistischer Sicht und ihre Bedeutung für die Schulpädagogik. In: Rolf-Torsten Kramer/ Werner Helsper/ Susann Busse(Hrsg.): Pädagogische Generationsbeziehungen. Jungendliche im Spannungsfeld von Schule und Familie. Opladen, Leske+Budrich, 78-127.

Oevermann, Ulrich/ Allert, Tilman/ Gripp, Helga/ Konau, Elisabeth/ Krambeck Jürgen/ Schöder- Caesar, Erna/ Schütze, Yvonne (1976): Beobachtungen zur Struktur der sizialisatorischen Interaktion. Theoretische und methodologische Fragen der Sozialisationsforschung. In: Rainer M. Lepsius (Hg.): Zwischenbilanz der Soziologie. Stuttgart, Kohlhammer, 274-295.

Ostner, Ilona (2004): Familiale Solidarität. Chance und Risiken. Frankfurt a.M., Campus, 78-95.

Parnes, Ohad/ Vedder, Ulrike/ Willer, Stefan (2008): Das Konzept der Generation. Eine Wissenschafts- nd Kulturgeschichte. Frankfrut a. M., suhrkamp.

Parsons, Talcott (1970): The normal American family. In: Barash Meyer/ Alice Sourby (Hrsg.): Marriage and the family. A comparative Analysis of contemporary Problems. New York, Random House, 193-214.

Petzold, Hilarion G./ Horn, Erika /Müller, Lotti (eds.) (2001): Hochaltrigkeit. Herausforderung für persönliche Lebens führung and biopsychosoziale Arbeit, eds. Hilarion G Petzold/ Erika Horn/ Lotti Müller, Wiebaden, VS Verlag für Sozialwissenschaften.

Peuckert, Rüdiger (2007): Zur aktuellen Lage der Familie. In: Jutta Ecarius (Hg.): Hanbuch Familie.

Wiebaden, VS Verlag für Sozialwissenschaften, 36-56.

Przyborski, Aglaja (2004): Gesprächsanaylse und dokumentarische Methode. Qualitative Auswertung von Gesprächen, Gruppendiskussionen und anderen Diskursen. Wiebaden, VS Verlag für Sozialwissenschaften.

Radebold, Hartmut/ Heuft, Gereon/Fooken, Insa (2006): Kinderheiten im Zweiten Weltkrieg. Kriegserfahrungen und deren Folgen aus psychohistorischer Perspektive. Weinheim und München, Juvent.

Rechwitz, Andreas (2007): Die Moderne und das Spiel der Subjekte: Kulturelle Diffenrenzen und Subjektordnungen in der Kultur der Moderne. In: Thorsten Bonacker/ Andreas Rechwitz (Hrsg.): Kulturen der Moderne. Soziologogische Perspektiven der Gegenwart. Frankfurt a.M., New York, Campus, 97-117.

Rechwitz, Andreas (2008): Subjekt. Bielefeld, transcript.

Reh, Sabine (2001): Textualität der Lebensgeschichte—Performativität in der Biographieforsung. In: Handlung, Kultur, Interpretation. Zeitschrift für Sozial- und Kulturwissenschaften, 10, 29-49.

Reichertz, Jo (2006): Abduktion. In: Ralf Bohnsack/ Winfried Marotzki/ Michael Meuser (Hrsg.): Hauptbegriffe Qualitativer Sozialforschung. Opladen&Framington Hills, Verlag Barbara Budrich, 11-14.

Reulecke Jürgen (2000): Generationen und Biographien im 20. Jahrhundert. In: Bernhard Strauß/ Michael Geyer (Hrsg.): Psychotherapie in Zeiten der Veränderung. Wiebaden, VS Verlag für Sozialwissenschaften, 26-40.

Reulecke Jürgen (2003): Einführung: Lebensgeschichten des 20. Jahrhundert—im “GEnerationencontainer” ? In: Jürgen Reulecke(Hg.): Generationalität und Lebensgeschichte im 20. Jahrhundert. Oldenbourg, VII-XV.

Rieger-Ladich, Markus (2004): Unterwerfung und Überschreitung: Michel Foucaults Theorie der Unterwerfung. In: Norbert Ricken/ Markus Rieger-Ladich (Hrsg.): Michel Foucault: Pädagogische Lektürn. Wiebaden, VS Verlag für Sozialwissenschaften, 203-225.

Rosenbaum, Heidi/ Timm, Elisabeth (2008): Private netzwerke im Wohlfahrtsstaat. Familie, Verwandtschaft und soziale Sicherheit im Deutschland des 20. Jahrhundert. Konstanz, UVK Verlagsgesellschaft.

Rosenmeyr, Leopold/ Köckeis, Eva (1961): Sozialbeziehungen im höheren Lebensalter. In: Soziale Welt, 12, 214-229.

Rosenthal, Gabriele (2003): The Healing Effects of Storytelling: On the Conditions of Carative Storytelling in the Context of Research and Counseling. In: Qualitative Inquiry, 9 (6), 915-933.

Rosenthal, Gabriele (2005): Die Biographie im Kontext der Familien – und Gesellschaftsgeschichte, In: Bettina Völter/ Bettina Dausien/ Helma Lutz/ Gabriele Rosenthal (Hrsg.): Biographieforschung im Diskurs. Wiebaden, VS Verlag für Sozialwissenschaften, 46-65.

Rössler, Beate (2001): Der Welt des Privaten. Frankfurt a.M., suhrkamp.

Rüsen, Jörn(2006): Aus Zeit Sinn machen – Versuch einer Typologie temporaler Sinnbildungen. In: Jörn Rüsen (Hg.): Kultur macht Sinn. Orientierung zwischen Gestern und Morgen. Köln, Weimar, Wien, Böhlau Verlag, 191-223.

Saake, Irmhild (2002): Wenig Neues vom Alter: Ein systemtheoretischer Ausweg aus gerontologischen Denkschleifen. Opladen, Leske+ Budrich.

Saake, Irmhild (2006): Die Konstruktion des Alters: eine gesellschaftstheoretische Einführung in die Alternforschung. Wiebaden, VS Verlag für Sozialwissenschaften.

Saake, Irmhild (2008): Gegenwarten des Todes im 20. Jahrhundert. In: Aus Politik und Zeitgeschichte, (4), 5-6.

Saar, Martin (2007): Nachwort. In: Michel Foucault (2007): Ästhetik der Existenz. Frankfurt a. M., suhrkamp, 319-344.

Saraceno, Chiara (2008): Introduction. In: Chiara Saraceno(Hg.): Families Ageing and Social Policy. Intergenerational Solidarity in European Welfare States. Cheltenham, Northampton, Edward Elgar, 1-20.

Sarasin, Philipp (2005): Michel Foucault zur Einführung. Hamburg, Junius Verlag.

Schmid, Wilhelm (2000): Auf der Suche nache einer neuen Lebenskunst. Die Frage nach dem Grund und die Neubegründung der Ethik bei Foucault. Frankfurt a.M., suhrkamp.

Schneider, Norbert F./ Dorbritz, Jürgen (2011): Wo bleiben die Kinder? Der niedrigen Geburtenrate auf der Spur. In: Aus Politik und Zeitgeschichte (10-11), 26-34.

Schneider, Werner (2002): Von der familiensoziologischen Ordnung der Familie zu einer Soziologie des Privaten? In: Soziale Welt, 53(4), 373-395.

Schreiner, Margit (1997): Nackte Väter. Frankfurt a.M. und Wien, Büchergilde Gutenberg.

Schütz, Alfred (1974): Der sinnhafte Aufbau der sozialen Welt. Frankfurt a.M., suhrkamp.

Schütz, Fritz (1981): Prozeßstrukturen des Lebensablaufs. In: Joachim Matthes (Hg.): Biographie in handlungswissenschaftlicher Perspektive. Nürnberg, Verlag der Nürnberger Forschungsvereinigung, 57-157.

Schütz, Fritz (1983): Biographieforschung und narratives Interview. In: Neuw Praxis, 3, 283-293.

Schütz,Fritz (1984): Kognitive Figuren des autobiographischen Stehgreiferzählens. In: Martin Kohli / Günther Robert (Hrsg.): Biographie und soziale Wirklichkeit. Neue Beiträge und Forschungsperspektiven.Stuttgart, Metzler, 78-117.

Schütz, Yvonne (1993): Generationenbeziehungen im Lebenslauf – eine Sache der Frauen? In: Kurt Lüscher/ Franz Schultheis (Hrsg.): Generationsbeziehungen in 'postmodernen' Gesellschaften. Konstanz, UVK, 287-297.

Schulz, Andreas/ Grebner, Gundula (2003): Generatiion und Geschichte. Zur Renaissance eines umstrittenen Forschungskonzepts. In: Andreas Schulz/ Gundula Grebner (Hrsg.): Generaionswechsel und historischer Wandel. München, Oldenbourg Wissenschaftsverlag, 1-25.

Schulz, Hermann/ Radebold, Harmut/ Reulecke Jürgen (2005): Söhne ohne Väter. Erfahrungen der Kriegsgeneration. Bonn, Bundeszentrale für politische Bildung.

Seegers, Lu (2007): Vaterlosigkeit als Kriegserfahrung: Eine "vergessene " Form der Familiensozialisation nach 1945. In: Miriam Gebhardt/ Clemens Wischermann (Hrsg.): Familiensozialisation seit 1933—Verhandlungen über Kontinuität. Stuttgart, Franz Steiner Verlag, 107-119.

Seegers, Lu/ Gebhardt, Miriam (2009): Die "Generation der Kriegskinder" : historische Hintergründe und Deutungen. Gießen, Psychosozial-Verlag.

Schorter, Edward (1979): Die Geburt der modernen Familie. Zürich, Rowohlt.

Simmel George(2005[1908]): Exkurs über Treue und Dankbarkeit. In: Frank Adloff/ Steffen Mau (Hrsg.): Vom Geben und Nehmen. Zur Soziologie der Reziprozität. Frankfurt a.M., New York, Campus, 95-108.

Simon, Fritz B. / Rech-Simon, Christel (2009): Zirkuläres Fragen: systemische Therapie in Fallbeispielen; ein Lernbuch. Heidelberg, Auer.

Steinbach, Anja/ Kopp, Johannes (2008): "When will I see you again? " Intergenerational contact in Germany. In: Chiara Saraceno (Hg.): Families, Ageing and Social Policy. Cheltenham, Northhampton, Edward Elger.

Stegbauer, Christian (2002): Reziprozität. Einführung in soziale Formen der Gegenseitigkeit. Wiesbaden, Westdeutscher Verlag.

Straub, Jürgen (2000): Biographische Sozialisation und narrative Kompetenz. In: Erika M. Hoering (Hg.): Biographische Sozialisation. Stuttgart, Lucius & Lucius, 137-163.

Strauss, Anselm / Corbin, Juliet (1996): Grundlagen qualitativer Forschung Weinheim, Beltz.

Szydlik, Marc (2000): Lebenslange Solidarität? Generationsbeziehungen zwischen erwachsenen Kindern und Eltern. Opladen, Leske+Budrich.

Szydlik, Marc (2002): Generationen: wer sorgt sich um wem? In: Jürgen Wolf/ Günter Burkhart (Hrsg.): Erkundungen zur Soziologie der Generationen. Opladen, Leske+Budrich, 147-161.

Szydlik, Marc (2004): Zum Zusammenhang von Generation und Ungleichheit. In: Marc Szydlik (Hg.): Generationen und Ungleichheit. Wiebaden, VS Verlag für Sozialwissenschaften, 78-93.

Szydlik, Marc/ Schupp, Jürgen (1998): Stabiltät und Wandel von Generationenbeziehung. In: Zeitschrift für Soziologie und Sozialforschung, 27(4), 297-315.

Szydlik, Marc/ Künemund, Harald (2009): Generation aus Sicht der Soziologie. In: Harald Künemund/ Marc Szydlik (Hrsg.): Generationen Multidisziplinäre Perspektiven. Wiesbaden, VS. Verlag für Sozialwissenschaften, 7-23.

Tartler, Rudolf (1961): Das Alter in der modernen Gesellschaft. Stuttgart, Enke.

Terhart, Ewald/ Tippelt, Rudolf (2009): Demografie. Weinheim. [u.a.], Beltz.

Tews, Hans Peter (1990): Neue und alte Aspekte eines Strukturwandels des Alters. In: WSI-Mitteilungen, 43 (8), 478-491.

Thomas, Carol (1993): De-Constructing Concepts of Care. In: Sociology, 27(4), 649-669.

Thompson, Edward P. (1980[1971]): Plebeische Kultur und moralische Ökonomie. Aufsätze zur englischen Sozialgeschichte des 18. und 19. Jahrhunders. Frankfurt a. M./Berlin/ Wein, Ullstein.

Tronto, Joan (1993): Moral Boundaries. A Political Argument for an Ethic of Care. New York, London, Routledge.

Tronto, Joan (2005): Care as the Work of Citizens. In: Marilyn Friedman (Hg.): Women and Citizenship. Oxford, University Press, 130-145.

Van Dyk, Silke / Lessenich, Stephan (2010): Die Potenziale des Alters und die Soziologie. In: Mittelweg 36, 19(5), 8-14.

Vaskovics, Laszlo A. (2001): Alter (n) aus der Perspektive der Familiensoziologie. In: Gertrud M. Backes/ Wolfgang Clemens / Klaus R. Schroeter (Hrsg.): Zur Konstruktion sozialer Ordnungen des Alter(n)s. Opladen, Leske+Budrich, 97-117.

Woges, Wolfgang/ Borchert, Lars (2008): Soziale Ungleichheit und Heimkarriere bei Älteren. In: Harald Künemund/ Klaus Rl Schroeter (Hrsg.): Soziale Ungleichheiten und kulturelle Unterschiede in Lebenslauf und Alter. Wiebaden, VS Verlag für Sozialwissenschaften, 195-221.

Von Konratowitz, Hans-Joachim (2001): "Alter" und "Krankheit". Die Dynamik der Diskurse und der Wandel ihrer historischen Aushandlungsformen. In: Josef Ehmer (Hg.): alter im Spiel der Generationen. Wien, Köln, Weimar, Böhlau, 109-115.

Wagner, Hans-Joachim (1999): Rekonstruktive Methodologie. Opladen, Leske+Budrich.

Weisbrod, Bernd (2005): Generation und Generationalität in der Neueren Geschichte. In: Aus Politik und Zeitgeschichte, 8, 3-9.

Welzer, Harald (1999): Das Interview als Artefakt. In: Bios. Zeitschrift für Biographieforschung, Oral History und Lebensverlaufsforschungen, 13, 51-63.

Wierling, Dorothee (2008): Zeitgeschichte ohne Zeitzeugen. In: Bios, 21(i), 28-36.

Wildt, Andreas (1998): Solidarität—Begriffsgeschichte und Definition heute. In: Kurt Bayertz (Hg.): Solidarität. Frankfurt a.M., Suhrkamp, 202-217.

Wulf, Christoph (1997): Mimesis. In: Christoph Wulf (Hg.) Vom Menschen. Handbuch historische Anthropologie. Weinheim und Basel, Beltz, 1015-1029.

Wulf, Christoph (1999): Der Andere. In: Remi Hess/ Christoph Wulf (Hrsg.): Grenzgänge. Über den Umgang mit dem Eigenen und dem Fremden. Frankfurt a.M., New York, Campus, 13-38.

Wulf, Christoph (2001): Mimesis und performatives Handel. Gunter Gebauers und Christoph Wulfs Konzeption mimetischen Handeln in der sozialen Welt. In: Christoph Wulf/ Michael Göhlich/ Jörg Zirfas (Hrsg.): Grundlagen des Performativen. Weinhei und München, Juventa, 253-273.

Wulf, Christoph (2002): Globalisierung und kulturelle Vielfalt. Der Andere und die Notwendigkeit anthropologischer Reflexion. In: Christoph Wulf/ Christine Merkel (Hrsg.): Globalisierung als Herausforderung der Erziehung. Theorie, Grundlagen, Fallstudien. München, New York, München, Berlin, waxmann, 75-101.

Wulf, Christoph (2005): Zur Genese des Sozialen. Mimesis, Performativität, Ritual. Bielefeld, transcript.

Wulf, Christoph (2006): Das Soziale als Ritual. In: Lutz Musner/ Heidemarie Uhl (Hrsg.): Wie wir uns aufführen. Performanz als Thema der Kulturwissenschaften. Wien, Löcker, 43-59.

Zinnecker, Jürgen (2003): "Das Problem der Generationen" . Überlegungen zur Karl Mannheims kanonischen Text. In: Jürgen Reulecke (Hrsg.): Generationalität und Lebensgeschichte im 20. Jahrhundert. München, R. Oldenbourg Verlag, 33-59.

Zirfas, Jörg (1996): Solidarität und Gerechtigkeit zwischen den Generationen. Ein Beitrag zur pädagogischen und zur intergenerationellen Ethik. In: Christoph Wulf/ Eckart Liebau (Hrsg.): Generation. Versuch über eine pädagogisch-anthropologische Grundbedingung. Weinheim, Deutscher Studien Verlag, 261-279.

Zirfas, Jörg / Jö risen, Benjamin (2007): Phänomenologien der Identität. Wiebaden, VS Verlag für Sozialwissenschaften.